长汀

敕吴

宝鸡

西北联大

沈阳

东北大学

西安

城固

汉中

古路坝

同济大学

乐山

秦岭

南京

李庄

重庆

中央大学

华中大学

天目山

浙江大学

上海

眉漾

三台

桂林

赣州

武汉

峨和

金华

杭州

广州

建德

八步

柏溪

宜山

武汉大学

吉安

金华

罗定

湛江

曲江

昆明

大理

友面关

印石

厦门大学

厦门

中山大学

复旦大学

山河万里

聂作平 著

重走抗战时期大学
内迁之路

生活·讀書·新知 三联书店

图书在版编目（CIP）数据

山河万里：重走抗战时期大学内迁之路 / 聂作平著 .
北京：生活·读书·新知三联书店，2025. 9. -- ISBN
978-7-108-08120-9

Ⅰ . I267.1

中国国家版本馆 CIP 数据核字第 2025MN2385 号

责任编辑　王　丹　王海燕
装帧设计　康　健
责任校对　曹秋月
责任印制　卢　岳
出版发行　**生活·讀書·新知** 三联书店
　　　　　（北京市东城区美术馆东街 22 号　100010）
网　　址　www.sdxjpc.com
经　　销　新华书店
印　　刷　河北品睿印刷有限公司
版　　次　2025 年 9 月北京第 1 版
　　　　　2025 年 9 月北京第 1 次印刷
开　　本　880 毫米 × 1230 毫米　1/32　印张 11.5
字　　数　235 千字　图 45 幅
印　　数　0,001-6,000 册
定　　价　58.00 元
（印装查询：01064002715；邮购查询：01084010542）

修复后的永兴浙江大
学教授宿舍

湎潭文庙，浙大西迁时
的校本部驻地，现为
浙江大学西迁陈列馆

乐山文庙内部建筑，原武大乐山办公旧址（杨阳摄）

曾做过武大男生宿舍的龙神祠（杨阳摄）

位于乐山师范学院校园内的国立武汉大学西迁纪念碑（任志文摄）

从北碚流过的嘉陵江，东岸为复旦所在的夏坝

嘉陵江边的字库塔，当年复旦师生经常从塔下经过

孙寒冰墓

复原的韦卓民宿舍

桂林独秀峰，华中大学在桂期间的校舍即在附近

今天的大理喜洲大慈寺一角

西北联大学生步行经过的川陕公路

西北联大法商学院旧址

与厦大毗邻的汀州试院，是汀州文脉的象征，也是厦大学子闲暇时的游观之地

原址复建的长汀厦大正门

长汀老城门

昆明赵公祠，同济大学医学院附属医院驻地

李庄码头

李庄东岳庙，同济大学工学院旧址

李庄同济广场

牛头山上的杜甫像

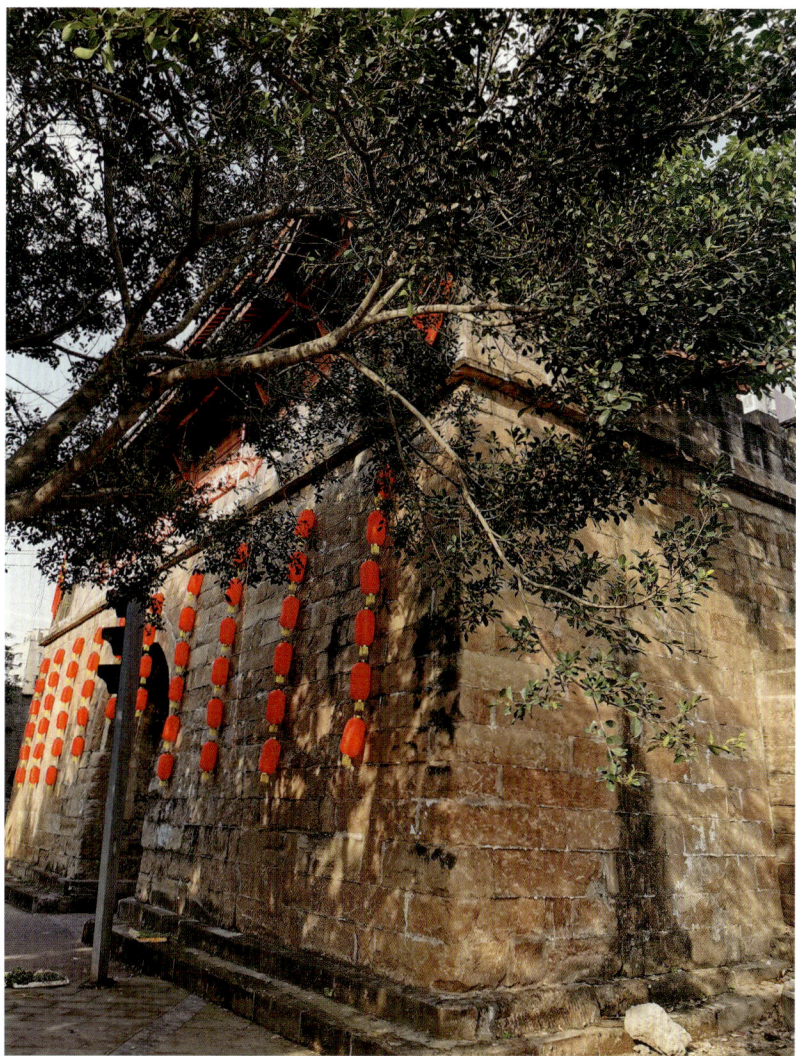

潼川古城墙

1	2

3

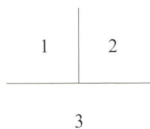

1 滇越铁路河口站，河对岸为越南
2 中山大学石牌校舍，至今保存完好
3 流经三水的西江，中山大学内迁澄江时，
  不少师生经由西江西行

昔年的中央大学柏溪分校，如今是湿地公园

中央大学迁渝纪念亭

目 录

自序：山河万里，风霜以行

我特意查了日记——2016 年 6 月 12 日，我与《湖南文学》主编黄斌，《飞天》主编马青山，作家刘火、远人、郭晓琦和周云和等人，在蜀南竹海参加宜宾作协举办的笔会。下午，林中小憩喝茶时，手机响了，号码显示来自北京。

电话里，一个普通话十分标准的女子说，她是央视编导苏洋。此前，她在微信公众号上读到我的一篇写留美幼童的随笔《祖国的杂种》，非常喜欢（顺便说一句，那也是我的微信公众号上第一篇阅读量过百万的爆文）。她想请我为她将要拍摄的一部纪录片撰稿。

纪录片是央视科教频道《地理中国》栏目制作的"百年地理大发现"系列之一，讲述著名气象学家竺可桢和他的《中国近五千年来气候变迁的初步研究》的故事。自少年时起，我就对科学抱有浓厚兴趣，加上后来做过《科幻世界》编辑，故而对科学、科幻著作的阅读一直延续至今。竺可桢几十年前那篇不过数千字，却揭示了中国五千年来气候变迁的雄文，我早就读过并有深刻印象。

于是，我欣然答应，并赶往北京，与苏洋以及制片人罗安磋商（和我一样，罗安兄也是光头，见面相视一笑，成了朋友）。确定提纲后的一天，苏洋带着我走进中关村一栋极为普通的单元楼。在一套面积可能还不到一百平方米的居室里，我见到了一位面容清瘦、头发花白的老人。他就是竺可桢的儿子、年近九旬的竺安先生。退休前，竺安先生是中科院研究员。其长相，与竺可桢颇有几分神似。

竺安用平缓的语调，为我们讲述了竺可桢的生平事迹。其中，必不可少地，他讲到了竺可桢领导的浙大西迁，以及浙大和竺可桢——当然也包括童年时期的竺安自己——在艰难岁月的艰难往事。竺安先生打开抽屉，取出几本厚厚的相册，那些泛黄的黑白照片，几乎都是他的父亲拍摄的。珍贵的照片，是一个逝去时代的恒久记忆，也是一代知识分子心路历程的证词。

很快，我完成了题为《问天冷暖》的纪录片撰稿，并在央视播出。

纪录片结束了，另一件事情却开始了。

之前，为写这部纪录片，我买回重达二三十斤的《竺可桢全集》，重点阅读了他几百万字的日记。竺可桢的日记，显然没打算发表或出版，像鲁迅日记一样，很少抒情、议论，几乎就是每天工作、生活的流水账。但这种流水账式的日记，却非常真实地记录了作者的人生历程。

我读得最仔细的，是他在浙大西迁和贵州办学时那几年的经历。阅读期间，我产生了一个强烈的念头：以竺可桢日记为线索，重走浙大西迁路，写一篇关于浙大西迁的长文。

2017年3月11日，我从成都驱车出发，同行的有妻子周小华和刚满五岁、还在上幼儿园大班的儿子聂晚舟。当天傍晚，抵达贵州湄潭。次日清早，冒着淅淅沥沥的春雨，我迫不及待地走进了古老的湄潭文庙——它曾是浙大西迁时的校本部驻地，而今改建为浙江大学西迁陈列馆。

两个春寒料峭的日子，我在湄潭及其周边寻访浙大旧址：从湄潭县城到永兴镇，从文庙到万寿宫，从中央实验茶场到西来庵……为了获取地方史料，我还专门去了一趟湄潭县方志办，请工作人员找来县志及文史资料选辑，一一拍照留存。

记忆中最深刻的一个细节是，在昔年的茶场、今天的景区，漫山遍野种植着茶树，一条小火车轨道，在山峦间曲曲折折地延伸。农历二月，依然刮着冷风。细雨扑到脸上，有一丝冰凉的微甜。举目四望，景区竟然只有我们一家人。路旁，偶有野花在风雨中小心翼翼地绽放。我牵着儿子的小手，走在长长的铁轨上。仿佛只要一直这样走下去，我就会在铁轨消失的远方，遇见那群几乎都已从人间撤退的读书人……

寻访湄潭四个月后，一家人再次驱车南下，这一次，目的地是广西宜州——旧名宜山。与春日里细雨蒙蒙、柳丝轻扬的湄潭相比，宜州的夏天如同一只巨大的蒸笼，潮湿、闷热。这座被戏称为"宜山宜水不宜人"的小城，既是浙大西迁办学点，也是黄庭坚客死地。

宜山时期的浙大校本部，设在宜山文庙——事实上，绝大多数内迁的高校，几乎无一例外地进驻了当地文庙，且大多是校本部。这是因为，作为彼时不多的公共建筑，文庙相对宽阔、齐整。

如今，在宜山文庙旧址，新建了浙大西迁广场，又名文庙公园。广场上的雕塑下，几个不怕热的孩子在嬉戏、追逐。空气中，热浪滚滚，不时溅来几滴枯燥的蝉鸣。

宜山城外的标营，也是浙大旧址。然而，它的具体位置到底在哪里，资料各说不一。我致电宜州区方志办，接电话的人也一头雾水。次日，向多位老人打听后，我终于在一条两侧长满香蕉和木瓜的小路尽头找到了它——它在 20 世纪 60 年代建为医院，80 年代被废弃。透过一道锈迹斑斑的铁门，我看到了一片杂草丛生的废墟……

至于浙大曾经西迁办学的吉安、泰和、金华等地，我之前都去过，虽然那时并不是冲着浙大去的——多年来乐此不疲的旅行，中国大多数地方都留下了我的足迹。

寻访归来，我开始动笔，开始在电脑上敲下第一个汉字。

2017 年 9 月 15 日，《南方周末》用了两个整版，推出我的长文《苦难催生奇迹：重走浙大西迁路》。发表后，反响强烈，包括《新华文摘》在内的多家报刊纷纷转载，至于转发的网站和新媒体，更是多不胜数。《南方周末》APP 上，至今还能查到当时一些读者的留言，兹引述几段：

> 越是艰苦的时刻，人的斗志也是最强的。
>
> 读完全文，深感先辈先贤之峥嵘艰苦，这种向死而生的奋发精神值得推崇和学习。

读完，感觉自己丢了很多东西！年轻人务必要珍惜现在的生活，好好学习！

山河虽破碎，精神依然存。

这真是一所伟大的院校，很震撼。

让读者明白了浙大的历史，求是的历史。

我是大学生，我想把这种精神再找回来，带回来。

如今想要办世界一流大学，却都缺失了这么一种真正的大学精神。

面对艰难困苦，求是出真知。

过去的苦难铸就的灵魂和精神现在还在吗？

……

媒体的转载和读者的热议，是一种令作者深受鼓舞的正向反馈。于是，我决定把大学内迁系列继续写下去，写成一部书。

九一八事变后，东北大学首先内迁。及后数年，从中国北方、东部迁往西南的大学数以十计，从而形成了世界教育史上罕见的战争中的流亡兴学。炮火纷飞，世事迷茫，年轻的学子和拖家带口的教职员工，为了信念，也为了生存；为了民族，也为了个体：依依不舍地作别熟悉的故土，踏上迢遥的路途。在异地他乡，以至为简单甚至简陋的方式，度过了一段漫长的峥嵘岁月。

这样的历史，既应该也值得被后人永远铭记。

我寻访的第二所内迁高校是武汉大学。与浙大辗转迁徙多次不同，武汉大学一步到位，比浙大少受了许多颠沛流离之苦。

在学者孙雁鸣兄的陪同下，我攀上了乐山老城制高点——

老霄顶。站在山上，透过葳蕤的草木，可以看到急流拍岸的大渡河，以及河畔耸立的乐山大佛。当年的老霄顶上，建有武大礼堂。礼堂下方的文庙，是武大总部和主校区。岁月涤荡，当年的旧址旧迹依然隐约可寻，就如同当大多数人都有意无意地遗忘了那段历史，但那段历史，在另一些人脑海中，却依然生动、清晰。

因为，文脉与精神的薪火相传，注定只是少数人的事业，少数人孤独而坚定的事业。

浙大、武大之后，是华中大学，一所业已不存的高校。它的内迁之地，在桂林和大理——其间，绝大多数时间在大理，在洱海之滨一个叫喜洲的小地方。那也是所有内迁大学中，迁得最遥远、最偏僻的一个。

总之，从2017年开始，此后八年间，为了寻访那些内迁大学，我在多个省市区往返奔波：出发，归来；再出发，再归来……山河万里，风霜以行；岁月往事，中宵跋立。

在三台，秋高气爽，菊花竞放，我和老兄弟田勇登上城外的牛头山，在半山腰，找到了东北大学开凿的防空洞。这座川东北县城最值得骄傲的事，我以为无非两件，一件在唐朝，一件在现代——前者，大诗人杜甫和李商隐分别在此客居；后者，东北大学内迁本地。

在城固古路坝，油菜花开的春日，原野上，花朵像流动的金色颜料。我带着儿子走近山坡上那座悬挂着十字架的教堂，那是西北联大旧址。许多次寻访，我特意带上了儿子。我想让他从小记住，消逝的时光，收纳了这样一些可风可颂、可叹可泣的先人。

从厦门到长汀，暑热的 7 月，沿途翻越的崇山峻岭，很自然地让我想起当年厦大师生内迁的艰辛。抵达长汀那个夜晚，明月在天，我踩着遍地银光，行走在灯火稀落的小巷。夜深了，月光下，那座写着"国立厦门大学"大字的牌坊，影子斜斜地落在地上。一只老去的橘猫蹲在阴影里，见我走过，忧伤地喵了两声。

在北碚，在当地朋友的陪同下，我三次寻访位于嘉陵江畔的复旦大学旧址——夏坝。而今，它还保留了当年的地标建筑：登辉堂。登辉堂后面，还有几栋破旧的平房，据说，也是复旦学子的栖身之地。二百米开外的大桥下，孙寒冰先生的墓碑上，落着两只小鸟，它们啁啾有声，仿佛在和从桥上飘落的汽笛相呼应。

在澄江、在罗定、在三水、在韶关、在南岭掩藏的诸多小地方，我寻找中山大学的一点一滴。那些遗失在万里山河间的故人故事，只有用细心、虔诚、敬意，才能把它们一一打捞、回收、珍藏。

在上海、在赣州、在贺州、在友谊关、在昆明、在宜良，我打听和同济大学相关的人与事。而在同济内迁的最终目的地——我曾去过多次的李庄，又一年夏天，我与刘火兄一起，顶着烈日走进南华宫、东岳庙、席子巷、羊街，以及相距不远的中国营造学社旧址。在禹王宫前的老码头旁，熟谙那段历史的刘火兄指着长江告诉我：当年，同济师生就在这里上船、下船。这是他们到达的地方，也是他们离开的地方。

我寻访的十所内迁高校中，最后一所是早已拆解的中央大学——它曾是我国规模最大、学生最多、学科最齐全的最高学府。像武大一样，中央大学也是一次性内迁到位的——它从南京溯流而上，落址重庆。在中央大学柏溪分校附近的山坡上休息时，我想，我已经寻访了十所内迁高校，可以将这些文章结集为一部书出版了。不过，当年的内迁高校，远不止这些。

我决定：继续走下去。继续寻访。继续书写。

这部书，不是结束，而是开始。

通过朋友圈得知我在写作抗战大学内迁一书后，川大教师张苹女士热情地为我引见了一位当年的亲历者，那就是今年百岁高龄的朱俊岐先生。朱先生与我同为自贡老乡，只不过，他老家在荣县，我老家在富顺。

成都东门一家茶楼的花园里，我们交谈了一个下午。他既曾读过东北大学，也曾读过中央大学，是那段历史至今仍健在的屈指可数的亲历者。他的回忆，有着无法估量的价值。

写这篇自序时，我忽然发现这部书的一个有趣之处：写作的动因，是采访年近九十的竺安（如今，他也快一百岁了）；写作的尾声，是采访百岁的朱俊岐。两位堪称人瑞的老人，他们，正好站在这部书的一首一尾。他们既像那段旧时光在当代的投影，也像一个意味深长的暗示。

一代人终将老去，正如另一代人终将成长。在这种年复一年、代复一代的新陈代谢中，萧条异代也好，怅望千秋也罢，我想，纵然光阴无情，过尽千帆，但终有一些东西会沉淀下来，融入后来者的灵魂。

我走了那么远的路，读了那么多的史料，写了那么长的文字，我仅仅想告诉你——

在我们栖居的这片土地上，曾经生活过这样一群人，曾经有过这样一些倔强的身影，执着的声音，孤勇的命运。

那么——

不要问我到哪里去，

我的路上充满回忆。

聂作平

2025 年 6 月 7 日，于成都城南

苦难催生奇迹：重走浙大西迁路

入秋后的杭州终于变得凉爽了。清晨 5 点半，就任浙江大学校长一年多的竺可桢在女儿的咳嗽声中醒来。刚过 7 点，他就和几名下属一道，坐学校的公车赶往郊外。途中，他买了一份《东南日报》。报上的一条消息让他神情凝重。消息说：昨天，九十多架日军飞机分五次空袭南京，下关电厂、中央广播电台等重要单位均被炸毁。

这是 1937 年 9 月 26 日，星期天。两个月前卢沟桥事变后，许多人忧虑过的日本全面侵华已经成为大片国土沦陷的现实。与杭州近在咫尺的上海，此时中日双方投入了超过一百万的军队进行一场史无前例的恶战。当天上午 10 点，日军飞机飞临杭州，在西湖上空环绕盘旋，并开枪向地面射击。

如果不是战争，杭州的初秋是一年里最美好的时节，就像白居易怀念的那样：山寺月中寻桂子，郡亭枕上看潮头。

竺可桢一行要去的也是山寺。不过，他不是去寻桂子，也没心思看潮头。他要为岌岌可危的浙江大学寻找一个安全的办学地点。战争迫近，时局动荡，偌大的杭州，已放不下一张平静的课桌。他领导的浙江大学，必须迁移。但到底迁往何方，又将迁移多久，竺可桢也没底。在天崩地坼的大动乱与大变局面前，任何提前的设想都是那样苍白无力。

一年前，经陈布雷、翁文灏等人力荐，时任中央气象研究所所长的竺可桢和蒋介石有过一次谈话。蒋介石邀请他出任浙江大学校长。及后，竺可桢通过陈布雷提出三点要求：财政须源源接济，校长有用人全权，不受政党之干涉。在得到认可后，竺可桢同意出任浙大校长。不过，他还向陈布雷表示，他的任期只有半年，至多一年，待浙大走上正轨，他仍回去当他的气象所所长，搞他的气象研究。

竺可桢没想到，他的浙大校长一做就是十三年，而十三年间，他和这所大学将有十年处于内迁的流亡路上。他同样没想到，筚路蓝缕的流亡办学，竟使他接手时的二流地方大学，化蛹为蝶地跻身于一流大学行列。

几年后，当原本布局于东海之滨的浙江大学，化整为零地藏身于西部群山中的遵义、湄潭和永兴三地时，英国学者李约瑟来了。后来，他充满敬意地写道："在那里，不仅有世界第一流的气象学家和地理学家竺可桢教授，世界第一流的数学家陈建功、苏步青教授，还有世界第一流的原子能物理学家卢鹤绂、王淦昌教授，他们是中国科学事业的希望。"

李约瑟甚至断言：这就是东方的剑桥。

从禅源寺到梅城镇

那天清晨，竺可桢要去杭州郊外西天目山中的禅源寺。七十天前，竺可桢参加了蒋介石主持的庐山谈话会。会上，蒋介石代表国民政府发表了《抗战宣言》，他宣布"如果战端一开，那就是地无分南北，年无分老幼，无论何人，皆有守土抗战之责任，皆应抱定牺牲一切之决心"，意味着全面抗战的开始。随后，多所高校校长与政府官员一道，研究了战争时期的教育问题，得出的结论是：如战事发生，学校不停办。学校不停办，那就得考虑如何安置。即将被战火波及的浙大，必须迁移，但迁往何处，尚无定论。

西天目山中建于明代的禅源寺，是江南地区的名刹。一年多前，竺可桢曾到寺中，为在那里举办的临安、昌化、於潜三地自治推广人员训练班致开幕辞。四十多亩的占地面积和五百多间房舍，给竺可桢留下了较为深刻的印象。因此，他决定把浙大的二百一十名新生安顿在那里。他匆匆前往寺中，就是为了检查是否准备妥当，能否正式上课。检查结果，竺可桢很满意。第二天，这批浙大新生就在禅源寺开学了。一边是出家人的暮鼓晨钟，一边是读书人的格物致知，出世的梵音与入世的书声和谐地交织在鸟鸣与泉咽中。

由于距杭州城有百里之遥，且处于茫茫林海中，禅源寺设施简陋，人烟稀少。上课的教师只能和学生一样，居住在寺庙或周围农家。劣势也是优势：这远离尘嚣的深山，除了有清静的读书环境外，还让师生朝夕相处，行止接近，教师授业解惑和学生请教询问比任何时候都更方便。

竺可桢决定利用这一机会，推行计划已久的导师制。导师制的最大特点在于，导师不仅要指导学生的专业，还要指导他们的人生。尽管早在14世纪，也就是元明之际，牛津大学就开始实行导师制，但直到1937年秋天，在杭州禅源寺，在战火纷飞的国难年头，浙大才终于迈出了中国导师制的第一步。

一个月后，竺可桢又一次来到禅源寺，这一次，他做了题为"大学生之责任"的演讲。他说：国家为什么要花费这么多钱来培养大学生？为的是希望诸位将来能做社会上各业的领袖。在这国难严重的时候，我们更希望有百折不挠、刚强果敢的大学生来领导民众，做社会的砥柱。所以诸君到大学里来，万勿存心只要懂了一点专门技术，以为日后谋生的话，就算满足。

至于他十分看重的导师制，"实施以来，颇著成效"。他在日记里总结说："此间导师制制度实行以来尚称顺手，学生既觉有一师长时可问询，而老师亦有数青年为友不致寂寞。天目山实为导师制之理想地点。如昨星期日，天气既值秋高气爽，导师与学生均群出外散步，每人约率十七八人，男女各有，又不分系。"

浙大校刊曾刊文介绍过其率先实行的导师制："冀各教授于授业解惑之余，对学生之思想行为，更予以适当之指导，而师生之关系，亦可更臻密切。其办法系将学生十余人为一组，由一教授负训导之责，课暇或召集谈话，或远足郊游，庶言谈由衷，情意融洽。"

以后，浙大导师制进一步完善。自1941年起，推行学生票选导师制度。据马国均回忆，他投票选竺可桢做导师，本不抱多大希望，毕竟，竺可桢是行政事务繁忙的校长。但出乎他的意料，他真的成了竺校长的受导学生。在与马国均初次见面时，竺可桢详细询问了他的姓名、家乡、成绩、婚姻、恋爱，以及选择他当导师的理由。末了，他叮嘱马国均"随时有事来找我，不需要先问过诸葛秘书"。这是后话。

禅源寺的新生中，有一个叫谢觉民，后来成长为美国匹兹堡大学教授，系知名地理学家。他回忆禅源寺的生活时写道："当时的浙大学生与和尚共处庙内，大家虽然都觉得好奇，倒也相安无事。当时在庙内空地，浙大设有体育设施双杠、单杠，为体操课之用。男女都穿运动衣裤上课。女生上着短衣，印有'浙大'两字，下着灯笼裤，在双杠或单杠上下翻转运动，十分醒目而美观。禅源寺有一大厅，白天为学生的食堂，晚间则作为自修读书之用。有一间新建教室，四面均有窗，明亮清爽，取名为拾翠楼，十分雅致。"

西天目山中的和谐与宁静没能维持多久。两个月后，1937年11月，淞沪会战结束，尽管中国军队的顽强抵抗粉碎了日本三个月灭亡中国的计划，但同时也意味着包括杭州在内的江南地区沦入敌手已是早晚之事。浙大西迁，终于从一年级新生暂留天目山，变为全校性的大撤退。

至于曾庇护过浙大学子的禅源寺，两度遭日机轰炸。1941年4月15日，在汉奸点燃的烟雾引导下，日机将禅源寺炸成一片废墟，唯有山门和天王殿还兀立在火海中。

富春江是一条被无数文人墨客歌咏过的河，南朝人吴均赞美它："自富阳至桐庐，一百许里，奇山异水，天下独绝。"唐人吴融则认为："天下有水亦有山，富春山水非人寰。"

浙大师生的西迁之路就是从富春江开始的。几十年后，当我坐着游船行驶于富春江上时，两岸青山叠翠，城镇相望，江水丰沛绵长，让人想起吴均的描述："风烟俱净，天山共色，从流漂荡，任意东西。"

但是，八十多年前，行驶在富春江上的浙大学子却完全没有这样的诗情画意。尤其是当船只进入富春江上游的新安江一带时，山峰耸峙，江面变窄，恰好又逢枯水期，哪怕师生们乘坐的是十分窄小的木船，行驶仍然十分艰难。有一个班的船在遇到浅滩搁浅时，全班男生只好下水拉纤。

在迈出西迁第一步时，竺可桢考虑得很长远：鉴于武汉、重庆和长沙等大城市已有大量机关、工厂和高校迁入，运输困难、供给困难和住宿困难都是板上钉钉的事，因此，他的意见是搬到西南较为偏远的小城甚至乡村。但上千公里的西迁，无法一蹴而就，只能分步完成。第一步，他选择了富春江上游的建德。

今天的建德市区在千岛湖东岸十余公里处，八十多年前，浙大师生寄居过的建德县城并不在这里，而是在下游几十里外的梅城镇。那时，梅城才是建德县城，要到 20 世纪 50 年代，县城才从梅城迁往白沙。

在梅城，自西向东的新安江与自南向北的兰江交汇，始称富春江。梅城不仅水运发达，且建有基督堂和天主堂——几乎顺理成章地，浙大借用基督堂的房子做教室。至于竺可桢，他住在府前街孙家——孙家两兄弟都是浙大员工，一个是物理系助教孙沩，一个是会计科职员孙沨。那是孙家尚未竣工的新宅，四间屋子，"地板、门窗均未油漆，且无玻璃"。今天，梅城仍有府前街，周边还有苏步青故居和胡刚复故居——他们都是浙大教授，只是，竺可桢的旧居已经拆除了。

浙大在建德停留了三十九天，这个建置于三国时期的古县破天荒地有了一所来去匆匆的大学。小城居民只有一万，而浙大师生就有一千多，大街小巷，到处都能碰到浙大师生。时人都称建德是大学城。

与杭州时期相比，建德时期的浙大学子有一种从天堂掉落地狱的巨大失落感。一个学生在日记里抱怨说："今起开始上课。生活是那样单调、苦闷和无聊。虽然不再有警报骚扰，然而环境是完全变了。简陋的教室，不但可以听得所在室内的声音，连旁的课室音响也糅合进来。更有木匠的锯斧声等，没有一处是安静的。自修室也没有，晚上宿舍内只有一盏光线微弱的煤油灯。"

竺可桢喜欢摄影，每到一地，总会拍下当地的风土人情。公务之余，他用镜头记录了这座宁静的小城。其中一张照片上，牌坊高大，一群穿长袍的人匆匆而过，一条黑狗好奇地回头张望。很多年后，当我徘徊在梅城街头时，这座历史悠久的古城仍保存有不少牌坊。只是，我却没法辨认出，哪一座是竺可桢曾驻足过、拍摄过的了。

从杭州到建德，绝大多数师生都走水路，即从杭州溯富春江而上。杭州至桐庐，乘坐由轮船拖动的木船，每船可坐一百八十人；桐庐至建德，改乘小船。半夜时分从杭州出发，早晨八九点抵桐庐，下午四五点到建德。

竺可桢是 1937 年 11 月 14 日从杭州赶往建德的，他走的是陆路，要比水路快。早晨9点过出发，12点半即进入建德城区。其时，二年级学生已于前一日到达，其他年级尚在途中。直到16日，全校各年级学生总算全部到齐。

但是，17日，竺可桢却发现有四百余箱仪器和图书没能一同搬走，"其中化学系九十箱未动，生物系及文理学院、图书馆、农化各系均有，而校中只留警察及仆人及吕文望及化学系助教等三数人。事务已停顿，故非回校不可"。他当即令各相关单位安排人手，"计化学、化工、电机、生物均指定人"，然后，他就带着这十多人，于下午1点乘两辆车返回杭州。此时的杭州正值陷落前夜，风雨飘摇，一夕数惊。竺可桢身为一校之长，似乎用不着如此亲力亲为，但他刚入主浙大时的演讲，表明了他这样做的原因。他说：大学最重要的是教授和图书、设备。

白鹭洲与上田村

1937年11月20日，竺可桢从广播中听说国民政府已迁重庆。同日，日军占领苏州，逼近嘉兴，建德已非久留之地。于是，第二次迁移开始了。这次的目的地是江西泰和。

迁往泰和，是竺可桢此前与有关方面协商的结果，但实际搬迁时间却比预定的提早了许多，泰和的校舍根本没法入住。不得已，只得暂时搬到泰和附近的吉安——因为当浙大到达吉安时，吉安的几所学校正在放寒假，可以借用其校舍。

江阔水深的赣江从吉安城中流淌而过，水势渐缓，江心形成了一个长一千五百米、宽五百米的小岛，它的名字叫白鹭洲。

我顺着路人指点，驶上吉安大桥，夕阳下，我看到右侧的江心，一座绿意盎然的小岛，如同一艘巨舰。白鹭洲在吉安家喻户晓，乃是吉安文脉所在。《白鹭洲书院志》说："前人见其双水夹流，取李白二水中分句，故名。考宋州判徐俯诗有'空看白鹭洲'之句，俯判吉州在宋宣和五年（1123），洲已名白鹭。"南宋淳祐元年（1241），江西提举兼吉州知州江万里在洲上建书院，并邀请欧阳守道为首任山长。书院创办后十五年的一次科考中，竟有三十九人同中进士，其中一人更是高中状元，那就是文天祥。而文天祥，即欧阳守道的女婿。

如果说从杭州本部或是禅源寺迁往建德只是一次短途旅行的话，那么从建德迁往吉安却是一次充满危险的长途跋涉。幸好，此时的浙大师生已经具备了一定的迁移经验。上千名师生及家属水陆并进，分三批进入江西，约定一周内在当时的铁路枢纽玉山会合。学校在沿途的兰溪、金华、常山、南昌和樟树设立中转接待站。至于校长竺可桢，他坐镇玉山，动用各种社会关系寻找车辆。

从建德到吉安，公路和铁路距离约七百公里。浙大师生于1937年12月24日，也就是杭州沦陷那天出发，直到次年1月20日，也就是农历春节前才踏上了江水环绕的白鹭洲。二十五天里，每天只能行进不到三十公里。

12月24日，浙大师生或步行或坐船，从建德赶往金华，打算在那里乘坐事先联系好的浙赣线专车。没想到，两天后，等车期间，金华遭日机轰炸。竺可桢在日记里说："又有警报，未几日机来投弹，渐投渐近渐响，一弹声震窗户，余即伏地。若再一弹必近头顶，但声渐远。"轰炸虽然死伤无多，但此时南京、杭州均已陷落，日军完全有可能沿公路西进金华，对本就风声鹤唳的市民而言，面对轰炸后的残垣断壁，更加人心惶惶。大量伤兵、难民、物资积压在车站，尽管火车冒着被轰炸的危险行驶，但仍然僧多粥少。关于其中的艰难曲折，当年的亲历者回忆说："有的学生通过关系交涉而能够和运兵车随行，有的则沿铁路步行安步当车，有的人攀上煤车、敞篷车、难民车和兵车西行，冒受风雨，尝尽饥寒。"

玉山是浙赣线上的重要节点，竺可桢在这里住了十几天。师生们通过各种方式从建德抵达玉山后，1938年1月7日上午，在竺可桢多方努力下，一辆专列从玉山车站出发，前往江西。至当天深夜，专列增至十四辆，浙大师生及物资设备总算得以继续西行。师生们都顺利离开后，次日，竺可桢乘汽车告别玉山。在江西樟树，浙大师生由铁路转水路，溯赣江而上，直趋吉安。最后一批学生抵达吉安，已是1938年1月21日，农历腊月二十，再过九天，就是除夕了。尽管国难当头，但一年将尽，吉安城里，仍然不时回响着鞭炮声。

在吉安，浙大师生借用吉安中学和乡村师范校舍，补上了因迁移而耽搁的课程，随后举行期末考试。当地人都不理解：兵荒马乱的还考什么试啊？然而，这所流浪中的大学，就像在西子湖畔时一样，保持了一贯的严谨。

对校长竺可桢来说，在吉安还发生了一件大事：他的还不到十八岁的长子竺津，执意要报考军校，以便抗战卫国。竺可桢不忍年幼的儿子投笔从戎，然而就像他在日记里说的那样，"余亦不能不任希文（即竺津）去，但不禁泪满眶矣"。

临行前，竺可桢为儿子拍了一张照片。照片上，留短发戴眼镜的竺津满脸稚气，面色忧伤。如果不是山河破碎，他本该在课堂上用功，在校园里发生一次刻骨铭心的初恋。竺津以第一名的成绩考入陆军步兵学校，编入第四期。毕业后，到部队任排长。其时，竺可桢已率浙大西迁至湄潭。竺可桢希望将竺津留在后方，他与陆军大学教育长万耀煌说好，让竺津就读陆军大学。但竺津坚持"如进陆大，愿由部队保送，不愿以父亲之请托而入"。竺津随军四处征战，直到抗战胜利后才复员。多年以后，竺津因历史问题，先被划为"右派"，后被定为"历史反革命"，送农场劳改。竺可桢虽知儿子蒙冤，却无从施以援手。只能写信安慰他，要他相信党和政府。1961年，竺津瘐死农场。

吉安停留两个月后，泰和校舍终于建成。两地仅距四十公里，只不过，与吉安相比，泰和是完完全全的乡村：破旧，凋敝，人民面有菜色，患癞头疮和大腹病者比比皆是，儿童普遍发育不良，他们瘦小的骨骼和又尖又细的脑袋令竺可桢十分惊异。

浙大在泰和的校舍，具体包括上田村的大原书院和华阳书院等地。大原书院是校总部，从竺可桢留下的照片看，那是原野上几栋围合在一起的老式建筑，春天的油菜花与萝卜花同时盛开，一直开到书院的围墙下。如今，这里是当地一所中学的校园。围墙下，一株高大的柏树枝繁叶茂，那是竺可桢当年亲手种下的。

竺可桢第一次到泰和是1937年12月13日，当天，南京失守。竺可桢在泰和县县长鲁绳月的陪同下，前往上田村为浙大寻找合适的落脚点。上田村一带，萧姓居多，至今仍然如此。萧氏先人萧美圣，乾隆年间从江西泰和到四川雅安经商。及后，其子萧炳南迁居湖南湘潭，继续经商，家业日旺。萧炳南的两个儿子涉足盐业后，终成巨富，遂在祖籍泰和上田修建了宅邸、书院、祠堂等大量房屋。几十年过去了，竺可桢看到的萧家大院有九栋，"屋之结构甚佳，高敞，而梁柱门窗均有精细之雕刻，唯楼板及窗均毁"。这些房屋不仅建筑精美，且"离马路及赣江均里许而已。交通方便，出产丰富，兼有屋宇"，"故颇适宜于大学暂避也"。离萧家大院两里的大原书院，亦系萧氏所建，虽"被毁于兵者"，但"屋宇均尚完好，唯楼板、窗户无存而已"。

竺可桢很满意，当即与有关机构联系，商量借用萧家大院及大原书院。得到许可后，又请人对房舍进行修缮。两个月后，浙大便从吉安的白鹭洲搬到了泰和上田村。1938年春暖花开之际，著名学者马一浮受竺可桢之邀，到浙大讲学。在这里，他写下了七律《村居》：

> 未写群书付礼堂，尚容环堵住庚桑。
>
> 晴天过鸟留无影，高树闻蝉得坐忘。
>
> 阅世每同萤火聚，安心长在水云乡。
>
> 万方何日销兵革？各使苍生足稻粱。

凭吊了萧家大院旧址后，经一位当地青年指引，我在上田村的赣江边寻找到了一座码头。赣江滚滚北上，在泰和境内冲积出大片平原。每到雨季，江水泛滥，上田村的几乎所有民房，都会泡在水里。当浙大师生到来时，还能清晰地看到上一年洪水在墙上留下的印痕。竺可桢在 1938 年 3 月 11 日的日记中写道："日来大雨不止，自老村至大原书院之马路泥泞不堪，有数处已上水矣。"既然年年都要遭水淹，为什么不修大堤呢？说白了，就是穷，没钱。

在崇文重教的背景下，一个大学校长是有相当话语权的。通过竺可桢穿针引线，江西省水利局和泰和县、浙大三方决定修筑防洪堤。地方出钱，浙大出技术。为此，浙大成立了由竺可桢任主任的堤工委员会。土木系的学生正好学以致用，在教师指导下测量和设计。

两个月过去了，一道防洪大堤出现在上田村的赣江边。它东起泰和县城，西至梁家村，长十五公里。次年，当洪水再度来袭时，上田村的民居和农田第一次安然无恙。为此，当地人把它称作浙大防洪堤，而江边这个码头，自然就叫浙大码头。

只是，此时的浙大师生早已远去，流亡的道路还在脚下向着渺不可知的前方继续延伸。

宜山宜水不宜人

在北京中关村一套非常普通的住宅里，我见到了竺可桢的儿子竺安先生。年过八旬的竺安清瘦文静，看上去和竺可桢有几分神似。竺安为我展示了一大叠略微发黄的老照片，它们都出自竺可桢之手。其中一张照片上，竺安和他的姐姐竺梅悲戚地站在一座坟墓前。黄土下，长眠着他们亲爱的母亲张侠魂。如果说西迁路上有什么事最令竺可桢痛心疾首的话，那无疑就是在泰和时，他的夫人张侠魂和儿子竺衡相继去世。

1938年，马当要塞失守，泰和已属险地。作为校长的竺可桢前往湖南、广西等地寻找新校址。7月23日，考察途中的竺可桢行至桂林时接到电报，催他速归。7月25日黄昏，当竺可桢回到上田村时，他看到几个儿女站在大堤上，眼巴巴地盼他回来。竺可桢一眼发现，少了一个孩子，那就是竺衡。他问竺梅，竺梅的回答只有三个字，却让竺可桢如同五雷轰顶：没得了。"余闻信之下，几不能辨是真是梦。"

不仅十四岁的竺衡"没得了"，雪上加霜的是，夫人张侠魂亦已病入膏肓。竺可桢回到家中，看到张侠魂"卧床上，唏嘘不能言"。张侠魂与竺衡母子俩同一天发病，患的也是同一种病：噤口痢，也就是痢疾。在今天，痢疾是一种很普通的、不大可能致人死亡的疾病，但在缺医少药的战争年代，夺人性命却如秋风扫落叶。

竺可桢四处求医，为张侠魂灌肠、打点滴，甚至服用中药。然而，一切努力终是徒劳：八天后，张侠魂去世。十来天里，竺可桢竟痛失两位亲人，心中的悲苦可想而知，就像他在随后的日记里感叹的那样："近来早稻均在收获，田亩中景色甚佳，但值此国破家亡，对此大好河山，不能不作楚囚对泣之象也。"那天系农历七月十五，中元节，月明如水。竺可桢穿过曲曲折折的田间小路，走到妻儿坟前，为他们烧了一些纸钱，并燃放爆竹。六天前，张侠魂下葬时，竺可桢将他1933年在美国买的一只手表和一支钢笔作为陪葬品放入棺内，他在日记中写道："绕棺一周后盖棺，而从此侠与世隔绝矣。呜呼痛哉！"

时局却不允许竺可桢有余暇悲痛。安葬了张侠魂后，浙大师生分批前往千里之外的宜山。竺可桢走得较晚，9月17日，他带着孩子们来到张侠魂和竺衡坟前，与亲人告别。从此，竺可桢再也没有来过泰和。岁月流转，人世板荡。"文革"中，张侠魂的墓碑被毁。再后来，那两座小小的坟茔渐渐被人遗忘。2008年，当地多方调查，找到了一座疑似墓。在征得竺安等人的同意后进行清理，在坟中，找到了竺可桢当年放入棺中的钢笔，从而得以确认。

顺便说，出身名门的张侠魂颇具胆识，她是我国第一位乘坐飞机的女性，曾因飞机失事受伤。在竺可桢犹豫是否接任浙大校长时，张侠魂的劝说非常有见地，她说："正是因为大学风气不好，你更应该义不容辞。只有像你这样的学者，担当校长重任，才有可能改变大学风气不好的局面。"

马当失守，南昌危急，教育部指示浙大迁往贵州安顺。但经过考察，竺可桢认为安顺路远难行，浙大的大批图书和设备难以运输。几经比较，他决定迁往广西宜山。

浙大西迁途中曾落脚的几乎所有地方，都把当年这段往事当作本地的荣耀。在宜山——如今已更名宜州区，是广西河池市属地——我看到一尊竺可桢塑像，塑像矗立的广场，就叫浙大西迁纪念广场。高大的榕树下，一群老人在跳舞，几个孩子在做游戏，如今宜州的美好宁静恰与昔时的荒凉贫困形成鲜明对比。

竺可桢留下的照片上，以绵延的群山为背景，起伏的浅丘上，整齐地分布着几列低矮的房屋。时过境迁，八十多年后，当我前去寻找它们时，已经完全看不出当年的痕迹了。在清代，这里是一座军营，称为标营；20世纪，成为一家部队医院的院址，后来，医院搬迁，偌大的院子沦为废墟。如果不是铁门前那对石狮子曾进入过竺可桢的镜头，我无法确认这就是曾经的浙大校园。翻过不高的铁门，我在一株大树下找到了竺可桢所立的刻有《国立浙江大学宜山学舍记》的石碑。根据碑文记载，浙大师生在此盘桓了一年半。

关于宜山的校舍，亲历者蔡致谟撰文说："宜山城不大，东门外一华里处，有一U字形大建筑，叫作标营，是昔日练兵之所。前面有一广大操场，足可容纳二三千人练操，操场外，龙江蜿蜒南流，标营靠郊外的三面，砌石墙围护，墙上嵌满碉堡，当年是防土匪冲突入城而设，后来，这些碉堡和龙江边上的岩洞，就成为我们的防空洞。"

"校方指定标营做二、三、四年级宿舍，偌大的操场正好修建教室。我们的新教室是竹架草顶，篾席为壁，泥地，简单朴素，十分凉爽，办公室、图书馆、女生宿舍和大一宿舍，以及一部分教室设城内文庙。文庙、标营间步行十分钟可达。"

亚热带气候的宜山迥异江南，历史上，曾是流放犯人的烟瘴之地，有"宜山宜水不宜人"之说（北宋诗人黄庭坚就曾流放到此，并在这里去世）。疟疾给了远来的浙大师生一个下马威。到宜山不及一月，张荩谋教授的侄女便因疟疾去世。第二天，竺可桢在日记里忧心忡忡地写道："日来校中患恶性疟疾者日多，昨下午四点张荩谋之侄女病殁，学生中患此症者已有十余人，女生庞曾漱几于不起。同事中张孟闻近亦发热，家属中有卢亦秋一子、一侄，俞锡荣、孙泅、刚复之侄媳。此病初起时即发高热，到 39.3℃ 或 40℃，一二日后或稍退又发，或竟不退，三日即不起。"

对疾病的担忧，在竺可桢宜山期间的日记里屡见不鲜：

"自浙大迁桂，十、十一两个月中患疟者已达 146，其中恶性者占百分之七十七。十二月、一月新染者尚接踵而起，合共不下二百起，每一家中几于必有疟病之人，其严重性可知。"

"浙大学生自来此后患疟者已达三分之一，其数可惊人。寓中宁宁、波若与阿秀三人均曾患此症。……学生等群居一处，一症若蔓延则吾辈无噍类矣。故余谓广西之疾疫比日本炸弹为可怕也。"

疾疫比日本炸弹更可怕，并不意味着日本炸弹就不可怕。1939 年 2 月 5 日，竺可桢在日记里详细记录了他在当天遭遇的一场空袭。那天上午，竺可桢一行从学校赶往宜山城南三十里的太平乡，打算给当地的两百多名难童捐一些衣物。11 点到太平乡后，"未几即闻飞机声……余等在途稍停，见有十八机分为两群，经宜山城，由东南南向西北北飞。飞稍远，余等又行，但机声又逼近，仍向宜山。至宜山天顶，初闻一枪声，见半空有烟一阵，未几即闻重大之轰炸声，宜山起火。十八机即向东行，但未几有九机折向南，又作大围绕，余等所在地却在中心。……见九机折回至宜山，由西向东，飞至东城时，落炸弹甚多，连续可闻者八九声。向东去后又折回南而西作大围绕，再转北方，又由东向西过宜山，作三次轰炸，此次凡四声。……至农场左近，见路上落弹累累。后据点数，共有八十六枚之多。至标营，知计共烧去二年级学生宿舍一所、标营大门及办公室与新成之礼堂及农场对门之新造茅屋顶教室一所。……此次共死市民三十余人，伤二十余。而浙大员生、眷属皆无恙，亦可谓大幸矣"。

著名作家、画家丰子恺加盟浙江大学，也是在浙大内迁宜山期间。1938年底，正在位于今天桂林两江镇的桂林师范学校任教的丰子恺，收到马一浮来信，邀请他到浙大做艺术指导。马一浮于丰子恺亦师亦友，丰子恺对他十分敬重。并且，就像丰子恺向桂林师范学校师生辞行时说的那样："吾乡失陷，吾浙已非完土，吾心常有隐痛。浙江大学乃吾之乡学，对吾有诸君不能想象之诱惑力。"次年4月初，丰子恺一家离开桂林，前往宜山。

然而，刚到宜山，还未进入浙大，丰子恺就感受了空袭的威胁。他刚进宜山西门，就被警察拦下，说是有紧急警报，司机急忙将车退回离城三四公里的公路边躲避。当天，他在日记中说："吾等下车，于公路旁草地坐憩。"他正好借此机会遥望宜山，宜山给他的第一印象是"城虽小而屋宇稠密"；但躲警报的狼狈也令他感叹："人间何世，有此景象？念之怒发冲冠。"没想到，进城后，又遭遇了第二次警报，"忽见群众蜂拥而来，知是警报又作。即随众出北门，渡浮桥，至对河岩石间坐憩"。此时已是下午5点半，当天，他仅早晨在柳州吃了一小碗面，早已饿得前胸贴后背，却只能闷头抽烟。

初抵宜山这天的两起空袭警报似乎是一种暗示，在宜山的八个月里，给丰子恺印象最深的就是躲避空袭。几年后，他在《天津民国日报》上发表了一篇短文《宜山遇炸》，记录了另一次跑空袭的难忘经历。

那天上午10点有警报，11点解除。下午1点警报又至。丰子恺抱着一岁多的幼子新枚逃至居所外半里处。喀斯特地貌发育的宜山，多岩石洞穴，他看到"一石缝宽二三尺许，左右有石壁而上无盖"，丰子恺及家人五人"共入石缝中"。俄顷，浙大又有七八个同事，也钻入石缝。没想到，石缝中有一个蜂巢，同事的伞不慎碰到它，黄蜂蜂拥而出，"一女人被蜇，呼痛，诸人皆逃出"。就在此时，"紧急警报忽发"，众人只得冒着蜂蜇的危险，再次钻入石缝，幸好，"蜂亦不再蜇，似有知者"。

解除警报后回城已是下午3点，路上，丰子恺看到，汽车站对面"一小店被毁"，军校医院"亦受一弹"，山谷公园中，"有二人死树林下，惨不忍睹"，城西某村系军校所在，"死伤六七人"，西门外体育场上，留下了四个直径一丈多，深五六尺的弹坑。其中两个弹坑分布在场中旗杆左右，离旗杆不到一丈，"而旗杆巍然矗立，毫不倾侧，其如泥基石亦略无损坏。人言此国家基础巩固之象征也"。

钱灿是浙大数学系教授钱宝琮的女儿，浙大迁至宜山时，她还是个五六岁的孩子。童年的记忆里，最深刻的便是躲空袭。她回忆说："安定下来没多长时间，就有日本轰炸机三天两头来空袭，经常做好饭菜就响起警报，赶紧跑出城去躲避，有一次警报解除回来，上楼进门发现房间特亮，原来屋顶一处开了天窗，飞进一块弹片……放在桌上的四碗菜都翻扑倒在桌上，当时肚子实在太饿，只能将就着吃了！……满街人都在奔跑着，在慌乱中却还有警察维持秩序，特别注意穿着显眼雪白衣服的，就向他衣服上喷洒黑墨汁，在当时警报响起后是严禁穿浅色衣服的……好在宜山的山洞多，总能找到躲避的地方，历经数次后找到了一个叫流溪岩的好地方，山洞很大，洞中有洞，还有小溪潺潺有声，掩盖了外面隆隆的飞机声，所以后来我们总往那里去躲警报。那时候空袭警报几乎天天有，那个流溪岩大山洞每天都有很多人逗留，小商贩也去那里又躲警报又做生意，慢慢地就有卖小包装的米粉糕，起名叫警报糕。"

浙大在宜山停留的一年多，对浙大师生来说，疟疾的肆虐、物质的匮乏和日机的轰炸固然记忆深刻，但真正影响至今的，却是在宜山期间，竺可桢决定以"求是"为校训。"求是"原是浙大前身求是书院的院名，在此期间，竺可桢进一步深化了"求是"的内涵。他认为，"求是"既是中国传统文化的精髓，又是西方近代科学的真谛，若想在继承传统文化的基础上学习先进的科学技术，就必须把握这个共同点。他用通俗的话解释说：所谓求是，就是冒百死，排万难，以求真知。

求是校训的提出，意味着浙大要培育的不是只精于某一门类某一技术的专门人才，而是要培养具有"不盲从，不附和，一以理智为依归的全新的通才"。这一点，和竺可桢的另一句话可以互证："偌大一个大学，只注重零星专门知识的传授而缺乏研究的空气，又无科学方法的训练，学生的思想就难取得融会贯通之效的。"

1940年初，随着北部湾失守，浙大第四次迁移。这一次，他们来到了云贵高原深处的小城遵义、湄潭和湄潭下属的永兴镇。在那里，七年时光弹指一挥，他们迎来了抗战的胜利，也迎来了浙大凤凰涅槃的新生。

小小的寂寞的城

"东风不来，三月的柳絮不飞，你的心是小小的寂寞的城。"走在湄潭街头，不知为什么，我老是想起郑愁予的这几句诗。虽然他写的并不是湄潭。

3月，黔北小城湄潭以阴以雨，加上小城中几座起伏的山峰都顶着满头翠绿，小城显得更加宁静、幽深。我冒着细雨来到湄潭文庙，这里如今是浙江大学西迁陈列馆，也是我看过的和浙大西迁有关的遗址或纪念馆中规模最大、最成体系的。

湄潭地处云贵高原向四川、湖南两省丘陵过渡的斜坡地带，纬度低，海拔高；与宜山比，这里不仅气候更宜人，物产也更丰富。前往湄潭考察期间，竺可桢吃到了当地特产的大米：茅贡米。这种品质优良的大米在明朝时曾是贡品，竺可桢赞不绝口，称它是黔中之宝。

大概在1939年2月，湄潭就成为浙大准备西迁的目的地。当时，湄潭县长严溥泉听说浙大正在寻找办学地点，便主动给竺可桢写了封信，邀请浙大落户湄潭。竺可桢到湄潭考察时，严溥泉热情接待，全程陪同，不仅多次召集各界人士召开"欢迎浙大迁湄临时校舍会议"，还成立了"欢迎浙大迁湄校舍协助委员会"。在他的努力下，小小的湄潭县城硬是挤出了几百间房舍，用于安排浙江大学师生。这些房舍包括文庙、城隍庙、财神庙、玉皇阁，以及多个祠堂等公共建筑——其中，原驻文庙的县党部迁出，原驻贺家祠堂的常备队也迁出。与此同时，湄潭初中、男子小学和女子小学也腾出部分校舍，全城最高的四层楼的湄江饭店，也全部租给浙大。除了湄潭方面提供的这些现成的房舍外，浙大又自行修建了一批。与建德、吉安、泰和、宜山时期相比，湄潭时期的浙大终于又有一所大学该有的样子了。

由于种种原因，浙大没有全部迁入湄潭，而是一部分迁到遵义，一部分迁到湄潭及湄潭下属的永兴镇，还有一部分，迁到了贵阳附近的青岩。

如前所述，迁校之初，竺可桢就确定了浙大不迁大城市，而是尽量迁小城市甚至乡下的原则。一则，可以避开日军飞机的轰炸；二则，能够降低师生的生活成本。但是，即便如此，浙大同样遭受了日机轰炸，如在宜山，大片校舍就被炸为瓦砾。至于生活成本，随着浙大师生及家属上千人的迁入，以湄潭这座物产丰富的小城为例，物价同样上涨得厉害，师生的生活依然只能是箪食瓢饮。

浙大学生几乎都来自沦陷区，大多数学生与家中的联系久已中断，无法获得经济上的资助。幸好，政府向他们提供了贷学金，金额虽不多，尚能保证吃饭。当然，前提是吃得令人心酸。在湄潭，流传着浙大学生关于吃饭的两点经验之谈：蜻蜓点水、逢六进一。

当时，浙大学生十人为一桌开饭，饭管够，菜却只有一菜一汤，因而那碟用来蘸菜的盐水就十分珍贵。每个人蘸菜时，只能在碟子里蜻蜓点水般地点到为止，如果来回滚扫的话，三两下就蘸光了，势必为同桌所声讨。这就是蜻蜓点水。逢六进一则是说，要吃六口饭，才能吃一口菜，否则菜就不够了。

在湄潭浙江大学西迁陈列馆的藏品中，一盏高脚油灯引起了

浙大研究生院旧址

我的注意。浙大来湄潭时，湄潭尚未通电，照明所用，全是桐油灯。桐油灯不仅光线微弱，而且发出浓烈的黑烟，在灯下看书一两个时辰，擤出的鼻涕竟是黑色的。

有天晚上，训导长费巩到学生宿舍巡视。费巩问一个凑在桐油灯前的戴眼镜的学生近视多少度，学生懊恼地说，原来八百度，现在更重了。

费巩很痛心，他想为学生们做点什么。几经研究，费巩改良制造了一种更明亮、油烟也更小的铁皮灯。他把设计图纸送到洋铁铺，制作了八百盏灯送给学生们；后来，整个湄潭城都用上了这种灯，人们把它称为费巩灯。

应竺可桢之邀出任训导长时，费巩有两个要求：第一，不加入国民党；第二，不领训导长的高薪。几年后，费巩因倡导民主宪政，在重庆被国民党特务暗杀，尸体推入镪水中化掉。

就像西南地区的大多数城镇一样，湄潭遍街都是茶馆。为此，有的浙大学生选择到茶馆读书。

到茶馆读书的学生中，有一个还不到二十岁的小青年，胖乎乎的，有点婴儿肥。每天晚上，他总是夹着书本到同一家茶馆。茶馆坐满茶客，他就找个空位坐下来。虽然不知名姓，但大家都知道他是流亡的浙大学生。后来，老板娘看到他来了，总是给他泡一碗茶送过来，照例不收茶钱。茶馆虽然喧闹，毕竟有桐油灯可以读书，并且，从老板娘那碗免费的清茶里，还能感受到人间的温暖。

谁也没有意料到的是，仅仅十六年后，这个坐在茶客中间默默读书的小青年，竟然获得了诺贝尔物理学奖。他就是李政道。多年以后，李政道回忆起当年独自逃离故乡前往湄潭就学的情景，往事依然历历在目。

李政道入浙大时只有十七岁，原本就读化工系，在束星北的影响下，转读物理系。一度，他打算像竺可桢的儿子那样投笔从戎，但束星北认为李政道有物理天赋，日后必成大器，全国那么多青年，谁都可以当兵，唯独李政道不可以。当时，束星北在重庆出差，生怕李政道一走了之，着急地发电报给王淦昌，要求他无论如何都要把李政道拦下来。

李政道在浙大只读了一年，这一年对他的影响，许多年后，名满天下的李政道在浙大百年校庆时说："我在浙大读书虽然只有一年，但追寻西迁的浙大却用了三个年头，青春岁月中的四个年头我是与浙大紧密相连的，以此为起点，物理成了我的生活方式。一年'求是'校训的熏陶，发端了几十年来我细推物理之乐。母校百年，我在一年，百中之一，已得益匪浅。"

学生生活艰难，教授生活同样窘迫。

后来成为两弹元勋的王淦昌家有八口人，为谋生计，他的夫人养鸡喂鸭，甚至还养了一只羊。不想，有一天，这只羊竟丢失了，王夫人哭得非常伤心，整个浙大都知道了此事。不久，这只羊居然找回来了。——其实，这只羊根本不是王夫人养的那只，而是浙大师生凑钱另外买的。

以后，当王淦昌到位于郊外的实验室工作时，他一定会细心地牵上那只羊。羊在门外吃草，他在实验室工作。这一年，浙大举办迎春晚会，晚会上有一个谜语，谜面：王淦昌放羊。谜底：一举两得。

然而，回首往事，王淦昌记住的不是湄潭的困苦，而是困苦中的求索与坚持："湄潭是我们的黄金时代，我和苏步青、谈家桢、束星北、贝时璋等同志的一批重要的学术成就是在那里做出的。""40年代在湄潭的这一个阶段，是我一生中最有活力、最富有创造力的阶段，出的成果也最多。是湄潭的山水给了我们如此优美的环境，是淳朴厚道的湄潭人民的深情厚谊给了我们坚强的支持，还有浙大深厚、宽松、和谐的师生关系营建了巨大的创造空间。"

卢鹤绂与王淦昌很有缘，他们既是同事，又是同行，还是邻居，共住在湄潭的一栋破旧老屋里。1946年夏天，漫长的抗战已经以中国人民的胜利而告终，浙大师生正分批复员时，卢夫人生下一个男婴，取名永亮。那一年，恰好卢鹤绂完成了他最重要的论文《从原子能到原子弹》。双喜临门的卢鹤绂对夫人说，是湄江水养育了我们，亮亮的小名就叫湄儿吧。很多年以后，长大成人的湄儿沿着父辈当年的西迁路线回溯，一直回溯到湄潭。深受感动的他联合多位在湄潭工作过的老教授的子女，上书总书记胡锦涛，希望将湄潭县浙大西迁旧址列为全国重点文物。两年后的 2006 年，国务院公布的第六批全国重点文物保护单位名单中，湄潭浙大旧址榜上有名。

数学家苏步青也是一家八口，和王淦昌一样属于人多钱少的困难户。他与植物生理学家罗宗洛一道，两家合住在一座破庙里。很多时候，苏步青家中只能以地瓜蘸盐水做主食。有一天，他突然把几个学生叫到家里，拿出一包衣服，请学生们帮他卖掉。他身为教授，委实拉不下面子去街头叫卖。

王淦昌家搞养殖，苏步青家搞种植。苏家居住的庙前有不少荒地，农民世家出身的苏步青在那里开出了一片菜园子。后来，他菜园子里的蔬菜不仅自给有余，还偶尔卖给城里的餐馆。对这种艰难度日的种菜生涯，苏步青赋诗云："半亩向阳地，全家仰菜根。曲渠疏雨水，密栅远鸡豚。丰歉谁能卜，辛勤共尔论。隐居哪可及，担月过黄昏。"

尤其值得一提的是，在湄潭期间，苏步青白天上课种菜，晚上就着油灯写作，几年之间，竟发表论文三十一篇。那时候，权威的《自然》杂志，经常收到中国学者的投稿，信封上的地址就是：浙江大学，湄潭，中国。

数学系教授钱宝琮晚年回忆说："在这几年国难时期，经过多次搬家，备尝艰难险阻，生活虽不优裕，但也不觉得太苦。浙大在上述各地暂时停留，总是想方设法开辟教室、科学实验室、图书馆和农场。我也努力教好我的微积分课程。"

至于校长竺可桢，他既要为整个浙大操心，也得为小家庭考虑。张侠魂去世后，他续娶陈汲，陈汲乃陈源，即与鲁迅打笔仗的作家、翻译家陈西滢之妹。婚后，生子竺松。一家数口，嗷嗷待哺。最艰难的1942年，竺可桢发高烧，拉肚子，生疹子，手脚冻伤；陈汲和竺梅、竺松也先后生病。竺可桢每天的早餐是一碗稀饭和一小碟盐水蚕豆。最艰难时，他不得不将早年购置的皮大衣卖了补贴家用。

令人感动的是，如此艰难的条件下，竺可桢表现出的知识分子的清廉与敬业。据詹镆先生回忆，1940年底，友人介绍他到浙大任讲师。当天正值大年初一，詹镆以为竺可桢不会来上班。但当他来到校本部时，竺可桢一个人正在忙碌。在竺可桢的办公桌上，有两种信封和稿纸，如系公事，就用公家的，如系私事，就用私人的。

结束了在永兴的寻访返回湄潭县城时，我驱车去了一个叫中国茶海的地方。登高远眺，四周浑圆的山坡上，漫无边际的茶树成行成列地铺向远方；细雨如丝，正是每年里最重要的采摘明前茶的时节，茶香漫山遍野。这个面积巨大、如今已成为农业观光景点的茶场，如果追根溯源，它的源头在另一座山，那里，依然和浙大有关。

湄潭城边，与市区一水之隔的城南，一山绵延而过，山上青翠欲滴，全是一垄接一垄的茶树。这座山叫象山，浙大西迁期间，因缘际会，这座明清时就建有茶园的茶山，成为中国现代茶叶规范化种植的开端，被誉为中国现代茶业第一山。

抗战时期，因为东南沿海各口岸被日军占领，中国传统的重要出口产品茶叶无法外运。为从长计议，国民政府打算在西南山区建立茶叶科研生产基地，以便随着西南国际通道——史迪威公路（中印公路）——的开通而恢复出口，以换取急需的资金。浙大落户湄潭前夕，农业部中央农业实验所和中国茶叶公司派出专家考察了云、贵、川多个茶叶产地，最终，决定将中央实验茶场定址湄潭。

1940 年初，当浙大正为迁到湄潭紧锣密鼓做准备时，中央实验茶场在湄潭成立，毕业于哈佛大学的昆虫学家刘淦芝任场长。四个月后，浙江大学农学院迁到湄潭。一方面，茶叶是农业的重中之重，不仅农学院学生需要到茶场实习，农学院的一些毕业生，也应聘到茶场工作；另一方面，浙大有人才和器材优势，茶场有场地和资金优势，于是乎，强强联合成为必然。刘淦芝担任茶场场长的同时，还被聘为浙大农学院教授。浙大帮助茶场分析茶叶理化指标，参与茶树病虫害调查，并共同创办了西南最早的职业学校。

在青碧的湄江之滨，一座绿树覆盖的山上，立着一只据说是世界上最大的茶壶，它意在向每一个外来者表明，湄潭是一座茶城。就在与茶壶一江之隔的对岸，我寻找到了几栋已成危房的老建筑，它的名字叫万寿宫。这就是曾经的中央实验茶场场部，也是浙大研究生院所在地。

作为实验茶场与浙江大学的纽带，刘淦芝是一个灵魂人物。

20世纪40年代，在万寿宫，刘淦芝完成了中国最早的茶树害虫调研报告和中国首部中英文对照的《世界茶树害虫名目》，并撰写了《中国近代害虫防治史》。在他的指导下，浙大学生寿宇历时三年，对湄潭茶叶产业进行了全面调查，写成《湄潭茶产调查报告》。今天的湄潭成为国内重要的茶叶产地，湄江翠芽和遵义红成为名牌，可以说，如果没有浙大，也就没有湄潭茶业的今天。

比较有意思的是，照片上西装革履的刘淦芝，他的留美背景和昆虫学家身份，都与他的业余爱好显得很有些反差。原来，刘淦芝闲暇时，常邀浙大教授苏步青、江问渔等人到风景优美的茶场品茗。他们品茗时，谈论的最重要话题竟然是诗词。这一群术业有专攻的大知识分子，都有深厚的旧学功底，都喜欢吟诗作词。1943年，他们在湄江边结成湄江吟社。吟社的宗旨是"公余小集，陶冶性情""留一段文字因缘，借为他日雪泥之证"。人称"九君子"的九名社员，当年聚会八次，创作诗词二百五十八首。

与今天的人才日趋专业不同，民国时期，大多数从事理工科的知识分子，对传统诗词书画都有一定造诣。像身为气象学家和教育家的竺可桢，他的旧体诗同样写得相当不俗。

湄潭城边有一座西来庵，那是湄江吟社的聚会地。在一个春天的早晨走近它时，我看到，那是一座凸起于田野中的并不太高的小山，山上林木幽深，黄瓦红墙显示出佛家的远离尘世。红墙之下，就是连绵的稻田和茶山，一条清澈的小河斗折蛇行，从农家院落里传来隐约的鸡犬之声。一切，依然如同从前那样纯朴而静美。

旧时光所收纳的

1945 年，抗战胜利的消息传到遵义和湄潭，浙大师生欣喜若狂。他们明白，流亡的日子即将结束，他们很快就会回到久违的西湖之滨。

从 1937 年跨出西迁第一步，到 1946 年返回杭州，浙大的流亡办学几近十年。这是山河破碎的十年、物力维艰的十年，也是向死而生的十年、凤凰涅槃的十年。在时局动荡、校址偏僻、经费拮据、疾病侵袭的困扰下，浙大出人意料地从一所地方大学，成长为与中央大学、西南联大和武汉大学齐名的民国四大名校之一。西迁之初，浙大只有三个学院，随迁学生四百六十人；十年后，它发展成有七个学院的综合性大学，学生增至二千二百余人。据 1989 年统计，当时的中科院学部委员（即后来的院士）将近三百人，其中有二十七人曾在浙大任教，有四十人是浙大毕业生，这六十七名浙大师生中，超过八成的人参加过那场被誉为"文军长征"的浙大西迁。

在湄潭浙江大学西迁陈列馆，我看到一张黑白老照片，那是浙大文学院一次活动后的留影。如果不借助说明，我不认识上面的任何一个人——他们中的几乎所有人，想必都已离开人世。尽管他们长相各异，男女有别，但有一点却惊人地相似，那就是他们的表情。他们面色平静，既没有大喜，更没有大悲，你甚至很难想象，这是一群面临强敌入侵，大多数人的故乡业已沦陷，身处物质生活极度匮乏的苦难中的学人。或许，只有内心强大的自信，才能带来表情的从容和淡定。

浙大文学院一次学术活动后合影（浙江大学档案馆藏）

浙大中文系教授、学者祝文白回忆说，浙大复员离开遵义时，遵义士绅为浙大饯行。席上，一位八十三岁的老者说："浙大的学风太好了，先生、学生，只在图书馆和实验室，埋头工作，偶然看见岩上城墙边的浙大学生，总是手里拿着一本书，不是朗读，就是默念。遵义青年，向来不大用功，现在受了这种风气的陶熔，连我最顽皮贪玩的小孙子，也在整天读书了。"

国难当头，弦歌不绝。当我们研究抗日战争为什么能以中国的胜利告终时，除了诸多政治原因、军事原因，我想，浙大师生那种来自文化和精神层面的坚守，也是原因之一。

离开湄潭那个傍晚，夕阳在山，天空又下起了细细的春雨。这种景象，苏步青在词中描绘过："细雨春回溪畔草，斜阳红入墙头杏。对空山寂寂，鹧鸪啼，行人听。"小小的湄潭城，打下了浓重的浙大烙印，诸如街巷和学校的命名：可桢路、浙大北路、浙大南路、求是路、浙大小学、求是中学。这座深藏于千山万壑中的小城，浙大在此六年，是它最值得骄傲的往事。对浙大来说，湄潭的接纳，使它在艰难岁月里逆风飞扬，终成名校；对湄潭来说，浙大的到来，为这座闭塞落后的小城吹来了现代文明的新风。

2019 年，竺安为浙江大学出版社出版的《重走西迁路：浙江大学西迁后代纪念文集》作序，序中，他意味深长地写下了这样几句话：

> 我历来认为苦难出人才，惬意地过日子是出不了人才的。抗日战争造成了亿万人的苦难，但也就是这个苦难造就了中国万千人才，并随后催生了新中国。

竺安先生告诉我，他在湄潭生活了六年，在那里读完初中和高中，并在浙大回迁那年考入浙大化学系。七十多年后，年过八旬的竺安先生重访湄潭。在湄潭，他找到了曾经居住过的那栋古老的楼房。在一段视频中，我看到，竺安先生坐在楼前，陷入了对往事的深深追怀中。其实，旧时光所收纳的，不仅是竺安先生的个人记忆，更是一所大学、一个国家、一种精神的薪火相传。

溯流而上：武汉大学的乐山岁月

溯流而上的船是一种意在言外的暗示。许多年过去了，当我在堆积如山的资料里翻找到这张老照片时，心中顿时生出一些长久的感动。照片上，一艘轮船正在前行，船舷边，两个年轻女子凭栏远眺。她们短发旗袍，面容优雅、沉静，像是在做一次渴望已久的旅行。然而，真相却很残酷：她们是遭逢战乱的学生。国破家亡之际，为了继续求学，她们不得不和学校一起，迁往遥远的异乡。

八十年后，顺着岷江的流向，我向南穿越了花团锦簇的眉嘉平原，前往三江汇流的那座古老城市——也是当年那两个年轻女子将要去往的地方——乐山。

身为四川人，乐山我自然去过多次。不过，这次却迥异于从前。这次，我是为了寻找那些远逝的足迹。汽车音响里，反复播放着一首如今已鲜为人知的歌曲——当年，包括这两个年轻女子在内的莘莘学子，他们都无比熟悉那慷慨而激越的旋律，那是他们时代的最强音：

武大学生陆秀丽（右）、唐良桐
（左）在乘"民贵轮"入川途中

同学们，大家起来

担负起天下的兴亡

听吧，满耳是大众的嗟伤

看吧，一年年国土的沦丧

我们是要选择战还是降

我们要做主人去拼死在疆场

我们不愿做奴隶而青云直上

我们今天是桃李芬芳

明天是社会的栋梁

我们今天弦歌在一堂

明天要掀起民族自救的巨浪

…………

目的地：乐山

1943 年 5 月，武汉大学校长王星拱在他简陋的办公室里，会见了英国科学史家李约瑟。送客人出门时，摄影师为他和教务长朱光潜、理学院代院长叶峤拍了一张合影。站在三人中间的王星拱神色严峻，略显忧郁。时年五十多岁的他看上去要比实际年龄大很多。如果仔细对比十年前他刚从王世杰手里接任校长时的另一张照片，更叫人惊悸于光阴之疾速与韶华之易逝。作为武汉大学历史上任职时间最长的校长，王星拱最深刻最恒久的记忆无疑就是乐山岁月。

王星拱，安徽怀宁人，与陈独秀同乡。早年，他留学英国，习化学。学成归国后，与陈独秀过从甚密，并为陈主持的《新青年》撰稿。五四期间，在他和李大钊的掩护下，陈独秀得以逃脱北洋军阀的抓捕。其后，王星拱投身教育。1938 年，武大即将离开武汉时，王星拱已担任校长四载有余，至于他服务于武大的时间，更是已有十年之久。

武汉大学的前身，系清末名臣张之洞于 1893 年创办的自强学堂。自强之名，源于"自强之道，以教育人才为先"。1890 年，张之洞在武昌设两湖书院。书院费用，多由两湖茶商捐助。为奖掖茶商，张之洞下令在两湖书院另建四十间校舍，增设四十个名

王星拱校长全家福

额，专门招收两湖茶商子弟入学。及后，在曾广敷（曾国藩侄孙）建议下，张之洞以两湖书院的四十名茶商子弟为基础，设立专门培养外语和商务人才的学堂，即自强学堂。

1902年，自强学堂改名方言学堂。1913年，北洋政府以方言学堂校舍、图书、师资为基础，筹办了我国第二所国立高等师范学校——国立武昌高等师范学校。1923年，国立武昌高等师范学校改名国立武昌师范大学。这一次更名升级，是"学校历史上发展的重要阶段，它为后来的武汉大学奠定了坚实的基础，成为华中地区最高学府"。其间，著名学者如黄侃、竺可桢、熊十力、纪育沣、李渭农、陈鼎铭等都曾执教于此。

1928年，学校最终定名为国立武汉大学，首任校长为王世杰。那一年，王星拱受蔡元培之邀，前往武大执教。那时，李四光任武汉大学建筑设备委员长，负责在珞珈山修建新校舍。到1937年全面抗战前夕，武汉大学已发展为有文、法、理、工、农五个学院十五个系以及两个研究所的综合性大学，在校生由1928年的六百余人增至一千多人。1932年，樱花盛开的春天，武大从东厂口迁往珞珈山。

《武汉大学图史》以一些珍贵的老照片，用最直接的图像方式，记录了全面抗战前武大的风采。给我印象最深的照片有两幅。一幅，四围是青黛的树林，簇拥着一栋高大的穹顶建筑，这座1937年落成的白房子，乃是武大的体育馆，因系民国总统黎元洪的两个儿子捐资修建，故以黎元洪的字命名为宋卿体育馆。即便以今天的标准去衡量，宋卿体育馆依然气派堂皇，更重要的是，与大多数大而无当的当代建筑相比，它有一种内在的优雅。一幅是1936年1月落成的工学院大楼，由三栋小楼和一座主楼构成，白墙青瓦，与它所依托的青山水乳交融，如同水墨画。

九一八事变后，日本全面侵华的野心日益彰显。敌强我弱，用空间换时间成为决策者的主要思路。因而，规模宏大的西迁已是必然。比如，早在1932年蒋介石就在日记里写道："余决心迁移政府，与日本长期作战。将来结果不良，必获罪于余一人。然而两害相权，当取其轻，政府倘不迁移，随时受威胁，将来必作城下之盟。"

地处中国腹地的武汉，自1937年南京沦陷后，也成为一座随时可能易手的危城。于是，在珞珈之麓、东湖之滨落成新校舍才五年的武大也不得不把西迁提上议事日程。

当位于整个国家最富饶最繁荣的东部、北部的大学都向西部迁移时，如同浙大、清华、北大、南开、同济等大学一样，武大的主要去处无非也是西南的云、贵、川三省。

由王星拱牵头，武大成立了迁校委员会，杨端六任委员长。多次派员实地考察后，武大决定迁往四川乐山。至于为何选择乐山，王星拱在给上级的呈文里总结了六条：

一、该处尚无专科以上学校之设立。

二、地处成都之南，叙府之偏西。水陆交通，均称便利。

三、生物矿物，产蓄丰富，可资研究，以备开发。

四、民情风俗，颇为朴素，而文化程度亦不低于其他大城市。

五、公私建筑物颇多，其破旧者加以修理，即能通用。

六、地方深入内地，不易受敌机之威胁，学生可以安心读书。

九一八事变后，日本的入侵改变了千千万万中国人的命运。记忆中，刘保熙的童年就是在战争带来的动荡中度过的。1928年，他出生于上海。四年后，迫于日机轰炸，任职于商务印书馆的父亲只好带着家小溯流而上，到武汉大学任教。在那里，刘保熙的父母一口气为他拜了四对干爹干妈——阅读相关资料，我发现，民国时期的知识分子，常有让儿女拜自己的朋友为干爹干妈的习惯，这与其说是为了抱团取暖，毋宁说是共同的三观让他们乐于易子而教。

然而，在武汉生活五年后，刘保熙九岁时，他的父母再一次带着他离开已经视为家园的珞珈山。这一次，目的地是千里之外的小城乐山。很多年过去了，刘保熙还记得九岁时的那次远行。那是一只上水轮船，速度很慢。船过三峡，两岸秀丽的风光吸引了众多旅客，他们纷纷跑到甲板上照相，以至船只歪斜，急得船长马上广播："大家注意安全，不要站到一边，回到自己原来的地方。"

　　武汉到乐山，今天的公路大约长一千二百公里，开车也就十多个小时。如果是飞机，则不超过两小时。但是，八十年前，飞机还是罕物；即便公路，也是东一段西一截，完全不成体系。因

1938 年西迁乐山的国立武汉大学校门

此，从武汉到乐山，最主要的路线只有一条，那就是溯长江抵宜宾，之后，折而北行，逆岷江而达乐山。

这不仅是一条逆流之路，同时也是一条需要穿越夔门天险的艰辛之路，还是一条时时可能遭遇日机轰炸的危险之路。

八十一岁那年，著名传记文学家、教育家朱东润先生开始撰写回忆录。梳理漫长一生时，朱东润对1938年奔赴乐山的经历记忆犹新。

1937年暑假，执教于武大的朱东润回到老家江苏泰兴，其时，他已是六个孩子的父亲了。前一年，经亲戚介绍，他买下了一片近六亩的宅基地，打算建一所宅子。修建工作于6月动工，8月，工程完成了一半多。"战争在进行，前线在撑持，我们这个小窝在添砖添瓦。"暑假结束后，朱东润将修房子的工作丢给妻子，他仍回武汉大学。

值此战火纷飞的国难时期，"武汉大学是开学上课了，但是学生的心情不在教室里，教师的心情也不在教室里。战争，唯有战争占据了人们的心情。三三两两的青年在步行中唱出：'我们的家乡在松花江上。'也有人唱：'我们是勇敢的少先队。'他们并没有到前线，但是他们的心情却不在后方"。

几个月后，放寒假了，朱东润经长沙、耒阳而至香港，再从香港坐船到上海。到了上海，他才知道家乡周边的江阴和靖江等地均陷落。于是，他只得绕行新生港，终于回到泰兴。泰兴的房子修得差不多了，一家人搬进了新家。

朱东润本打算不再回武大，他在上海沪光中学泰兴分校临时兼课，且妻子又生了一个孩子。原本，泰兴是一座不设防的小城，当地人——包括朱东润都认为，"在战争时期应当是免于轰炸的"，"但这是人和人之间的共同认识，在人和野兽之间是没有的。从野兽的逻辑看，愈是没有自卫能力的愈能引起它的馋涎"。不久，泰兴就遭到了日机的轰炸。以后，日机经常出现在这座小城上空。并且，靖江失守后，日军距泰兴只有六十里，"随时可以进攻，城内全无防守计划。敌人随时可来，因此随时是一种威胁。敌人不来，又不能不担心失业"。

进退失据之际，朱东润接到了武大从乐山打来的电报，要求他 1939 年 1 月 15 日前赶到学校。他和妻子商议后，决定留下妻儿老小，独自前往几千里外的乐山。接到电报那天，是 1938 年 12 月 2 日。表面看，他有一个多月时间用来赶这段路，似乎非常充足。但几十年前的交通条件，加之半个中国已陷入战火，他的旅途注定不会一帆风顺。

朱东润匆匆赶往上海。其时的上海，"虽然还有公共租界和法租界，但是日本反动军阀已经笼罩着这个地区，汉奸政权自称大道政府，悬挂着一面太极旗。黄浦江里的大小船只，除了个别例外，悬的不是膏药旗就是太极旗，看了以后真是伤心惨目"。途经汕头，轮船要停一夜，他上岸后，"只看到一片瓦砾"，因为，汕头刚遭遇了一场轰炸。在香港，朱东润又买了一张船票，从香港驶往越南海防。到海防后，乘火车到河内。再由河内乘火车，经河口进入云南。"河口的一条界河，宽不过二三十丈，过了河又回到祖国"——几十年后的今天，滇越铁路的河口站附近，仍是当年模样。几十米宽的元江支流南溪河成为中越国界，一座铁路桥横跨河上，将两国连接。站在中国一侧，可以清楚地看到对岸的人，听到对岸的笑声和说话声。

到昆明，已是 1938 年最后一天。略事休息后，他到汽车站买到了一张 1 月 2 日到贵阳的车票。汽车在云贵高原的崇山峻岭间行驶了两天多，第三天下午，终于到了贵阳，与朱东润结伴同行的，有三个中央大学学生。"昆明还有些春意，到个旧已经下雪，贵阳更是雨雪纷纷了。"其时的贵阳，因国府迁渝，已成交通要道，"汽车票更紧张，最后只有买了票，乘装汽油的车子直开重庆"。路过娄山关，遇上雨雪天，汽车在盘山公路上左盘右绕，路滑难行，司机处置不当，车辆疾速滑向山谷。幸好，路边有一块大石头，将车辆挡住。"经过遵义、松坎，我们到达海棠海的时候已经天黑。匆匆过了江，在大梁子找到旅馆，这天是 1939 年 1 月 8 日。"

那时候，重庆有通往乐山的班车，但朱东润一打听，车票只有下月和再下月才有。"要买 1 月份的票那可万难了"，也就是说，朱东润根本没法按学校要求在 1 月 15 日前赶到乐山。

朱东润在重庆街头乱逛，偶然看到一家民航公司，他信步进去打听，得到的消息让他喜出望外：民航公司拟开通重庆到乐山的水上飞机，定于当月 11 日开行第一班。不过，票价贵得离谱：一百二十元。一百二十元是什么概念呢？几天后朱东润到乐山时，在一家饭店包伙食，一个月的伙食费才十二元。

朱东润说："我身边恰恰剩有一百多元，随即买了去乐山的飞机票。"11 日和 12 日，重庆大雾弥漫，无法起飞。直到 13 日下午 1 点，距校方的期限只有两天时，朱东润终于提着行李，风尘仆仆地出现在对他来说完全陌生的乐山街头。

重庆和乐山之间，除了公路和水上飞机，运量更大的其实是水运。著名作家叶圣陶受武大文学院院长陈源的邀请，前往乐山担任中文系教授时，走的就是水路。通行于重庆与乐山之间的船只，先溯长江而上，到了宜宾，转而进入岷江。由于岷江水浅滩多，每年秋冬之际，轮船就得停航。叶圣陶一家很幸运，他们于1938年10月底上路时，坐上了当年最后一趟轮船，"否则只得乘白木船而上，到嘉定（乐山）须七八天，有风寒、滩险、盗匪之虞，颇可畏也"。——两年后，同样在10月从宜宾出发的俞大光就没有这么幸运了。他在旅馆等了三天，也没等到前往乐山的轮船。为了不影响入学，只得和同学一起包了一条小木船，"由于水浅滩多……以致百余公里路程竟走了八天"。

叶家一行七人在局促的统舱里坐了好几天：第一晚泊江津，第二晚泊合江，第三晚泊纳溪，第四晚到宜宾。在宜宾等了一天，换了一条小汽轮。在犍为泊了一晚，次日下午4时抵达岷江边的一座小镇——观音场。此地距乐山城区还有十来公里，岷江水太浅，轮船再行便有搁浅之险，"于是雇请一划子，人物并载。船夫四人拉纤，逆流而上，直以晚上8时抵乐山"。

2004年，就像暮年的朱东润回首往事一样，八十岁的齐邦媛也在海峡对面检点她的一生。在回忆录《巨流河》的序篇里，这位去国怀乡多年的老人写下了沉痛的一句："20世纪，是埋藏巨大悲伤的世纪。"

窃以为，这所谓20世纪的巨大悲伤，大江大海的生离死别之悲固然深藏其中；另一种悲伤，则与她早年的经历不无关系。

齐邦媛的父亲齐世英，辽宁铁岭人。早年，齐世英留学日本和德国。回国后，在奉系将领郭松龄手下任职。郭松龄起兵反对张作霖，齐世英是推动者之一。后来，郭松龄兵败巨流河，被张作霖杀害，齐世英逃到南方，投奔蒋介石。应陈立夫之邀，出任中央政治会议特务秘书，主持国民党的东北党务。抗战爆发后，齐世英曾经秘密潜回东北，与义勇军首领马占山取得联系。回南方后，组建东北协会、难民救济委员会和东北青年教育救济处等机构。

因为父亲的原因，齐邦媛自小就过着动荡不安的生活，就像她在《巨流河》里说的那样："我出生在多难的年代，终身在漂流中度过，没有可归的田园，只有歌声中的故乡。"童年时，她随母亲坐三天两夜的火车从关外到南京，寻找她几乎没有印象的父亲。几十年后，她对路上的情景依然历历在目："我童年最清晰的记忆是姥爷牵着我哥哥，妈妈牵着我从沈阳上火车，火车没日没夜地开，车窗外是无止境的庄稼地。秋收已许久了，黍梗和高粱秆子都刈割净了。除了稀稀落落的防风林，看到天边，都是黑褐色的泥土地。姥爷说，明年三月解冻了才能翻耕。"

童年的记忆似乎是一个隐喻，暗示了齐邦媛一生的漂泊自此拉开序幕，无休无止。

1937年，日本全面侵华。这时，齐邦媛是一个十三岁的少女，又一次刻骨铭心的漂泊开始了。南京沦陷前夕，"整个南京市已半成空城，我们住的宁海路到了10月只剩下我们一家。邻居匆忙搬走，没有关好的门窗在秋风中噼噼啪啪地响着；满街飞扬着碎纸和衣物，空气中弥漫着一种空荡的威胁"。

10月下旬，齐邦媛一家——除了公务在身的父亲之外——

逃离南京。母亲正在病中，由哥哥和表哥用棉被裹着将她抬上车，让她半坐半躺在角落里，齐邦媛和三个妹妹被从车窗递进去。齐邦媛腰上拴了一个小布包，"装着两个金戒指和一点钱，还有在汉口可以联络到的地址"。到了芜湖，火车改为轮船。为了避开日机轰炸，轮船必须在晚上开，码头上也不敢开灯，跳板上有几盏昏暗的灯照着急急逃难的人群。"蜂拥而上的人太多，推挤之中有人落水；船已装不进人了，跳板上却仍有人拥上。只听到一声巨响，跳板断裂，更多的人落水。黑暗的江上，落水的人呼救、沉没的声音，已上了船的呼儿唤女的叫喊声，在那个惊险、恐惧的夜晚，混杂着白天火车顶上被刷下的人的哀叫，在我成长至年老的一生中常常回到我的心头。那些凄厉的哭喊声在许多无寐之夜震荡，成为我对国家民族，渐渐由文学的阅读扩及全人类悲悯的起点。"

以后，随着时局进一步恶化，齐邦媛还先后随父母流亡到长沙、湘乡、桂林、柳州、怀远，然后，来到了陪都重庆。在位于重庆沙坪坝的南开中学，齐邦媛上学六年，那是相对平静、稳定的六年，"我成长为一个健康的人，心智开展，奠立了一生积极向上的性格"。

六年后，高中毕业，齐邦媛被武汉大学录取。她必须独自前往乐山读书。

离家那天，齐邦媛带了一口小箱子和一个铺盖卷，铺盖卷用毯子包着被褥和衣服，卷成一个椭圆形，上面反扣着一个搪瓷脸盆。天降大雨，从朝天门码头走到船边，"似乎有走不尽的滑溜石梯"。雨下得太大，伞也挡不住，"爸爸穿的白色夏布衫全湿透了，从头发往鞋上流成一条水柱。我自己是什么光景已全然不知，只记得拼命憋住震撼全身的哭泣"。

在船上，昏昏沉沉的齐邦媛和一群人挤坐在舱里，天黑了，灯光昏暗，沉睡中，她做了个噩梦——她梦见了五年前从芜湖到汉口时船上的悲惨经历：她给重病中的母亲换身下的血垫子，出了舱门，到处都找不到才十八个月大刚会走路的妹妹。醒来后，"看到四周全是熟睡的陌生脸孔。六年之后，在同一条江上，我又流着一种割舍之泪"。

次日黄昏，轮船抵达宜宾。当晚，齐邦媛应同班同学鲁巧珍之邀，和几个同学一起，在她家住了一宿。"那是我第一次见识四川被称为天府之国的富庶与稳定。"

宜宾通往乐山的江面窄了一些，船也小了许多。此时正值8月洪水期间，江水暴涨，激流汹涌，开足马力的船只不仅行进缓慢，并且，有好几次不但不能前行，反而向后退，旅客们见状，惊呼不已。"我倚在船舷，自以为无人看见，又流下思家之泪，久久不止。"

齐邦媛由重庆前往乐山读书是在1943年，而武大西迁乐山始于1938年3月。到6月下旬，全校师生计一千二百余人抵达乐山。西迁的师生采取自由组合的方式，分批乘船入川，对其中经济特别困难者，由校方补助十五元。学校分别在宜昌、重庆等地设多个办事处以资接应。

实话说，与浙大西迁的万里长征相比，武大西迁由于路途短、准备充分，相对要轻松一些。不过，尽管如此，其艰辛依然是我们今天难以想象的。首先是运力不足，一票难求。有些师生为了一张船票，竟然等了两个多月才拿到手。其次，西迁途中，两度遭到日机轰炸，仪器、文件损失惨重，幸无人员伤亡。其三，入川的船只舱小人多，又值春夏，疾病盛行，不少师生染疴在身。

溯流而上的船是一个意味深长的隐喻。它预示着这些青年、这所学校和这个时代正在与命运艰难抗争。逆水行舟，不进则退，而他们和他们的时代，其实已经无路可退。

追寻武大脚印

我的朋友老孙是武汉人，不过，他定居乐山已经有些年月了。既由于兴趣，也因工作相关，他对武大西迁历史如数家珍。一个春日的午后，我们跟随两只为春色痴狂的蝴蝶拾级而上，登临一座满眼翠绿的小山。小山是乐山老城的制高点，名叫老霄顶。

站在老霄顶，透过香樟树和桂树繁茂的枝叶向远处看，起伏的房舍之外，是白练般的大渡河；铁色云低，河畔天际线下，矗立着那座举世闻名的大佛。低下头看近处，绿荫掩映，藏着一片红墙黄瓦托举的古建筑。那是乐山文庙，也就是武大当年的总部和主校区。

我们站立的位置数十米外，在当年，有一座简陋的礼堂，礼堂里，冯玉祥、陈立夫、郭沫若等要人曾慷慨陈词，学生们多次在这里举办各种活动，青春的面孔意气风发。如今，礼堂早已荡然无存，除了当事人的回忆，再也找不到它存在过的蛛丝马迹了。不过，我想起了一张当年留下的老照片，那是从我站立的地方拍摄的。照片上，大渡河与乐山大佛的侧脸都和今天一样。只不过，挡在它们前面的房舍却面目全非。在和强大时光的对峙中，唯有记忆与山川，或许稍能立于不败之地。

文庙要算最具中国元素的建筑。作为孔子的祭祀地，两千多年间，文庙遍布宇内，最多时曾有一千六百余座。除了祭祀孔子，文庙同时也是县学、州学、府学所在地。到了烽火连天的抗战时期，隐藏于西南地区大小城池中的文庙，其时虽已失去了封建时代县学、州学和府学的功能，却再一次意外地华丽转身——成为众多内迁大学的办学地。像西迁湄潭的浙大，它就设在湄潭文庙中。至于武汉大学，从确定迁乐山时起，乐山文庙——当时还习惯称为嘉州文庙——便是预定了的流亡时期的武大总部。

乐山文庙始建于唐朝，后被大水冲毁，明朝中叶搬到老霄顶下。比较有意思的是，多年来，由于文庙为某中学管理，并不对外开放，如果在导航里输入乐山文庙的话，自以为是的导航系统会自动调整为乐山下属的犍为县文庙。

王星拱和两位下属的那张合影就是在乐山文庙里拍摄的。

今天的乐山文庙大约占地十多亩，比当年小得多。穿过空旷的庭院和冷寂的大成殿，我找到了最里进一座孤零零的房子，房中空无一物，屋角结了些蛛网。这座房子叫崇圣祠，它是每座文庙必有的，用来祭祀孔子的父亲。一张老照片上，我曾看到过八十多年前的崇圣祠。与今天的仿建相比，它是一排绿树深处的小平房。那时候，这排三间的小平房既是校长室，也是教务长室，还是会议室、工友室和储藏室。那时候，王星拱校长就在此办公，并在此接待了包括李约瑟在内的诸多重要客人。

稍有闲暇，王星拱缓缓走出办公室，前面是大成殿。大成殿乃文庙主体建筑，供奉着孔子和他最得意的四个弟子的牌位。当年，武大图书馆就设在相对宽阔的大成殿里。需要特别说明的是，当年西迁诸校中，武大是少数几所一步到位的，因而其图书、仪器保存最为完整。当浙大、西南联大都为大量图书的损失而窘迫时，武大却拥有最为丰富的藏书。不仅如此，武大还在极为艰难的条件下购买图书——这些图书的相当一部分购自海外，先运到香港，再辗转进入内地。太平洋战争后，香港为日军所占，购买的图书只好先运到缅甸，再经滇缅公路运到乐山。中国第一个图书馆学博士桂质柏，曾是武大乐山时期的图书馆馆长。在孔子和他的弟子们的注视下，图书馆里挤满了自修的学生，除了书页翻动的哗哗声和偶尔的一两声咳嗽，没有人发出任何多余的杂音。

大成殿前面是古木苍苍的庭院，庭院两侧，是年代久远的老建筑。两座钟楼式的阁楼遥相呼应，它们分别是法学院和文学院的办公室。阁楼之下的东西两庑，大小十四间屋子，是文、法二学院的教室。这些教室，大者可容九十人，小者只能容三十人。叶圣陶认为，就校舍而言，武大"以视重庆之中大与复旦，宽舒多矣"。

王星拱时常绕过大成殿里那些危乎高哉的书架，信步走到殿前的台阶上，他静静地站在那里，听着从各间教室里传来的教授们南腔北调的讲课声。有时，一些不怕人的乌鸦在庭中的古树上沙哑地叫。王星拱严肃的脸上，也会浮现一丝不易察觉的微笑。

教室狭小阴暗，图书馆人满为患，幸好乐山多的是茶馆，学生们便到茶馆里用功。但这仅限于男生，齐邦媛说："在那个时代没有任何女生敢一个人上街闲逛，也没有人敢上茶馆。"武大男女生比例为十比一，"是两种截然不同的世界"。

教材不足也是必然。朱光潜为学生开英诗课，所用教材为当时全世界的标准选本，即美国诗人帕尔格雷夫主编的《英诗金库》。但该书全校只有六本，只得三本分与男生，三本分与女生，由他们各自按课程进度先抄写再上课。齐邦媛为此专门去纸厂买了三个精美的笔记本，那笔记本"从里到外都是梦幻般的浅蓝"，五十多年后，当齐邦媛已是白发如雪的八旬老人时，当年的笔记本还珍藏如初。与笔记本一起珍藏的，还有她对朱光潜的清晰记忆。

齐邦媛记得，课堂上，当朱光潜用英文读到"天上的鸟儿有翅膀，链紧我们的是大地和海洋"时，他说这和中国古诗"风云有鸟路，江汉限无梁"有相通之处。说着说着，竟然语带哽咽。稍微停顿，又继续念下去，念到最后两行"若有人为我叹息，他们怜悯的是我，不是我的悲苦"时，忍不住取下眼镜，泪水流满双颊，他"突然把书合上，快步走出教室，留下满室愕然，却无人开口说话"。几十年后，齐邦媛评论说："也许，在那样一个艰困的时代，坦率表现感情是一件奢侈的事，对于仍然崇拜偶像的大学三年级学生来说，这是一件难于评论的意外，甚至是感到荣幸的事，能看到文学名师至情的眼泪。"

小小的乐山城一下子拥进一所大学的一千多人，根本没法找到足够大的地方容纳，教室自然分作几处，宿舍更是化整为零。

白塔街是一条徒有其名的小街，不仅我没看到白塔，即便八十年前的武大师生也同样没看到。不过，白塔街曾经的那栋白色洋楼，却是每个经历过乐山岁月的武大人都记得的。

　　那所白色洋楼就是女生宿舍，公认是武大最好的房子，学生们将其称为白宫。据杨静远回忆，由于房少人多，只有三、四年级的师姐才能住，一、二年级的学妹们只能住在白宫脚下的中式平房里。这些平房潮湿破旧，如同王宫下的鸡窝。杨静远在1941年11月10日的日记里说："早上下雨，院子里又湿又滑，难走极了。我端着一盆水，差点儿跌一跤。"

　　在齐邦媛的印象中，杨静远羡慕不已的白宫，其实也就是一栋普通的四层建筑。它系教会所建，勉强可容百来人居住，自成院落，比较安全，显然是安顿女生的最佳之选。但由于年久失修，"既不白也非宫"。当然，齐邦媛也承认，与男生宿舍相比，白宫还是要"好得多"。

　　每间宿舍里，都挤着四张上下铺木床，这些木床相当单薄，因为"学校仓促迁来，全市的木匠都忙不及做课桌椅和床"。齐邦媛和她的下铺两人都很瘦，但翻身或上下时，床还是会摇动起来。上铺没有栏杆，齐邦媛总担心睡梦中会掉下去。

　　"白宫"的二楼有一间自修室，这是其他宿舍不具备的。自修室窗大明亮，晚上灯光也足，但三十多个座位，总是被高年级同学占满。宿舍里也有电灯——这比同一时期在古路坝和三台办学的西北联大、东北大学好多了，那两个地方从大学迁来到迁走，一直未通电。不过，虽有电灯，灯光却极为昏暗。9点熄灯后，学生们各自点燃一盏小油灯，这种小油灯用一个破瓷碗和两三茎灯草加一些桐油制成。唯有"考试之前，奢侈一下，点小小的蜡烛"。

男生宿舍有六处，无一例外地阴暗破旧，拥挤不堪，不仅多老鼠，甚至还有蛇虫出没。并且，还发生过因宿舍门外没有路灯，几个学生从高处失足跌下造成严重伤亡的惨剧。

杨静远是杨端六和袁昌英的女儿，杨端六曾任武大迁校委员会主任，在乐山期间，先后任法学院院长和教务长。袁昌英是五四时期知名女作家，在武大外文系执教。与杨家为邻的陈西滢和凌叔华夫妇，则是杨静远的干爹干妈。1941年，十八岁的杨静远从重庆南开中学毕业，来到父母执教的乐山。最初，她们一家住在城中心鼓楼街，同院的还有后来任武大校长的周鲠生和法学院院长刘秉麟。但"1938年8月19日，日寇一场灭绝人性的大轰炸，烧毁全城三分之二的精华地段，我们那个院子连同三家全部财物顿成灰烬"。为了避免再次被炸，杨家在岷江边买了一处农舍，稍事修整后搬了过去。不过，1941年夏天，杨静远从重庆南开中学毕业时，父母不放心她一个人到外地求学，让她报考了武汉大学。那时，他们家已经搬到陕西街尽头，那座宅子，名为让庐。几十年后，杨静远年轻时的日记出版时，其书名，就叫《让庐日记》。

那是她的青春时代，从十八岁到二十二岁，情窦初开的少女，在这座三江汇流的小城，她朦胧的情意、炙热的初恋和初吻都被她写进了日记。她曾穿过黑沉沉的街道去看演出，也曾和同学组织民工识字。春天来时，太阳筛过梨花洒在她和男友身上，小鸟在他们头上叽叽喳喳地欢叫。年轻人们一边恋爱，一边热烈讨论国家的前途。几十年后，当我走在杨静远日记里多次提到过的陕西街、白塔街时，一切都已和昔年判若云泥，但我分明感觉得到，那个金瓯残缺的年代，青春的热血与豆剖瓜分的现实时相碰撞，它既有国破山河在、城春草木深的悲凉，也隐隐让人明白，即使神州陆沉、山河破碎，但生活总要继续。青春无论在多么艰危的环境下，也一定要开出自己的花。

昨天已经消失

岷江、青衣江和大渡河在乐山市区交汇，形成了一个 U 字形的半岛。大凡城市的兴起，总是在那些易于交通的要津之地，因之，这个半岛，也就是千百年来的乐山老城区。与今天庞大且日日新的新城区相比，老城区狭窄而衰败。但八十年前，当五湖四海的武大学子来到川西一隅时，这座 U 形半岛就是他们生活的最主要空间。他们中的绝大多数人，一直要等到八年后抗战胜利，才在半岛最南端的码头买舟东下，重返久违的故里。

深处内地的乐山，古称嘉州，自古以秀丽的山水和发达的井盐业著称。同时，这里的紫土丘陵，也是典型的精耕细作农业区。尽管半壁河山沉入血海，但武大初迁时的乐山还是一片难得的安宁之地。

叶圣陶于 1938 年底到武大任教，初到乐山，他对这座城市的印象相当不错。首先，他发现这里街面整洁，"街道亦柏油路。有街树，不甚修剪。无上坡下坡之麻烦。无汽车奔驰，仅有少数人力车往来，闲步甚安静。人口五万，现在多了一万，不见拥挤"。其次是交通方便，每星期与重庆之间有三趟航班，可以读到当天的重庆报纸。乐山与成都之间，则既有水路，也有公路。尤其重要的是，乐山物产丰富且价格低廉，他在写给朋友的信中称赞说，"此间生活便宜"，肉价不贵，每天买肉一斤；鸡、鸭也便宜，鱼鲜则更廉价，"间日购之"。"大约每日买菜，七八角钱已吃得很好，与在汉口，在重庆，迥然不同"，"以生活情况而论，诚然安舒不过"。

然而，好景不长，随着迁入人口的增多，物价开始上涨，尤其是日机对乐山的大轰炸后，生活骤然由安舒变得艰难。

1939年8月19日，三十六架日机飞临乐山，一番狂轰滥炸后，四分之三的街道化为瓦砾，民众伤亡达三千余人。以这场大轰炸为界，武大师生的生活前后也渐渐有了天壤之别。

漫画家方成在乐山度过了四年武大时光，作为化学系学生，他在五通桥黄海化工研究院做过研究，论文还在中国化学会年会上宣读。业余时间，他用漫画记录了武大师生生活的窘迫：买菜，做饭，缝补破旧的袜子，为谋口饭吃而奔波。画家关山月有一幅国画《今日之教授生活》。画上，一个文质彬彬的读书人坐在简陋的农家灶前，一边烧火，一边读书。这幅画并非虚构，而是纪实。画中人就是武大教授李国平。

民国时期，大学教授算是高收入阶层，如果不是战争，他们都能过上优渥舒心的生活。但战争是个不讲规则的对手，它改变了亿万兆民的命运，包括教授。乐山被炸以及战争的全面铺开，以及西南成为唯一可以肩负民族复兴重任的大后方，使得物价暴涨，日甚一日。和上一年相比，1940年许多物品涨价竟至十倍以上。

中文系教授苏雪林是知名作家，抗战之初，她把自己攒下的两根金条捐给国家。物价飞涨后，打了七折的薪水真的只够买柴和水了，为此，她不得不荷锄汲水、灌园种菜。1941年夏秋，苏雪林一家人"整整吃了四个月的豇豆和茄子，现在则每天上桌的无非是胡萝卜和芥菜"。苏雪林写有散文《抗战末期生活小记》，文中，她以平静而又辛酸的口吻说："柴米油盐的价格，隔几天便上涨一倍，大量收买囤积，固不失为良好办法，但教书匠只有那点薄俸，又非到期不能领来，趸买物资，当然不可能。过了几天，便须尽一次'跑街'的职务，几两盐要走几个盐摊，几掬干豆要拜访几家粮食店，掂斤播两，琐琐论价，然后在店伙极端鄙薄的神色下，大篮小包，汗流气喘地自街市提回家中。"杨静远在日记里悲愤地为她鸣不平："她是一个完全的好人，但现在却眼看着要饿死。"

工学院教授郭霖，二十七岁考入英国格拉斯哥大学机械造船专业，曾获八国留学生数学竞赛第一名。1929年，武汉大学组建工学院，校长王世杰力邀他加盟。在当年的武大开学典礼上，郭霖有过一次激动人心的演讲，他说："就现状论，中国工业界本呈一种黑暗的景象，但是从今天起，中国工业界却又添了一线曙光。这一线的曙光，就是武汉大学新添的工学院。安知这一线的曙光将来不发扬光大变成一种熊熊烈烈的日光，照得大地通明咧！若果如此，那么这种光的'发光体'是谁呢？不消说，其中的一部分就是我们武大同学。明显一点说，就是我唯愿武大同学，人人都变成一个'发光体'。"

郭霖的确是一个"发光体"。武大西迁时，他是迁校委员，先行到乐山，负责校舍维修。老照片上那块"国立武汉大学嘉定分部"的牌子，就出自他之手。武大的大礼堂和合班教室等大型建筑，都由他设计。乐山期间，郭霖主讲过十四门课程，大多教材都由他自己编写。为了支持抗战，他慷慨捐款一千银圆，并自行设计了钢盔和防毒面具送往前线。如此德才兼备的良才，却因长期劳累，生活清苦，终至积劳成疾，患上肝硬化后一病不起，于1942年2月20日，一个春寒料峭的夜晚，病死于距他的家乡湖北当阳上千公里的乐山。时年四十八岁。

同样英年早逝的教授还有不少，如黄炎培的长子黄方刚。黄方刚早年求学于清华大学，曾受教于梁启超。后赴美留学，获哈佛大学哲学博士学位。归国后，先后在包括北京大学、四川大学在内的多所高校任职，曾任东北大学三台时期的文理学院院长，后因与校长臧启芳不和，于1939年转到乐山，执教于武大。李约瑟到武大时，黄方刚向他做了"关于道教的艰深而重要的阐释"。不意天妒英才，黄方刚于1944年因肺病去世。闻此噩耗，顾毓琇哀歌当哭。悲痛的文辞，既是对好友夭亡的追悼，也是生逢乱世的读书人的自挽："彭殇修短倘前知，柱下精研枉作师。岂信著书能却病，犹怜好学每忘饥。家贫儿让山中果，世乱妻吟海外诗。呜咽长江怀故友，清明时节雨如丝。"黄方刚逝世后，他的学生李树芳拿出自家一块地，将老师安葬。如今，黄方刚的墓地保存完好，就在乐山九峰镇鞍山村的田野里。

外文系教授钱歌川毕业于伦敦大学，不仅是著名翻译家，也是与鲁迅、茅盾、郭沫若等文化巨匠相交多年的著名散文家。初到乐山，"米价只有一元六角一斗，猪油只卖到二角二分一斤，我们节衣缩食，每月薪俸刚够一家人吃"。一年之后，随着物价暴涨，原本就捉襟见肘的日子更加艰难："米价涨到二十五元一斗，猪油四元一斤，较以前涨了一二十倍。而我们既无津贴，薪俸不仅分文未加，而且仍要打七折，所以每月二百余元的收入，领回家来，不到半月就用光了，出入不敷得远，非举债无以为生。原来一个七八口之家，每月吃六七斗米，是寻常事，照现在的米价，月薪所入不够买一石米。其余百物，无一不贵，即是几根尺多长的柴，也要一元以上的代价。衣食住行，单维持一个食字，已不可能了。"

王星拱贵为一校之长，情况也好不了多少。他的儿子后来回忆说："我记得靠每月的一袋平价米生活，米中有老鼠屎、沙粒，霉变成灰色，难以入口。我家在门前篱笆外种菜养猪，母亲还打猪草，日子过得很艰难辛苦。"偶尔，王星拱也改善生活，就在城门口的一家牛肉店买四两牛肉。屠户用一根短绳子拴好那一小块牛肉递给王星拱，王校长就拎着它回家。那就是一家人数日才能一尝的美味。一些家中人口较多的教授，生活更加窘迫。为了生存，有的教授让家人在校园周边种菜，把收获的蔬菜摆在门前售卖；有的教授自制糖球叫子女上街兜售；如果还能在武大之外的乐山其他中小学兼得一分工，虽然辛苦，却是梦寐以求的美差。

教授如此，学生更是等而下之。学生本身没有收入，全靠家庭支持。但来自沦陷区的学生，大多与家中音书两断，根本无法指望。幸好，国民政府向学生发放有贷金，数额虽少，尚能填饱肚子。

俞大光在第一学年的冬天，惊恐地发现他的小腿浮肿且麻木。他去校医室求诊。校医告诉他是脚气病，必须补充维生素，但校医室并无药品。俞大光只好遵照医嘱，去买了一些喂猪的糠麸，虽然"下咽和消化都很困难，为了治病这些都只好忍受了"。三年级，俞大光又患上了黄疸性肝炎。好在他年轻，身体素质不错，在没有特效药的情况下，竟然挺了过来。和俞大光关系密切的同班同学包克纲，二年级时忽然咳血，经诊断患上了肺结核。这在当年是要命的重症。他不得不休学一年。然而复学重读仅数月，旧病复发，他洒泪告别武大，回家养病。

1940 年，武大对学生进行体格检查，全校一千三百六十三人，男生营养不良一百四十四人，营养中等九百一十六人，比较良好的仅一百一十七人。比营养不良更严重的是缺医少药。1940年，武大平均每天有四十余人患疟疾，但治疗该病的特效药奎宁，每天至多只有十支。药物少而病人多，意味着有相当一部分人将面临死亡的威胁。

从 1938 年到 1943 年五年间，武大学生因病死亡者竟超过一百一十人，为此，位于乐山城区西北的武大公墓不得不一扩再扩，乃至于学生们把它称为第八宿舍——事实上，武大只有七座宿舍。章心绰解释说："一个同学得知某同学去世，他将此不幸消息告知另外一同学时，说'某某同学搬到第八宿舍去了'。这绝非幽默，而是不愿说出那使人悲伤之事。老同学向新同学介绍情况时，往往会说，'我们还有一些同学今天在第八宿舍'。这是一种表示哀悼的说法。"

时过境迁，扩张的城市早已抹去了旧时的痕迹。几经寻访，我也没能找到传说中的武大"第八宿舍"。倒是在老孙的指引下，我来到了乐山师院足球场。球场上，一群学生正在踢球，青春的朝气和春天的阳光一同扑面而来。八十多年前，这里是一个名叫西湖塘的小小湖泊。时值盛夏，大轰炸后，死者——其中包括武大师生十余名——大多被草草安葬于湖中。西湖塘就此成为一片平地，只有这个不合时宜的名字沿用至今——一座足球场，它的名字居然叫西湖塘，怪诞之中，隐藏了一段不为外人所知的伤痛。

作为昔年的武大总部，乐山文庙近年终于从某中学收回，由文物部门管理，并开始修缮，据说将打造成景区。空荡的庭院中，摆放了一些展架，是一些关于武大的史料。我注意到了几排黑白照片。照片上的人都只有二十来岁，气质儒雅斯文。他们便是夭亡在乐山的部分武大学生。在国难当头的岁月，他们像苏步青号召的那样"读书不忘报国，报国不忘读书"。青葱般的年龄，他们却沦为客死异乡的孤魂。花蕾还来不及开放就在风雨中凋零。我想，如果后人还能记得他们，还能记得有一所在烽火中不屈不挠、终至化蛹为蝶的大学，他们就会魂兮归来。

外婆的时代

乐山师范学院是乐山本地的一所普通高校，地处老城区。昔年武大的多处遗址，现在大多纳入了乐山师院校园：工学院教室变成了师院南馨苑，工学院图书馆变成了师院美术学院办公楼，实习工厂变成了师院附小。

大概鉴于这种空间上的承续，乐山师院校史馆里，辟有一间小小的武汉大学乐山纪念堂。纪念堂的展墙上，布置着数量众多的黑白照片——照片中的人就是那个年代这所学校的主角儿。我徘徊其间，仔细打量那些照片。我知道，这些人中的绝大多数，都已经长辞尘世。人生一世，草木一秋，那一代人已经凋零殆尽。唯有这些当年的黑白照片，定格了他们青春盈盈的模样。

　　我注意到了一张年轻女子的照片。女子二十来岁，齐耳短发，剑眉大眼，嘴唇紧抿，神情中透出一股倔强和坚毅。她的名字叫涂主珍，武大化学系学生。陪同参观的师院教授杨晓军先生给我讲了一个他同事的故事，这个故事，便和照片上的涂主珍有关。

　　杨晓军的同事叫陈熹。陈熹硕士毕业后到乐山师院执教，其后，她考上了武大冯学峰教授的博士。攻读博士学位的2013年，冯学峰来到乐山师院，陈熹陪同老师参观刚落成不久的武大乐山纪念堂，这也是她第一次接触这段历史。

　　纪念堂里，当陈熹看到墙上张贴的涂主珍的照片时，她愣住了。因为，她们家也有一张一模一样的照片。并且，在她高中时就已去世的外婆，也叫涂主珍。曾经的武大化学系学生涂主珍，是否就是自己的外婆呢？向亲人们询问后，陈熹得到了肯定的答复。

　　从那时起，作为晚辈，陈熹才知道自己的外婆早在七十多年前，曾历尽艰辛来到乐山，就读武大。她也第一次知道，记忆中慈祥的外婆，在二十多岁的大学时代，还有过一段不平凡的经历。

那时候，乐山有一种很普遍的地方病，叫趴病。患者四肢无力，病情严重者有死亡之虞。武大进驻乐山后，校医董道蕴发现趴病与食盐中的氯化钡中毒有关，而一种叫马前子的中药对此疗效显著。后来，化学系学生涂主珍和彭少逸（后为中科院院士）把马前子进行提炼，制成药品，从而使得肆虐多年的趴病就此绝迹。关于此事，叶峤教授撰文记述："初到乐山，趴病确实吓人。教授们有的因趴病威胁，医好后不能再在乐山居住下去，只好携眷东归，另谋生路。幸校医董道蕴先生发现此病系钡中毒，于是他试着用马前子碱救治，果然有显著疗效。后来，化学系学生彭少逸、涂主珍等人，从中草药马前子中提取精制，有了这种药，武大趴病才得以制止。以后乐山邑人推广引用，救治了不少人，使乐山人民对武大同人一直很友好。"

一个校医外加两个在读大学生，竟然攻克了一种令人谈虎色变的顽疾，颇有些叫人难以想象，但偏居一隅的武大却做到了。

尘埃落定，今天我们研究武大以及和它有着相同命运的浙大、西南联大，它们困境中的崛起与逆袭，到底是什么原因引发的呢？这一点，1943年从成都前往乐山就读的武大哲学系学生、日后的著名哲学家萧萐父总结得很好："物质生活条件的艰苦，好像并未影响当时师生的教学情绪和学习钻研精神；相反地，似乎国事的蜩螗、民族的苦难，反而激发起师生们内心深处的屈原式的忧患意识和费希特式的哲学热忱。"

物质匮乏，条件恶劣，这是抗战时期几乎每一所内迁高校同样要面临的问题。然而，武汉大学从未因此放低教学要求。

后来成为中国工程院院士的俞大光，1940年通过自学考入武大工学院，在乐山生活了将近六年。几十年后，他回忆当年的求学经历时说："在那个时期读大学是艰苦的，当老师、包括教授在内也同样是艰苦的，但武汉大学的教学要求却未曾有丝毫放松。"

入校后，一年级得过英语读写关。不仅大多数教材是英语，课堂教学也几乎全用英语，或是英语夹汉语，作业和试题，必须用英语解答。俞大光的英语基础不好，入校考试后分在属于第三等的 C 班。"所以我只能刻苦地读上个把月，才能在翻字典不算频次太高的情况下读懂教材。"每学期，每门课要进行两次考试，每个同学的成绩都要公布。如果不及格，就以红色示警。由于要求太严，每次考试，成绩榜上总是一片触目惊心的红色。甚至，由俞忽教授任教的结构学课程，某次考试全班三十多人仅一个及格。1944 年，俞大光毕业时，四年总平均成绩为八十三分，"这分数看来不算太好，但却是工学院同年级的最高分，可见当时的要求确实是很严格的"。

西谚说，由一头狮子率领的一群绵羊，将打败由一头绵羊率领的一群狮子。此言虽有夸张，却说明了领军者无与伦比的重要性。如同竺可桢之于浙大，梅贻琦之于联大，王星拱也是武大的领军者和灵魂人物。他曾说："大学的任务，在道德方面要树立国民的表率；在知识方面要探求高深的理论；在技能方面要研究推进社会进步的事业。"

武大校长任上，王星拱坚持理论与应用并重并行。

就理论来说，乐山期间，王星拱说服教育部，成立了文科和理科研究所。那时候，这所在水之湄的小城，创建了中国唯——

个致力于非医学细菌学研究的实验室和中国第一个电离层实验室；完成了第一本用汉语写作的宇宙射线专著；诞生了非常优秀的人物传记《张居正大传》；在世界权威刊物《自然》和《科学》上发表了多篇论文……李约瑟发现，"在四川嘉定有人在可以遥望西藏山峰的一座宗祠里讨论原子核物理"。李约瑟感叹："毫无疑问，武汉大学的学术水平很高，即使与昆明的国立西南联大相比也毫不逊色。"

就应用来说，武大师生对乐山丝绸业、盐业等工业进行了调查，参与国民政府经济部的盐碱实验室的研究与创新；新办的矿冶工程系和机械工厂，不仅培养了一大批机械人才，还为乐山最兴盛的井盐业和采煤业设计制造了大量配件；研制了第一台吸卤机；找到了治愈粑病的秘方；在岷江上搭建了第一座浮桥……

理论与应用并重并行之外，王星拱认为，教师是办学之本，没有优秀的教师，就不可能有杰出的学生，也不可能有一流的大学。因此，哪怕是在乐山的举步维艰的非常时期，王星拱也尽量提高教授的待遇，以留住人才。长期以来，他礼贤下士，通过各种关系聘用了各学科最优秀的学者、专家到武大，武大在川期间，教授多达百人以上，在各校中名列前茅。20世纪40年代初，国民政府教育部在全国选拔了四十五位部聘教授，武大入选人数位居全国第四……

1946年，武大恢复农学院，获准设立医学院。至此，学校设置文、法、理、工、农、医六大学院的梦想成真。两年后，六大学院二十多个系全部面向全国招生。此时，艰难困苦、玉汝于成的武汉大学，已然成为与中央大学、清华大学、北京大学和浙江大学并驾齐驱的五大名校之一。

乐山八载，数千武大学子度过了他们人生中最难忘的锦瑟年华，从中走出的佼佼者不乏其人，如美国"阿波罗"号登月飞船发动机设计者黄孝宗、中国计算机之父张效祥、中国第一座自主设计建造的核电站的总设计师欧阳予、台湾经济事务主管部门负责人赵耀东、海浪理论奠基人文圣常、哲学家李匡武、历史学家严耕望、经济学家刘涤源和刘诗白、法学家端木正、数学家张远达、化学家彭少逸、生物学家张致——……

1948年2月，国民政府教育部函告武大，英国牛津大学已认可武大毕业生在牛津之研究生地位。也就是说，凡武大本科毕业生，愿意前往牛津这所世界顶级学府攻读研究生的，只要凭学校证件即可免试录取。同年，国民政府中央研究院选举院士，武大有九人入选。胡适在考察武大后深有感慨地说："你如果要看中国怎样进步，去武昌珞珈山看一看武汉大学便知道了。"

乐山八年，武大完成了化蛹为蝶的嬗变。这种嬗变，叫人想起1929年5月22日王世杰就任武大校长时在欢迎大会上的演讲。他说："我不是来维持武汉大学的，此行目的是要创造一个新的武汉大学。"新的武汉大学什么样呢？王世杰说："经深思熟虑后，认为不办则已，要办就办一所有崇高理想、一流水准的大学。"

2008年，在武大建校一百一十五周年暨纪念西迁乐山七十周年大会上，武大校长顾海良总结说："近几十年来，从《汉语大字典》的编纂，到中国海洋学的奠基；从大型亿次计算机的问世，到秦山核电站的落成；从祖国宝岛台湾的经济腾飞，到人类首次登月壮举的圆满成功，等等，这些轰轰烈烈的壮举，无不浸含着武汉大学乐山时期众多杰出校友的聪明才智和辛勤汗水，切实地反映了武汉大学对国家、民族和人类文明进步所尽到的历史责任。"

房龙在评价安徒生时充满激情地写道："上帝的火花在这个沉默的小男孩心灵中孕育，像一场风暴那样不可抗拒。凡是被上帝触摸过的人，不管他遭遇到多么无礼的对待和多么巨大的困难，他仍能实现他的梦想。"

我以为，这评价也适合西迁时的武大师生——以及同样在山河破碎的岁月里迹若转蓬的其他西迁师生——西南联大、西北联大、浙大、同济、厦大、东大、中央大学等等——他们都是被上帝触摸过的人，他们都是艰难岁月里在心灵中孕育火花的沉默小男孩……

王世杰（字雪艇）是武大首任校长，尽管他此后还出任过教育部部长和外交部部长等要职，但他心目中，武大校长是分量最重的。1938年3月底，已经不再是校长的王世杰和李四光一起回到武大校园，其时，武大师生已开始了溯流而上的西迁，春天的校园一片忙乱，人心浮动，盛开的桃花更加重了这种离愁别绪。王世杰站在桃树下触景生情，感慨万千。

多年以后，当王世杰垂垂老矣，他留下遗嘱，要求后人为他立这么一块墓碑：前国立武汉大学校长王雪艇之墓。王世杰的遗嘱让我联想到美国开国元勋杰斐逊，尽管曾贵为总统，但他的墓碑上刻的是"弗吉尼亚大学创办人"。

竹公溪是岷江一条微不足道的支流，它弯弯曲曲地从乐山老城区穿过。多年以前的竹公溪畔，叶圣陶沿着小径散步，杨静远和男友一起踏青，钱歌川等人赁屋而居，大风刮掉了屋顶的瓦，每逢下大雨，家里人就忙着用各种容器接漏……春天的竹公溪水量丰盈，夹岸都是绿得发暗的树林和草地。多年以前，那些溯流而上的读书人，他们也曾见识过溪流滋润的人间春天。

时光飞逝，哲人其萎。多年以后，当我再度追寻，往事已经苍老，一个曾经鲜活生动的时代杳杳远去。追寻中，或许，还有一些浸入骨血的基因生生不息。

日月光华：复旦大学的北碚岁月

光阴恍如白驹过隙，转眼间，青葱少年垂垂老矣。然而，老去的李景骞依然记得年轻时的那堂课。

那是新生必修的"论理学"。老师的义乌口音颇为难懂，他一连点了十几个学生的名，李景骞很奇怪：为何这么多同学的名字都是四个字？直到点到他时，他才恍然大悟：原来，老师念的是"李景骞君"。——称学生为君，甚至为兄，那是彼时教授们的习惯，细节里透露出平等的观念和对人的尊重。

在李景骞眼里，那位身着深灰色长袍和圆口布鞋，头发有些蓬乱的老者，"要不是他手臂间还挟着一只公文皮包，我简直以为他是一位乡下教私塾的先生"。

这位像"乡下教私塾的先生"的老者，就是《共产党宣言》的中文全译本首译者，中国现代著名思想家、教育家和语言学家陈望道。其时，他的身份是复旦大学教务长兼新闻系主任。

几十年后，我来到陈望道为李景骞和他的同学们上课的地方。那是嘉陵江挣脱缙云山的羁绊后，在北碚城区对岸形成的一块小平原。这种小平原，四川话称为坝子。一条东西向的小溪将坝子分成南北两部分，当地人分别称其为上坝、下坝。不过，自从 20 世纪 40 年代起，下坝更名夏坝。

更名者就是陈望道。改下坝为夏坝，意为华夏之坝，以示不忘根本。从 1938 年到 1945 年，西迁的复旦大学在嘉陵江畔度过了八载抗战岁月，夏坝也从北碚管辖的一个小乡场，一跃成为与成都华西坝、重庆沙坪坝和陕西城固古路坝齐名的文化四坝。

穿三峡，入夔门

如同万里长江的滥觞只是雪山下的一曲缓缓溪流一样，如今跻身顶级名校行列的复旦大学，其源头，也只是一家不起眼的民办高等学堂：震旦学院。

震旦学院的创建者，乃是精通七国语言的中国第一位神学博士马相伯。1902 年，马相伯在上海徐家汇创办震旦学院。于右任、邵力子等现代史上的重要人物，都曾是震旦学院学子。两年后，耶稣会欲改震旦学院为教会学校，马相伯被排挤，愤而离职。当于右任和邵力子等学生找到马相伯说"我们已经散学了，但我们还要读书"时，六十多岁的马相伯泪流满面，决定再办一所大学。

1905 年中秋，上海吴淞，一所新大学宣告成立，这就是马相伯任校长的复旦公学。

复旦这个名字，出自《尚书大传》，相传是尧帝作的一首诗：

卿云烂兮，糺缦缦兮。

日月光华，旦复旦兮。

从此，复旦横空出世。

马相伯之后，续任校长为著名翻译家、思想家严复。几经周折，1913年，复旦迎来了校史上极为重要的一位校长，即毕业于耶鲁的李登辉。从这一年起，李登辉拉开了他长达二十三年的复旦大学校长的序幕。——他的学生中，单是大学校长就多达二十七人。尤其重要的是，从李登辉起，复旦大学确立了"学术独立，思想自由"的办学宗旨。

1917年，李登辉任校长期间，复旦公学改名复旦大学。作为一所私立大学，复旦早年的日子并不好过。它没有固定的经费来源，主要依靠校长、校董利用各种社会关系，四处化缘募捐，甚至自掏腰包——像1912年，复旦校舍经费皆无着落，马相伯遂向已任南京临时政府交通部次长的于右任求助，于右任施以援手，问题才解决。复旦大学成立后，学生日多，校舍不敷应用。1918年，李登辉亲赴南洋找华侨募捐，得到南洋兄弟烟草公司老板简氏兄弟等各界人士的鼎力相助，得以在江湾修建了一批校舍。

筚路蓝缕地惨淡经营多年后，到1936年，复旦发展为具有文、理、法、商四大学院十六系科的综合性大学，并附设中学、实验中学各一所，小学两所；复旦校友还在广州和重庆创办了复旦中学。至此，在当时全国一百余所高校中，复旦声名鹊起。

当复旦如旭日初升时，中国遭遇了一场巨大的灾难——日本侵华，抗日战争全面爆发。

七七事变后，日军策划了对上海的进攻。1937年8月13日，日本军舰炮轰上海闸北，海军陆战队进攻闸北和江湾等地。复旦的校舍，正好就在江湾。隆隆炮声中，大批校舍化为瓦砾。十多天后，新学期开学，前来报到的学生寥寥无几。此时，校长李登辉已在一年前因学生运动而被迫离职，由吴南轩以副校长的身份主持工作。吴南轩意识到，战火纷飞的国难年代，覆巢之下焉有完卵，复旦显然无法再在上海办下去了。

黑云压城之际，教育部派员来沪，要求复旦、大同、大夏和光华四所私立大学，效法平、津的北大、清华、南开，组成临时联合大学并西迁。大同和光华因缺少经费而退出，余下复旦、大夏组成临时联大，并分两部：第一部以复旦为主体，迁江西；第

被日军占领时期的复旦大学校门

二部以大夏为主体，迁贵州。

今天，从上海到九江，高速公路行车约八小时。如若回到只有水运的八十多年前，溯江而上的火轮，至少得三天。九江城东南，庐山如黛，翠扫青天。

民国时期，庐山修建了不少洋人和政要的别墅，以及配套的公共设施。从淞沪会战炮火中西行的复旦师生，在吴南轩的带领下来到庐山，租下一座医院作为校舍，并于当年11月8日开学。

孰料，开学仅四天，师生还没来得及喘一口气，噩耗再次传来：上海沦陷，日军逼向南京，庐山不再安全。在庐山办学不到一个月的复旦师生，不得不再次踏上西行的旅途。最初，他们的计划是辗转贵州，到贵阳与大夏大学会合。然而，贵阳方面办学条件不尽如人意。于是，一路西行的复旦师生在宜昌等候半月后，终于分三批入川。他们迎着滔滔江水，穿三峡，入夔门，来到了嘉陵江与长江交汇处的西南重镇——重庆。

八九十年前的20世纪30年代，由宜昌到重庆，唯有长江水道。从青藏高原奔流而下的长江，在四川东部遭遇了巫山阻挡，江流切开山体，形成一道道峡谷和险滩。往来于江上的客船，主要是卢作孚民生公司的船只。

人多船少，江险水急，其间的艰难，胡风在他的回忆录里写道："船停在江心，想上船的人多得很，划子在江心乱得一团糟，天又下着小雨，划子好容易才靠到船边，由划子上去翻过船栏杆才挤上了大船……船上挤得要命，两边走廊上都坐满了人，简直无法走路……第二天船越走越慢，真成了老牛慢步了。江中、江边都是凸出的、嶙峋的、像匍匐着的怪兽似的大石滩，像在伺机扑上来吞噬我们，十分可怖，这里就是有名的险滩'滟滪滩'。据说，看得见的石滩还好躲，而藏在江中心的暗礁就不好躲避了。船停在这里等候绞滩。在远处的高山上安置了绞滩机，将长长的铁索系在船头的铁桩上，用人工绞着铁索，拉着船慢慢地指挥着向安全的河道前进。绞索工人在上面喊着号子，这大概就是他们的指挥令吧。船小心谨慎地慢慢行进，两边的石滩上有时出现破木船的残骸，有的地方还挂着几片布条，不知是死者的还是纤夫的。看去实在令人触目惊心！"

其时的重庆，不仅有复旦校友组建的同学会，还办有复旦中学。前一年，校长李登辉曾到重庆，参加重庆复旦中学成立纪念。复旦师生抵渝时，位于市区菜园坝的复旦中学已放假，空出来的校园正好暂借给复旦大学。

借房子只是权宜之计，当复旦与大夏组成的临时联大实际已不复存在，双方确定各自办学后，在重庆寻找一个适合的地方，建设新的复旦校园，便成为迫在眉睫之事。

北碚时光

岩石随水曲折曰碚。嘉陵江冲出温塘峡等峡谷后，终于迂回挣脱了缙云山的阻挡。峡口，江心矗立着一块白色巨石，是为北碚得名的由来。距巨石不到一公里的下游，一座大桥凌空水上，两岸的来往，由从前坐船需要半个小时，到现在坐车还不到一分钟。更有意思的是，大桥连接的东西两岸，各有一座纪念馆——它们隔着嘉陵江，隔着那块无言的巨石遥遥相望。一座是位于江东的复旦大学校史纪念馆，一座是位于江西的卢作孚纪念馆。

以个人力量而塑造一座现代化城市的企业家，全中国只有两位，一位是张謇和他的南通，一位是卢作孚和他的北碚。

嘉陵江自陕西曲折南流，经川北、川中后，于重庆朝天门注入长江。重庆成为西南重镇，最初，和它地处两江交汇处而得交通之便不无关系。从朝天门码头溯流而上，六十公里外的嘉陵江两岸，青山隐隐，草木葱茏，这就是著名的缙云山。缙云山麓，掩映着小城北碚。

今天的北碚，山环水绕，宁静整洁，走在街上，无意中抬起头，便能看到郁郁葱葱的缙云山。风过云起，草木和山峦投下淡淡的阴影，有一种难得的恬淡与舒适。然而，若是回到一百多年前，这座园林风格的城市，却是肮脏、零乱且逼仄的无名乡场。让北碚化蛹为蝶般蜕变的，就是卢作孚。

从卢作孚纪念馆外沿嘉陵江上行，几公里处，是沥鼻峡、观音峡和温塘峡组成的嘉陵江小三峡。这一带原本地处江北、巴县、璧山和合川四县接合部，属于四不管地带。自古以来，就有不少匪徒依靠山深林茂而嘉陵江上又商船往来的便利，啸聚山林，抢劫客商，峡区遂成为令人谈虎色变的匪窝。

卢作孚最初的身份，就是负责剿灭匪患、维持治安的峡防局局长。从本质上讲，峡防局是一个治安联防机构，主要职责是剿匪，维持地方治安，类似清朝末年的团练武装。但卢作孚"越权"了。他一边剿匪，一边进行地方建设，努力实现他上任之初提出的目标："将嘉陵江三峡布置成为一个生产的区域、文化的区域、游览的区域。"

北碚因地处嘉陵江之滨，在康熙年间形成了一个微型乡场。到卢作孚的峡防局时代，这个小乡场仅有几条由低矮民房夹峙形成的小街。小街蜿蜒曲折，伏在嘉陵江畔的小山坡上。整座乡场，没有工厂、作坊、学校，只有一些茶馆和小食店，庙宇、烟馆和赌场却星罗棋布。

在卢作孚殚精竭虑的努力下，十来年时间里，北碚有了天翻地覆的变化：街道被改造、扩建，乡场有了公园、学校、博物馆、医院、图书馆和工厂……。按梁漱溟的说法，卢作孚"将原是一个匪盗猖獗、人民生命财产无保障、工农业生产落后的地区，改造成后来的生产发展、文教事业发达、环境优美的重庆市郊的重要城镇"。

抗战军兴，国民政府迁都重庆，北碚的重要性更加彰显。与两江汇合处的重庆市中区相比，几十公里外的北碚优势明显：其一，日机经常轰炸重庆市区，而北碚离市区较远，且有缙云山庇护，空袭危险相对较低；其二，北碚毗邻广阔的川中农村，那里是精耕细作的传统农业区，物产丰饶，与米珠薪桂的陪都相比，这里物价便宜；其三，绕城而过的嘉陵江，提供了便利的交通条件；其四，经过卢作孚的苦心经营，北碚已是一座初具规模的城市，各种配套设施较为完善。为此，全面抗战爆发后，北碚被划为重庆的疏建区和迁建区。

于是，众多内迁机构，纷纷把落脚点选在了北碚——国民政府立法院来了，中央研究院的四个研究所来了，河南中福煤矿来了……。据统计，抗战期间，内迁北碚的单位，包括二十九家党政机关、九家工矿企业和三十个科教文卫单位，其中，便有一路西行、终于在北碚这条诺亚方舟中站住了脚的复旦。

不过，早在吴南轩计划将复旦迁到下坝之前，别人已经看上了这块风水宝地，他就是林继庸。林继庸时任行政院上海工厂迁移监督委员会主任委员，组织工厂内迁，正是他最重要的职责。后来，他回忆说："一月三十一日，我曾往重庆附近青木关、歇马场、高坑岩、北碚、北温泉等处，勘察水力及工业环境，初时本拟在北碚对过儿上坝及下坝地方设一工业区。"

关键时刻，卢作孚出面斡旋。他致函林继庸说："将北碚下坝让出校地一所，以为复旦大学永久校址。"最终，林继庸同意为复旦让路。对此，吴南轩感叹："（复旦）与当地人士感情异常融洽，而得当地父老之助力亦殊多，尤以卢作孚先生最热心爱护，得迁北碚，卢先生之力居多。"

今天的北碚复旦大学校史纪念馆大门外是一条公路，公路一侧，有几十级石梯，通往嘉陵江。那里，曾有一座码头。废弃多年后，石梯鲜有人行，铺满杂草，江边的石头上，三两只鸟儿呆立不动，盯住清幽的江水，宛在沉思。

1938年2月，早春的微风里，吴南轩多次坐着吱吱呀呀的木船，从北碚渡河而来，沿着我看到的这些已经被岁月磨得无比光滑的石梯一步步走上来。那时，这里是一个叫下坝的小村庄。下坝属临近的黄桷镇管辖，这片方圆千余亩的坝子上，星星点点地居住了几十户人家，几乎都是清一色的低矮茅屋。初春的风中，它们像一头头怕冷的幼兽，瑟瑟发抖。

复旦大学的新校址，就选在了这里。

一方小小的弹丸之地，一下子涌进一千多名师生，并且，作为一所大学，还得有教室、食堂、图书馆、实验室和办公室，夏坝——陈望道已经把它从下坝改名夏坝——完全不具备相应的安置能力。

一切，只能因陋就简。吴南轩撰文说："人烟稀少，屋宇湫溢，自然没有现成的校舍可资应用。于是以庙宇为办公厅，以煤栈为宿舍。大风雨之夕员生衣被之淋漓，毕业典礼席上瓦片的飞坠，都是我们校舍简陋的最好说明。"

校办是一所破庙，教室、图书馆、食堂都是租用的民房。教室不仅破烂、昏暗，而且连桌凳也不够，学生们都养成了尽早占位的习惯。不然，稍微晚了，只能站在门外。至于"图书馆"，更是小得可怜——那是租用的两间邻街的小屋，二十来名师生挤在里面，就已经人挨人了。抢修出来的几排平房，充当学生宿舍。这些平房，泥土筑墙，稻草覆顶，非常潮湿。女作家苑茵是当年的复旦学生，据她回忆说："住在这种房子里真是'一步一

复旦大学在北碚的学生宿舍

个脚印'。在我们的女生宿舍里，晚间鞋子脱下来放在床下（双层床），第二天取出来时就可能在鞋上发现一层白霉。"

川渝多茶馆。几张八仙桌，几条长板凳，一个终日热气缭绕的老虎灶，以及几十副由三件套组成的茶具，便是一个茶馆的全部家当。茶客只需很少一点小钱，就可以在里面坐上半天乃至一天。中途有事离开，向老板打个招呼，或是折一根小木棍放在茶盖上，老板就会为你把茶水和位置保留好。

这些平易的民间茶馆，成为复旦学子最好的自习室。

北碚的夏天非常闷热，不过，幸好有嘉陵江流过，江边有风，便比其他地方略微凉爽些。复旦校门不远处的江边，有几株高大的黄桷树，黄桷树系常绿阔叶树种，一株大树，就能投下一大片绿荫。一家名叫江风的茶馆，便坐落在黄桷林中。江风茶馆不仅因既有江风又有黄桷树而凉爽，并且，"老板态度可亲，泡一杯茶，坐上半天，仍然和颜悦色，毫无怠慢之意"。因此，江风茶馆成了复旦师生最爱去的地方，他们在这里看书读报，或是交流探讨。

那时，北碚城区已经通电，一江之隔的夏坝以及黄桷镇却与电无缘。入夜，面西而望，北碚灯火灿若繁星，而空寂的夏坝，则是一片浓酽的黑暗。习惯日出而作日落而息的农人早早上床睡觉了，只有复旦学生宿舍里，油灯如同萤火一般闪烁——按规定，学校为每两名学生准备一盏油灯。学生们坐在简陋的宿舍里，两颗头碰到一起，就着微弱的光芒自修。农舍里，偶尔传来一两声低沉的犬吠，似在提醒：夜深了……

复旦是私立大学，政府的扶持极为有限。随着抗日进入相持阶段，大后方物价暴涨，而社会给予复旦的捐助却越来越少。学生学费，原为学校收入之一，但流亡异乡的学生，不仅无力缴纳学费，连生活都无着落。最困难时，吴南轩的夫人不得不将昔年陪嫁的珠宝首饰变卖以解学校燃眉之急。

由此，吴南轩等人考虑将私立改为国立，以期获得政府资助。1941年底，复旦顺利转制，校名由私立复旦大学改为国立复旦大学。改为国立后，复旦的办学条件有所改善：过去所欠债务一百一十三万全部免除，教育部除每年拨给行政经费一百二十万外，还增拨一次性临时费用十七万。于是，在吴南轩主持下，一所初具规模的大学出现在了嘉陵江边的原野上：四幢教室——分别截取复旦校训命名为博学楼、笃志楼、切问楼和近思楼；四幢女生宿舍、六幢男生宿舍和六幢教师宿舍，以及食堂、图书馆和登辉堂——几十年后的今天，登辉堂保存完好，成为复旦在北碚的校史纪念馆。以后，还相继开办了农场，增设了农学院。

由主持工作的副校长到校长，受命于危难之际的吴南轩是复旦历史上的重要人物。除了艰难运作，使复旦由私立改国立，获得了政府资金上的支持外，他的办学理念也是复旦迅速成长的重要原因。

全面抗战期间，救亡图存乃是国之使命，也是知识分子之使命，吴南轩特别注重教育与抗战的配合。他说："复旦在川中立校，实在是民族、国家与地方社会的需要。"当复旦在北碚稍微安定后，吴南轩不仅注重修建校舍，购买图书、仪器，扩大招生，更注重学科建设。比如，他在文学院增设了史地学系，他的说法是"史地为一切社会科学之基础,史地研究与抗战建国的关系,尤为密切"。至于二年制垦殖专修科,乃是复旦首创,是为了满足四川地方建设的需要,为开发四川而培养人才。由于他一直秉承"学校的种种建设发展在战时所以助成抗战之胜,在战后则谋为促进建国之成"的观念,在北碚期间,复旦增设了一批学以致用的专业和培养技术性人才的专修科:史地学系、园艺学系、统计学系、农艺学系、市政学系、垦殖专修科、统计专修科、茶叶专修科、商科、银行专修科、中国生理心理研究所、商科研究所……

另外,还值得一提的是,尽管吴南轩是地地道道的江南人,他的家乡仪征距复旦大学不过两三百公里,但是,他却第一个提出:即便将来抗战胜利了,复旦也最好留在四川。他在 1938 年的校刊上发表文章,提出了"永久留川"的想法:"我们的学校要在四川生根,在战时,也在战后。依我们的估计在战争结束之日,四川的富源,一定已在抗战建国过程中,有大规模的开发,全国的主要工业,一定已在四川确立其基础,并永远生根于夔门之内。政治文化是跟着经济跑的,四川的政治文化地位之重要将随经济地位重要性之提高而提高。在那时候,我们的学校,殊无搬回去的必要。"

当然,几年后,抗战胜利,像几乎所有内迁大学都复员返乡一样,复旦也离开北碚回到上海。吴南轩的建议令人遐想:假如复旦真的永久留川,那么,这所著名高校对后来四川的影响,一定举足轻重。

抗战时,川渝地区有文化四坝之说,即重庆沙坪坝、成都华西坝、陕西城固古路坝和北碚夏坝。客观地说，尽管复旦迁来之前，在卢作孚的经营下，北碚的文化设施已初具规模，但仍然无法与沙坪坝和华西坝乃至古路坝相提并论。只有当复旦扎根于斯，江苏医学院和国立剧专也先后迁来，北碚夏坝跻身文化四坝才毫不逊色。

曾经的先生

距复旦大学校史纪念馆大约百余米的地方，是连接北碚城区和夏坝的嘉陵江大桥。桥下一角，有一方小小的墓园。整日里，呼啸的车流声像瀑布一样从高处滚下来，但墓园在几株大树的庇护下，依旧十分宁静，静得能听到从嘉陵江边飞来的鸟儿落在香樟树上，宛转而自在地歌唱。

鸟儿的歌唱声中，孙寒冰已经长眠八十多年了。

在周谷城题写的"孙寒冰教授之墓"墓碑东西两侧，各有一块碑。一块立于1988年，立碑者为复旦大学校史研究会重庆分会，名为"孙寒冰墓志"；一块立于1941年，立碑者为复旦大学校长李登辉、代理校长吴南轩和副校长江一平，名为"复旦大学师生罹难碑记"。

孙寒冰，江苏南汇县（今属上海浦东新区）人，早年毕业于复旦大学，尔后留美，毕业于哈佛大学。1927年回国后，一直在母校任教，并升至政治系主任。1938年底，孙寒冰由香港经昆明抵重庆，出任复旦大学教务长兼法学院院长。半年后，他因事前往香港。此后，于1940年3月再次返回复旦。然而，回到复旦仅两个月后的 1940 年 5 月 27 日，三十余架日机飞临北碚上空，狂轰滥炸中，孙寒冰遇难。

据孙寒冰当年的同事张十方回忆说："就在当年初夏时，日本侵略者竟对黄桷树小镇进行狂轰滥炸，他与六位同学同时遇难。我当时住在一所平房里，从被炸垮的乱瓦砾堆中钻出来，听到这消息后立刻赶到校卫生室，只见孙教授躺在一块木门板上，旁边站着校长吴南轩，流着泪，不断哀唤着'寒冰，寒冰'……"另一位见证者、复旦学生张宗曾一直还记得孙寒冰遇难的细节："那天中午，孙先生正从王家花园教授宿舍里出来，鬼子扔下了炸弹，一块弹片击中他的头顶。……昏倒在地，不省人事。伍蠡甫的夫人周炜等，立即拿来急救药物，打了强心针，吴校长和许多教授都围拢在他身边焦急地等待着他睁开双眼，但时间一秒一秒过去，他终究没有醒来。表面上看不出有什么伤，实际上致命的伤已深入脑颅内，手足渐渐冰凉，叹出最后一口气，便结束了他年轻的生命。"

孙寒冰遇难后，不仅重庆、桂林和香港等地为他举办了隆重的追悼会，行政院特颁褒扬令，蒋介石、林森等政要为之题词，郭沫若、胡愈之、夏衍等文化名人都撰写了纪念文章，胡愈之称他"是一个真正的学者，是一个为真理而奋斗的文化战士"。胡风在回忆录里称孙寒冰"是名教授之一"，"岁数不大，很有风度，又和气，也有思想……他在学生中威信很高。这次回来似乎是想把学校搞得更有起色，大家也正是这样寄希望于他的，他的被炸死，实在令人惋惜"。

孙寒冰在彼时文化界、教育界乃至政界的巨大影响，不仅在于他是复旦大学教务长兼法学院院长，更在于他是一个优秀的出版人——他创办的黎明书局和《文摘》杂志，尤其是后者，对他生活的时代，产生过举足轻重的影响。

1929年，孙寒冰与友人一起创办了黎明书局，他任总编辑。在孙寒冰的主持下，黎明书局出版的图书兼容并包，凡有影响的著作，不论书局是否赞成其思想，均可出版。书局既出版孙寒冰自己的著作如《社会科学大纲》《西洋文学名著选》，也出版郭沫若的著作如《豕蹄》，进步作家如吕振羽的《中国政治思想史》，或是共产党人钱俊瑞和陈翰笙主编的《中国农村》月刊；甚至，就连臭名昭著的希特勒的《我的奋斗》也是由该书局出版的。

与黎明书局相比，对普罗大众影响更大的是《文摘》。《文摘》是一本杂志，1937年，孙寒冰在上海复旦创刊时，他给《文摘》的定位是"杂志的杂志"，即把国内外各种杂志的文章精华摘录或翻译刊登，每期近两百页。孙寒冰意识到，作为一本有影响力的杂志，鼓动抗日，宣传救亡图存，乃是《文摘》的历史使命。于是，他确定了《文摘》的编辑方针：暴露敌人阴谋，促进全国团结，为抗战做准备。由于准确地把握住了时代命脉，杂志甫一创刊，就深受读者欢迎。单是创刊号一期，就先后加印四次，发行量达两万多册。——这在几十年前，是一个非常可观的数字。

不久，为适应瞬息万变的时局，孙寒冰把《文摘》改名《文摘·战时旬刊》。编辑方针调整为：宣传抗战必胜，日本必败。《文摘》刊登的文章，几乎都围绕这一编辑方针。比如，七七事变次月，出版了《卢沟桥浴血抗战》特辑；以后，又在国内第一次翻译并刊登了斯诺的《毛泽东自传》。

孙寒冰既是知名教授和出版人，也是古道热肠值得信赖的朋友。他对端木蕻良的无私帮助就证明了这一点。

端木蕻良，辽宁昌图人，毕业于清华大学历史系，"左联"重要成员。抗战期间，端木蕻良与萧军、萧红一起服务于临汾山西民族革命大学。临汾失守前，他们漂泊到西安、武汉。后来，端木蕻良和萧红在武汉结婚。武汉告急，二人溯江到达重庆，暂住在端木蕻良的同学家中。

漂泊无迹的端木蕻良和萧红，在重庆遇到了他们的"贵人"，那就是孙寒冰。孙寒冰先是邀请端木蕻良加盟《文摘·战时旬刊》。端木蕻良加盟后，《文摘》开始设立文艺栏目，每期刊发一篇小说。第一期，刊发了端木蕻良的《找房子》。及后，《文摘》先后刊发了萧红的两篇小说、一篇散文，以及许广平致萧红的书信。同时，孙寒冰积极向复旦推荐端木蕻良。在和新闻系主任程沧波协商后，复旦聘请端木蕻良任教。为此，端木蕻良和萧红也从重庆市区搬到了北碚。孙寒冰还提出过邀请萧红为兼职教授，不过，萧红志在写作，婉言谢绝了。

那些年，孙寒冰是一个大忙人，除了在复旦上课和编辑《文摘》外，他还主持两家出版机构，一是设在重庆的黎明书局，一是设在香港的大时代书局。他时常往来于香港和重庆之间，是那个时代不多的"空中飞人"。

一年多后，当端木蕻良和萧红打算离开北碚前往香港时，又是孙寒冰为他们提供了最大的帮助：孙寒冰利用到香港为复旦购书的机会，顺带为他们解决了住房问题。萧红的长篇小说《马伯乐》和端木蕻良的长篇小说《江南风景》，均由大时代书局出版，并给了丰厚的稿费。于是，在香港，端木蕻良和萧红能过上比重庆更体面的日子。

孙寒冰当然也有机会像他帮助过的端木蕻良和萧红那样留在香港，也能做到"房子、吃的都不坏"，然而，他却从来没有留下来的打算，每一次都来也匆匆，去也匆匆——内心深处，他固执地认为，他的事业、他和那个剧变时代的命运，不在香港，而在重庆，在北碚，在复旦。

令人扼腕的是，就在端木蕻良和萧红离开北碚三个多月后，孙寒冰遇难。

孙寒冰死后，《文摘·战时旬刊》并没有停刊，而是由复旦师生继续编辑出版，直到抗战胜利——自孙寒冰遇难，以后出版的每一期杂志封面，都印上几个醒目的大字：孙寒冰创办。

大轰炸中殉难的孙寒冰没有迎来日本人投降的那一天，他的同人们却见证了那个激动人心的日子，并且，他的一名法学院的同人，还成为抗战胜利后审判日本战犯的中国法官。

他就是梅汝璈。

1946 年 1 月，复旦大学校长章益收到了一张不同寻常的请假条，请假的是法学院政治学系教授梅汝璈。梅汝璈系江西南昌人，十二岁入清华留学预备班，二十岁留学美国，获芝加哥大学法学博士学位，1928 年回国，先后在多所高校任教。日本投降后，盟军组成远东国际军事法庭，拟对日本军国主义分子进行审判。作为同盟国重要成员，中国应盟军统帅部之请，要派出司法人员到东京参加审判。

国民政府接到邀请后，指示外交部和司法部遴选相关人员。

最终，经过综合比较，来自上海高等法院的向哲濬为检察官，来自武汉大学的吴学义为顾问，来自复旦大学的梅汝璈为审判官——梅汝璈任教的复旦大学，吴学义任教的武汉大学，以及向哲濬曾任教的北京大学和中央大学，都是抗战内迁高校。

1946年3月，梅汝璈从上海江湾军用机场飞往日本——那里，距西行北碚前的上海复旦校园近在咫尺。如果飞机上的梅汝璈隔着机窗俯瞰，他会看到那所在沉沉暮气中艰难熬过八年的校园，此时，又渐渐恢复了生机。

梅汝璈说，他在日本参加审判期间，就像伍子胥过昭关，一夜之间急白了头，"要是对那些罪孽深重、残害中国和世界各国人民的战犯们连死刑都判不了，我还有什么脸面回去见江东父老"。在日记里，他写道："那些日子，我就像钻进成千上万件证据和法典的虫子，每天在里面爬来爬去，生怕遗漏了重要的东西。"

东京两年多，作为中国派往远东国际军事法庭的大法官，梅汝璈在席位安排时引经据典，使中国排在英国之前；在坚持死刑处罚时，他辩才无碍，使东条英机等战犯被处以极刑……梅汝璈坦言："我不是复仇主义者，我无意于把日本帝国主义者欠下我们的血债写在日本人民的账上。但是，我相信，忘记过去的苦难可能招致未来的灾祸。"

术业有专攻，复旦在北碚的八年里，它所设立的五院二十二系，可谓名师如云，精英如雨。他们的事迹或许不像孙寒冰、梅汝璈那样曲折复杂，但他们在各自领域里，或是开先河的大师，或是启未来的泰斗：如原为实业部官员的李蕃，他在复旦主持统计学系，是为中国统计学系的开创者；如后来曾任新中国首任农业部副部长的吴觉农，他在复旦创建了中国第一个高等院校的茶业专业；如中国近代植物学奠基人钱崇澍，每周都要带学生到野外考察，而校园对面的缙云山，就是天造地设的最佳课堂。此外，复旦的一大批兼职教授，都是各自领域里久负盛名的重量级人物，如作家老舍、胡风、端木蕻良，剧作家洪深、曹禺，史学家顾颉刚，法学家潘震亚……

抗战时期的重庆，不仅是中华民族救亡图存的大后方，也是荟萃各界精英的龙吟虎啸之地。尽管复旦离主城区尚有几十公里距离——据当年往来于主城与北碚的复旦学生回忆，坐火轮需要大半天时间：早晨从千厮门码头上船，下午2时抵北碚——但复旦师生仍想方设法，邀请各路知名人士来校讲座。当年莅临夏坝的，据不完全统计，至少包括了李约瑟、于右任、郭沫若、梁漱溟、王芸生、竺可桢、孙科、邵力子、宗白华、梁实秋、黄国璋、胡小石、余上沅……

1939年1月的《复旦大学校刊》报道说："本学期文学院为增进同学之文学修养，特设文学讲座，由文坛名宿分任讲题。其已聘定者，为舒舍予先生（文学导论及小说），胡小石先生（诗歌），余上沅先生（戏剧），沈起予先生（创作及战时文艺），梁实秋先生（批评），宗白华先生（文艺鉴赏），胡秋原先生（民族与文学），方令孺先生（儿童文学），黄之冈先生（民俗文学）。舒舍予、胡小石二先生已莅校讲演，听者踊跃，成绩甚佳。又中外文二系同学须以此为必修学程，除缴笔记外，尚须参加考试，始给予学分云。"

同一期的校刊上，还有一篇对舒舍予（即老舍）讲座情况的报道："十一月二十六日午后四时文史地学会假王家花园大厅举行欢迎中文外文史地三系所教授新同学大会，由罗耀武同学主席，伍蠡甫、陈子展、沙学浚三先生相继致欢迎词后，文学讲座导师舒舍予先生首先演说，态度从容，吐属幽默，而含义沉痛，略云：当地全面抗战，全国版图渐次缩小之际，吾人荟萃于此，犹如涸辙之鲋，樊笼之鸟，应亟图更生。治史者应以研究史学之眼光，瞻前顾后，以古测今，明察中外历史趋势，促进抗战前途，以赓续光荣之国史；研究地理者，应明白地理环境，配合抗战条件，实现还我山河之愿望；治文学者应致力抗战文艺。负起神圣抗战之使命。总之吾人之责任，不仅要努力去读活书，更宜创造文化。"

不论是就职于复旦的大师，还是偶尔前来讲座的名流，他们对复旦学生的影响如同春风化雨，润物无声，恰到好处地论证了那一著名论断："所谓大学者，非谓有大楼之谓也，有大师之谓也。"

那些学子

> 那一天，敌人打到了我的村庄，
> 我便失去了我的田舍、家人和牛羊。
> 如今我徘徊在嘉陵江上，
> 我仿佛闻到故乡泥土的芳香。
> …………

这是端木蕻良的诗作《嘉陵江上》，后由贺绿汀谱曲，在流亡师生中广为传唱。

复旦在上海时，学生主要为江浙子弟，很少有东北人。复旦迁北碚后，开始有大批流亡的东北学生考入。与江浙学生相比，东北学生的生活更加困苦——他们大多数人早就和家人失去了联系，只能像无根的浮萍一样，在异乡的洪水中随波逐流。邵嘉陵回忆说，投考复旦时，为了节省几顿饭钱，他不得不"卧床减饭"，即早上10点以后起床，吃一顿饭后睡觉，天黑时再吃一顿，这样就可节约一餐。

对于没有经济来源的学生，国民政府尽管极其困难，仍然发放贷金，每人每月可领八元，其中六元做伙食费。伙食由学生自办，教职工大多与学生同灶吃饭。以复旦而言，早餐为稀饭，以榨菜或花生米佐餐；午餐和晚餐，每桌有两荤两素一汤。这伙食标准，看上去似乎不错，但分量其实根本不够。身强力壮的年轻人，正是能吃能喝的年龄。僧多粥少，总是不够吃。由是，学生们发明了吃饭战略：盛第一碗时，要少，这样就可以抢先盛第二碗。

在1943级学生李景骞的记忆中，几十年后依然印象深刻的就是吃饭。他的回忆文章里写道："当时公费很少，自然伙食也不会好。每天开早饭时，厨役把几只高大的粥桶抬到食堂。同学们一齐拥上前去用铁勺舀稀饭，稀饭很烫，人又挤，一不小心，一碗滚烫的稀饭就被撞泼到身上，倘若穿的衣服单薄，必然会烫伤。曾有一位身材矮小的同学，正弯腰到粥桶里舀稀饭，被后面的同学一挤，人掉到粥桶里去了，以致烫伤得很重。如果不是抢救及时，几乎送命！和我连床的一位新闻系同学专门准备了一件蓝布大衣，每天早晨抢稀饭时就穿上它，以防烫伤。一学期下来那件大衣竟成了硬壳。"

大学四年，虽然吃饭不花钱，但衣服和其他生活所需，仍然要钱。为此，一些学生又发明了轮流休学——几个要好的同学，一人休学工作，挣钱供给另外几个同学上学，大家轮换进行。

今天，翻看20世纪40年代那些内迁大学师生留下的照片，会有一个惊讶的发现。原本，我以为他们在国破家亡之际、弹尽粮绝之时，神情应该是痛苦的、焦虑的、麻木的，但是，我错了。大多数照片上，他们的笑容都真实而生动，有一种令人意外的从容。这从容，我想，最直接的原因，乃是他们从骨子里相信未来，并愿意为未来而抗争。

复旦在北碚八年，学生总人数约三千，其中，选择投笔从戎的多达七百余。尽管他们因学历较高，一般都充任译员或技术人员，伤亡比例不像一线战士那么高，但是，他们中的相当一部分，仍然在锦瑟华年为国捐躯。

飞行员梁添成即其一。

与其他大学相比，复旦有尚武的传统。创始人马相伯在复旦公学时期，就特别重视体育，特聘英美教官训练学生。九一八事变后，复旦学生组建了一百二十人的抗日救国义勇军，男生训练军事，女生训练救护。此后，他们不仅上街宣传抗日并进京请愿，还有近百人前往华北，参加了抗日游击队。淞沪会战期间，复旦义勇军配合国军，从事运输、后勤、护理和宣传工作。

1933年考入复旦的梁添成，就是在这种风气的熏陶下成长的。梁添成祖籍福建南安，系印尼华侨。事实上，早在复旦内迁北碚前两年，他就投笔从戎，考入中央航校。当复旦迁到北碚时，他也从航校毕业，成为一名中尉飞行员——他守护的蓝天，正是包括他的母校在内的陪都重庆。"我最少也要打下一架敌机，即使我牺牲了也值得。"毕业典礼上，梁添成如是说。

一年后，梁添成参加的第一场对日空战中，他击落了第一架敌机；此后三天，他又连续击落三架敌机。

1939 年 6 月 11 日，五十四架日机从武汉起飞，同时空袭重庆和成都。其时，梁添成所属的第二十七航空中队驻守在白市驿。当天下午，梁添成和战友奉命升空迎敌。对这场惨烈的空战，当时的报纸是这样报道的：昨日午后七时许有敌机二十七架袭渝。当敌机飞近渝空时，即与我空军发生遭遇战，旋即侵入市空，我高射炮部队复予猛烈攻击，敌机不敢久恋，乃仓皇投弹后遁去，我机复跟踪追击，直至某地，始安然返防。据目击者谈，有敌机两架被我击落，惟残骸正在搜索中。

激战中，梁添成的战机中弹起火，坠毁于距重庆市区几百里的涪陵山中。这一年，梁添成只有二十六岁。他的妻子夏伊乔怀孕三个月。后来，夏伊乔生下遗腹子梁国秀，由梁添成的父母养大，夏伊乔则改嫁著名画家刘海粟。

同为上前线的复旦学生，曹越华要比梁添成幸运。复旦校史纪念馆的展厅里，有一幅婚纱照。拍摄时间为 1945 年 11 月 24 日，拍摄地点是与夏坝一水之隔的北温泉公园。照片上这对年轻得让人羡慕的伴侣，他们的爱情之火，是由一封战地情书点燃的。

战地情书的书写者就是曹越华。情书中，曹越华深情地写道："当您看到这封信的时候，我已参入在捍卫国家和民族第一线战士的队伍——匍匐在密支那阵地的战壕里了……亲爱的，给我一个答复吧，您深情的目光辉映着我曾经苍白的青春，我将回报你最倾心的微笑和任何风浪都无法剥落的温柔。战争结束后，我将在黄土地上筑起一座小小的城堡，让我俩相偎守着炉火倾听那杜鹃鸟清啼的声音，咕咕——咕咕——咕咕。"

陪都时期，重庆云集了不少中美合作机构，这些机构，需要大量译员，而复旦外文系除了为这些机构培训译员外，还有不少学生直接加入。外文系毕业生曹越华，原本应召外事局后到昆明充当英语译员，不想，一年后的1944年7月，他突然接到命令，从昆明调往印度。接到通知次日，他被送上了军用飞机，甚至来不及向亲朋——包括他的心上人——辞行。

在给女友王德懿的情书中，曹越华详细描写了他艰苦卓绝的战地生活："我被浸泡在新一军新三十师八十八团第三营在前线阵地上专门搭建的一个'人'字形战壕里，热带气候暴雨如注，刹那间就灌满了水。伸手不见五指的漆黑夜空，火光升腾，硝烟弥漫，四周的枪声、炮声、雨声交混在一起。这情形将一个从未摸过枪的人推到极度的考验之中。"

后来，曹越华回忆说，那个永生难忘的夜晚，有三点感觉特深：一是对生命死亡的恐惧感，二是对母亲养育的恩爱感，三是对我在昆明交往上的一位交大毕业的美丽姑娘的思念感。

艰难与恐惧中，这个第一次上战场的年轻人不由自主地想起了在复旦的美好岁月——他对曹禺讲解莎士比亚的名作《罗密欧与朱丽叶》记忆犹新，用他信中的话说，"如痴如醉，流连忘返"。为此，他写了一篇万言书表达立志从事戏剧事业的情怀与梦想，并得到曹禺的赞赏。然而，"这一切却被眼前万恶的战争毁灭了"。令曹越华欣慰的是，王德懿带给了他安慰与鼓励。他说，王德懿在信中曾对他讲："你来前线为盟军服务，一定要彻底打败他们，雪耻相报真正的国仇家恨。"

泡在水坑里听着枪炮声的那个不眠之晚，曹越华还不知道，那是盟军收复缅甸的第一次大战，它意味着在世界反法西斯战场上，日本的所谓武运长久已经进入了倒计时。

收到这封情书的大半年后，身着白色旗袍的王德懿，看到了自己日夜思念的熟悉身影。然后，是北温泉拍下的婚纱照，是嘉陵江见证的婚礼，是七十年相濡以沫的深爱。后来，百岁高龄的曹越华年事太高，几乎什么都不记得了，却一直记得那封在热带丛林里写下的滚烫情书。

和曹越华同年毕业的复旦统计系学生吕德润，没有从事统计工作，而是作为《大公报》战地记者，被派到缅北战场。一年多里，这位二十五岁的年轻人或搭 B-52 轰炸机，或坐前线战车，甚至徒步穿越丛林，采写了上百篇来自最前线的战地报道。这些用军用密码发回国的报道，向国人介绍了中国驻印军队反攻缅北，以及开辟中国当时唯一国际通道滇缅公路等影响抗战史的重大事件。国人从这些报道里，看到了希望，看到了力量。那些鲜活而生动的文字，今天读来，仍然呼之欲出："地上积起来齐腰胸的泥水，遇到洼地更深。我们的士兵和马匹常常陷死在泥里。前些天，三十八师又有三个弟兄陷死在泥里了。几匹马陷在泥里拔不出来，眼看着它们伸着脖子窒息而死。水中的毒蛇会偷偷地咬你一个致命伤。蚂蟥会顺着雨水从树上溜下，钻进你的身体。大蚊子和小黑蚊子跟你争夺躲雨的地方，把疟疾留给你。小蜘蛛到处织着网，那是传染伤寒的媒介。孟拱河谷更是世界著名的瘟疫大本营。"

复旦新闻系毕业的朱启平是《大公报》的另一位战地记者，太平洋战争爆发后，他长期跟随美国太平洋舰队采访。1945年9月2日，停泊在东京湾的美舰"密苏里"号上，日本投降签字仪式如期举行。见证这一重大事件的记者有两百余人，来自中国的只有三个，朱启平即其一。次日，朱启平发回了长篇报道《落日》。这篇报道，不仅经常被记述二战的书籍引用，还被当作新闻通讯范文收入大学教材。

当带着油墨味儿的《大公报》送到北碚，复旦师生们读完这篇跌宕起伏的文字，忍不住又一次欢呼雀跃——如同二十天前，当日本投降的消息传到学校时，那一夜，奔走相告的师生点燃火把，在小小的夏坝一遍又一遍地游行。那一夜，他们流下了无数眼泪，也绽放了无数欢笑。而原本炎热的夏坝，那一夜，出奇地清凉。空气中，涌动着泥土、荷花和即将收割的水稻的气味……

不幸与大幸

八年辛苦不寻常。复旦西迁史上的重要人物吴南轩曾总结说："我们的学校，由沪滨迁入四川，是不幸，也可说是大幸。巍巍学舍，沦于敌手，三十载经营，毁于一旦，逼得我们千里长征，半年颠沛，得喘定息于荒村茅舍之间，这可以说是不幸；然而在相反的一面，也正唯敌人的炮火，使我们这支文化队伍，得有机会开入夔门，列阵于民族复兴根据地的四川，能更直接地参与这一次存亡续绝的民族大搏战，这可以说是大幸。至于员生生活上的颠沛困苦，更不妨当作环境对于我们的磨炼、时代对于我们的洗礼看。"

昔日复旦校园最漂亮的建筑，非正对嘉陵江的登辉堂莫属。如今，经过修缮，登辉堂辟为抗战时期复旦大学校史纪念馆。一个天气阴郁的冬日下午，我漫步于纪念馆，仔细阅读那些记载了这所大学非常年代非常往事的文字。地板仍是初建时铺下的木头，质地坚硬，行走之际，立生脆响。也许，历史就是一串又一串远去的脚步声，如果我们仔细聆听，或许还能听到脚步声里，深藏着一个逝去时代的风雷与一代人的沉吟和呐喊——天空不留痕迹，但鸟儿已经飞过……

复旦大学土木系 1940 级师生合影

苍山下，洱海边

——追忆华中大学的似水年华

> 战争中的中国教育是一部史诗，将为中国人民子子孙孙永志不忘。

> ——韦卓民

孔子目光忧郁。

我是说，画像上的孔子目光忧郁。

这是我寻访过的几十座文庙中，孔子被安置得最委屈、最马虎的一座。其他文庙里，大成殿正中"万世师表"或"道冠古今"的鎏金匾额下，孔子冕旒衮服，神情严肃，状若帝王。然而在这个曾经三教合一、被当地人称为大慈寺的地方，文庙只是附属。并且，大成殿让位给了菩萨。如来、观音、太上老君和王母娘娘混坐一起，偶像们色彩艳丽，颇有几分民间色彩的喜庆。孔子被赶到偏殿，连塑像也没有，只有一方木头的牌位和一幅小小的画像。

目光忧郁的孔子望着庭院。空荡荡的庭院，一树木槿花灿烂怒放。雨后，地上落红无数。这种朝开暮谢的花朵，古人常借以感叹生命的无常。不过，从孔子的位置看出去，他看不到木槿，他只能看到细细的雨丝从被飞檐挤成方形的天空飘下来，飘下来……

我不确定八十多年前的大慈寺格局是否亦如此，但可以肯定地说，那些风餐露宿的学子走进大慈寺，走进大成殿，他们那一颗颗悬着的心，终于稍微安宁了一些。

因为，漫长的内迁结束了，目的地到达了。

当学子们在孔子和其他神祇的注视下漫步于幽深的庭院时，耳畔总会隐隐传来他们听不懂的白族民歌，天空总是奔走着状若棉花的云朵。一种和从前迥然不同的生活，即将在异乡开始。对他们来说，生活不在别处，生活就在这里。

长征八千里

1938 年 7 月，正在美国耶鲁大学担任客座教授的华中大学校长韦卓民接到一封电报。电报坐实了几个月来他一直担忧的事：随着日军进逼，华中大学所在的武汉岌岌可危，学校必须搬迁。

韦卓民是按华大教授每六年享有一年休假的规定出国的，他在英国和美国一边讲学，一边宣传抗日，并时刻关注国内战事。早在几个月前，他就向华大同人提出：要做好内迁准备。

接到学校盼归的电报后，韦卓民立即结束讲学，匆匆启程回国。1938 年 8 月 15 日，他从香港飞抵桂林时得知，他的学生和同人已经从武汉迁到了桂林。那时，尽管他早就知道内迁绝非一朝一夕之事，但他没有意料到，等他再次踏进武昌华大校园时，时间已过去八年。八年，两千多个日日夜夜，他和他一手创建的华中大学一起，在颠沛流离中浴火重生……

华中大学的前身，包括创办于1871年的文华书院，创办于1885年的博文书院和博学书院。1924年，三校联合，组建为私立武昌华中大学。1929年1月，长沙雅礼大学和岳阳湖滨书院也并入华中大学。5月，早年毕业于文华书院、后来获哈佛大学哲学硕士和英国伦敦大学哲学博士学位的韦卓民出任校长。——考察抗战内迁大学，无一例外，每一所大学都有一个优秀的校长。他们的优秀，除了术业有专攻，是本专业的翘楚外，还无不具有公正、开明、务实的作风，尤其是对学校满怀使命感和责任感。他们对学生的呵护，如同严父慈母之于儿女，甘愿为之呕心沥血。

华大规模很小。20世纪二三十年代，在两湖乃至中南地区，国立武汉大学正向着一流大学迈进，华中大学显然无法与其争锋。华大要取得一席之地，只能控制规模而重视质量。这一点，是韦卓民从做校长的第一天起就作为既定方针的。因此，一直到抗战前夕，经过十几年的发展，华大仍然只有三个学院（文学院、理学院和教育学院）以及十来个系。至于学生，刚组建时，只有区区五十七人。到1937年，终于增至三百余人。此后，大体维持在数百人的规模。虽然民国时期的大学，并不像今天的大学这样动辄庞大到上万乃至数万学生，但与西南联大或浙大、同济、复旦的上千乃至数千学生相比，华大仍属不折不扣的小大学。

韦卓民是1937年6月出国的，他刚到英国不久，七七事变爆发，全面抗战拉开帷幕。那时，他已经富于远见地意识到，战争不可能在短期内结束，中国需要长久抗战，地处九省通衢的武汉作为兵家必争之地，早晚会被战火波及。他从英国写信回校，极力主张内迁。但是，他的建议没有被校董会和代理校长采纳。即使到了当年年底，在南京业已陷落，武汉遭到直接威胁的危急时刻，代校长黄溥仍认为立即搬迁并不明智。因为，一方面，此时的华大正在用韦卓民从美国拿到的四万美元庚款大兴土木；另一方面，黄溥等人认为，由于学校具有英美教会背景，纵使日军攻占武汉，华大仍有生存空间。

直到1938年夏天，日机将炸弹扔进与华大一墙之隔的天主堂时，华大才在为十四名毕业生举办完学位典礼后，正式决定内迁。与未雨绸缪的厦大、浙大、复旦相比，华大晚了一步。

可供华大选择的目的地有两个，一是位于湖南西部的沅陵，一是位于广西东北的桂林。两相比较，桂林胜出。民国后，广西省会即由桂林迁往南宁，但在抗战爆发前夕的1936年，李宗仁认为"为应付将来抗战军事上的需要，省会应迁返桂林"，是以当年10月，广西省会重返桂林。随即，广西大学等高校以及国内众多军政及文化机构也纷纷落户桂林，桂林以其优越的地理位置，成为抗战时期的军事与文化重镇。

从武汉到桂林，高速公路经长沙、衡阳和全州，全长八百余公里，行车十余小时。华大师生的西迁之路，也是由武汉南下，经长沙、衡阳和全州。只不过，他们没有高速公路可走。

1938年7月10日，一个闷热的夏日清晨，华大师生从武昌登上了一条拖着两艘驳船的小火轮，溯长江而上，在岳阳进入洞庭湖，穿洞庭后再溯湘江而下，抵达长沙。这一路，耗时五天五夜。

在长沙等待七天后，华大师生再次上路，前往衡阳。原本，长沙到衡阳仍有湘江水路可通，只是无法通行带有驳船的小火轮。于是，华大师生弃舟登岸。两地相距不过两百公里，今天，普通火车两小时可到，高铁只需三十多分钟，华大师生的火车却走了十六七个小时。兵荒马乱之际，火车人满为患，当年的亲历者、华大学生柳学水回忆说，"伤兵多，难民多，旅客多，熙来攘往"。总算是优待知识分子，车站给华大师生准备了一个贴有"华中大学专车"字样的包厢，但"大热的天气，一百多人闷在一个车厢里，不但是自己可以闻到自己的汗臭，而且头昏得时时想吐。尤其是教职员先生的家眷中有带了小宝贝的，真亏他们忍受"。

不过，当他们为汗臭苦恼时，他们不知道，充斥着汗臭的火车，以后也将是奢望。

衡阳到全州的铁路属于湘桂线的一段，也是湘桂线修筑最早的一段，1938 年 10 月建成通车。华大师生由衡阳前往桂林是在 1938 年 8 月。就是说，湘桂线当时还没有正式通车，他们搭乘的，乃是校方动用关系才得到特许的工程车。工程车车厢均为敞篷，堆满铁轨，师生们就坐在铁轨上，行李放在中间。搭乘这样的火车当然很危险，西迁负责人桂质廷教授一再告诫学生：互相提醒，千万不能打瞌睡，以免睡着了摔下去。

当敞篷火车上的师生被一路飞扬的煤灰染得满面乌黑时，他们终于抵达了桂北群山中的全州。休息几天后，又分乘汽车，从全州赶往桂林。至此，耗费一个月时间，华中大学师生终于把武昌昙华林的课桌，搬到了山水甲天下的桂林。

二十多年后，韦卓民回忆说："当我由美国飞香港转道到达桂林时，已是 8 月 15 日，学校师生先几天到了桂林，当询及搬迁情况，才知从武昌运来的图书不过百分之四五，仪器不及四分之一。"作为华大的主要缔造者，韦卓民对华大有一种护雏般的深情，得知这一情况，他大感心痛，立即派人回武昌抢运。然而，"水路交通业已阻塞，损失甚大"。即便之前装箱抢运出的仪器和设备，也在 10 月份才送达，"这严重影响了理学院几个系的教学进度"。

乐群路是桂林市中心的一条小街，距离堪称桂林地标的独秀峰只有几百米。乐群路上，一道不起眼的大门，是乐群路小学入口。这所普通的小学，曾是广西大学文法学院校址，也是迁到桂林的华中大学的落脚点。

很快，华大师生就发现，桂林也放不下一张平静的书桌了。随着广州和武汉相继失守，已是西南地区政治军事中心的桂林遭到了日军的狂轰滥炸。据《桂林市志》及《叠彩区志》记载，从 1938 年底到 1939 年初，日军多次轰炸桂林，如 11 月 21 日、11 月 30 日、12 月 2 日、12 月 24 日、12 月 29 日和 1 月 11 日，均有少则九架，多则五十一架日机飞临桂林上空，投下大量炸弹和燃烧弹，桂林居民死伤数以千计。

张保贞是华中大学 1938 级生物系学生。几十年后，她仍然清楚地记得当年在桂林跑警报时的恐慌与狼狈："我们首先到达的是广西桂林，学校原拟定这里为迁移的目的地。但是日本鬼子的攻击太厉害，每天都有飞机轰轰地从空中飞过，甚至投下炸弹，以至于我们每天都是在惊恐中度过的。只要警鸣声一响，我们就要立刻往外跑，然后躲起来。记得我们经常会跑到一个叫老人山的地方躲起来，等着解除危险的警报响起，我们才敢走出隐蔽地点。有时我们躲避日军轰炸的时间很久，甚至有时达大半天，因久久听不到解除危险的警报，所以不敢走出来，因而经常是饥肠辘辘的，不过也没有办法，为了活命，我们不得不接受这漫长的等待。相对于受日本的轰炸，暂时的挨饿受饥，我们还是能够忍受的。当年的恐慌经历，使我终生难忘。"

甲天下的风光虽好，桂林却不是久留之地。

华大师生只得再次启程。这一次，他们要去一个更为遥远的地方。

那就是此前绝大多数华大师生从没听说过的云南喜洲。

在喜洲四方街附近，有一片白族风格的大宅院，雕梁画栋，曲径通幽，午后的阳光从庭院上空射下来，落在生机勃勃的花木上。这座院子，人称严家大院，距今已有一百二十年历史了。

严家大院的主人叫严子珍。作为喜洲商帮重要人物，严子珍既是沱茶的创制者，也是凤庆茶的培育者。20世纪初，严子珍的永昌祥乃是西南地区知名的大商号。尤其重要的是，严子珍不仅有钱，还热心公益。民国初年，他买下几百亩良田，一部分田租作为办学之用，一部分田租用于建义仓，遇到荒年或青黄不接时，就打开义仓救济贫民。黄河、长江发生水灾，他捐出一大笔钱赈灾；抗战爆发后，又捐款购买了大批新式武器和飞机。

在昆明，严子珍结识了一个新朋友。他和新朋友的打扮相映成趣：严子珍戴瓜皮帽，罩中式长衫；新朋友戴金丝眼镜，着西装，打领带。

这个新朋友，就是华中大学校长韦卓民。

决定从桂林进一步内迁后，韦卓民提出了新迁校址三原则：一、远离大城市以避日机轰炸；二、物价便宜；三、能与外界保持一定的通信联系。对照三原则，适宜的地方无非四川、贵阳和昆明。三地中，四川已有大量高校及机关迁入，物价腾贵；贵阳正在变成一个大的军事基地，易遭日机轰炸。唯一的选择就是昆明或云南农村。

于是，韦卓民前往昆明考察。考察期间，经云南省教育厅厅长龚自知介绍，他和严子珍相识了。

严子珍向韦卓民推荐了他的老家喜洲。在认识严子珍时，韦卓民还认识了与严子珍随行的大理五台中学校长。这样，韦卓民便与这位校长一起前往喜洲实地考察。考察结论是符合要求。

从桂林迁喜洲，其难度，远大于从武汉到桂林。按当时的交通条件，甚至，华大师生不得不绕道越南。

几年前的一天，我从桂林市中心乐群路出发，经良丰前往荔浦。我行驶的是一条穿村越镇的老公路。路上，我竭力想象八十多年前发生在这条公路上的一桩旧事。那是 1939 年 2 月 20 日。那一天，公路两旁的村民看到两辆颇为奇怪的大卡车。呼啸前行的大卡车车厢里，挤满了青年男女。大卡车前方，赫然各贴着一副春联——那一天，正是中国人最看重的节日：大年初一。其中一副对联写道：乾坤满胡骑；道路着儒冠。当年的华大学生秋英回忆说，这对联，"使每一个同学对这次迁校的壮举，心头都加上了一种难耐的感觉和不易磨灭的印象"。

两辆张贴着春联的大卡车，是华大为了内迁专门购买的。其经费，一辆由华中大学出资，一辆由华中大学志愿工作者理查德·D.希普曼出钱。担任司机的，则是华大外籍教师。与大多数时候只能靠双脚前行的西南联大或浙大学生相比，华大学生要稍微轻松一些。

当天，抵柳州；次日，抵南宁；第三天，抵镇南关（今名友谊关）。从镇南关出境，师生进入越南。其时，越南属法国殖民地，建筑大抵是法国风格，"与关内迥异"。在越南东塘坐上火车后，经谅山达河内。在河内休整一天，再坐上通往昆明的火车——在中国东部沿海全部沦陷而滇缅公路尚未通车时，这条铁路是中国与外界联系的唯一通道。由于仪器、大件行李以及图书等涉及过海关，不能也走越南，薛世和教授等人便押送着这些东西经柳州、贵阳至昆明，虽然路途要短些，行程却更艰难。

在昆明略微休整后，师生继续西行，交通工具仍是卡车。1939年3月底，经过十多天行旅，华大师生终于走进了苍山下、洱海边的那座古老而宁静的小镇。

对这次内迁，韦卓民总结说，华大师生"计阅一年举校播迁者再，长征八千里，而总计学生缺课不满六周，占全学年五分之一，员生艰苦至可钦佩也"。

穷大理，富喜洲

这几年，我三次造访喜洲。

每一次，都会想起老舍先生几十年前对喜洲的描述。

1941年10月，老舍与著名古琴家查阜西一道，从昆明前往喜洲，为华大学生讲学三次。及后，他在《滇行短记》里写下了他对喜洲的印象："喜洲镇却是个奇迹，我想不起，在国内什么偏僻的地方，见过这么体面的市镇……进到镇里，仿佛是到了英国的剑桥，街旁到处流着活水，一出门便可洗菜洗衣，而污浊立刻随流而逝。街道很整齐，商店很多。有图书馆，馆前立着大理石的牌坊，字是贴金的！有警察局。有像王宫似的深宅大院，都是雕梁画栋。有许多祠堂，也都金碧辉煌。不到一里，便是洱海。不到五六里便是高山。山水之间有这样一个镇市，真是世外桃源啊！"

大理境内，四千多米的苍山负雪天南，标志着东喜马拉雅山系的结束和云贵高原的开始，苍山因之被称为世界屋脊的屋檐。十九座山峰发源了众多溪流，溪水汇聚于苍山之麓的湖泊中。从高处看，湖泊状如人耳，故名洱海。环洱海一周，都是宜于农耕的平原，称为洱海坝子。喜洲，就坐落在洱海西岸的坝子上。一侧是碧波荡漾的洱海，一侧是云卷云舒的苍山，在银苍玉洱之间，房舍点缀，稻菽遍野，一派田园牧歌式的柔美景致。

交通枢纽的位置和平坦肥沃的土地，使得喜洲从多山的大理脱颖而出，早在784年，南诏王异牟寻就定都喜洲。后来成为华大师生庇护所的大慈寺，就是那时兴建的。喜洲地处茶马古道，复又邻近西南丝绸之路，自古以来，就有经商的传统。肇自近代，闻名遐迩的喜洲商帮崛起，造就了严、董、尹、杨等巨富家族，遂有"穷大理，富喜洲"之说。比如语言学家、北大文科研究所所长罗常培在1943游历滇西后，就在他的《苍洱之间》写道："喜洲在唐代同现在的大理城是一样重要的。现在从表面上看起来，喜洲比大理整齐得多。镇里的殷实大户有杨、董、赵、李、尹、张、严诸姓，各家的宅第都是画栋雕梁，轮奂可颂。最近新建筑的一所大宅子，听说花了二百万，澡盆、恭桶、发电机，色色俱全。镇里绅士捐资兴建的苍逸图书馆和五台中学，在抗战时候看起来都觉得堂皇富贵，颇堪羡慕。当地有'穷大理，富喜洲'的俗谚，大概不算是夸张。"

今天的喜洲，是大理、丽江旅游线上的重要目的地。古镇上，客栈、酒店比比皆是，严家大院等景点内，回响着南腔北调的各省口音。不过，华大师生曾栖身八年的大慈寺却始终是个冷寂去处——我三次前往，无一例外，每一次，除了厢房里低头玩手机的管理员，再没有其他人。

是的，对于尘封的往事，在当事人和极少数打捞者之外，它注定要被漠视、被遗忘。强大的现实面前，历史只能是从属的、无关痛痒的。

老舍笔下，喜洲乃是堪与剑桥相提并论的世外桃源，并且，喜洲的确也比周边小镇更富裕、更发达，然而，在过惯了大城市生活的华大师生眼里，当他们睁大好奇的眼睛走进喜洲时，仍有一种掩饰不住的失落：

> 喜洲的街道都是泥土的，没有石板路，下过雨后到处都是泥巴；每逢集市，街道两旁都是蹲在地上卖东西的人，他们穿的衣服大多是脏兮兮的，头发上长了虱子，周围的苍蝇乱飞，我们都不敢接近他们。更糟糕的是，喜洲当地没有厕所，街道上很脏，到处都是狗屎，野狗很多。有一次，我们被邀请去一个农户家，刚进他家的院子，打开门我们就看到

躺在屋子里的家畜，我们十分不习惯。

我们看到当地人用圆形方孔的铜钱做交易，而当时南京国民政府的钞票已在全国发行。还好，我们学生们的食宿均由学校解决，所以我们没有出去买过东西；不过，要和当地人做交易，还是要将我们用的钞票换成他们用的铜钱。

我第一次看到的大慈寺和后来两次看到的大慈寺其实并不一样。第一次看到的大慈寺状若废墟——大门堵塞，只能从倒塌的围墙缺口进出。院子里，杂草过膝。废墟里，却放了几张桌子，几个老人在无声无息地打牌。倘不是有鸟儿飞过来落在屋檐上尖叫，简直如同默片。第二次、第三次看到的大慈寺已经做了很多修缮，并建起了大理喜洲华中大学西迁纪念馆和华中师范大学教育实践基地。只是，如果说早年的大慈寺还有几个老人在打牌的话，那么，修缮后的大慈寺反倒难以听到人声了。

史料记载，如今的大慈寺，其实只是华大进驻时的大慈寺的一部分。就在严子珍向韦卓民推荐喜洲时，喜洲的另一巨商董澄农和严子珍的儿子严燮成等同乡闻讯后，也表示热忱欢迎华大到喜洲。他们不仅提供了学校搬迁的路费，还将香火旺盛的大慈寺让出来供学校使用。

大慈寺其实包括三部分，即大慈寺、文庙（又称奇观堂）和张氏宗祠。大慈寺系唐代始建，明朝成化年间重修；文庙乃元朝遗留；张氏宗祠则是曾任中国同盟会总干事和北洋政府司法总长的张耀曾的家祠。张家祖籍凤阳，元朝时迁居喜洲，诗书传家，历史上曾出过多位进士。

这三座连成一片的房舍，在华大接手后被合理布局。大慈寺大殿最为宽敞，适合做礼堂。只是，大殿正中及两侧都是泥塑的菩萨，得用蓝布把它们遮起来。每逢师生在礼堂聚会时，隐隐约约之间，蓝布后面的菩萨——表情或慈悲或狰狞的菩萨，就像是列席的旁听者。大殿前的厢房充当教室，大殿后的厢房充当办公室——校长室、秘书处、教务处、注册处和会计室等部门都挤在几间阴暗潮湿的小屋里。文庙辟作图书馆。庙前空地一侧，新起了两栋简易的两层木制小楼，一栋分给物理系和生物系，一栋分给化学系。张氏宗祠的正殿以及正殿前的厢房，做了教师休息室以及文学院、教育学院各系的办公室和研究室。现今大慈寺一侧是一所小学，当年是一片空地。华大租下这片空地稍加平整，便是一座颇为理想的运动场。

1944 年 9 月，淅沥的秋雨中，李约瑟造访华中大学时，华大已在喜洲办学五年多了。李约瑟看到，作为校舍的庙宇虽然表面很堂皇，布满雕刻和彩绘，但都因维护不足而四处漏雨。实验室里，大量仪器都是当年从武汉带来的，三年前也通过滇缅公路进口过一部分，但化学药品十分缺乏，就连酒精也得通过蒸馏当地的土酒来获取。图书馆里，虽有不少西文书，但都相当陈旧。李约瑟看到的这些情况表明，尽管经过了好几年的休养生息，但华大的办学条件依然艰难。与布局在重庆、昆明的中大、复旦、西南联大相比，落址于喜洲的华大实在太过偏僻。李约瑟到访时，化学系一直没有化学教员，只得由其他老师代课。因为，新聘任的教授，留美化学博士卞松年，一直还在赶往学校的路上。其时，往来于喜洲和昆明之间，只能搭乘军队或邮政的卡车，大多时候需要八九天时间。

华大师生宿舍分散在镇上各处。这些宿舍，要么是大户人家腾租的院子，要么是各大姓的祠堂。其中，女生宿舍是一处四合院民居，每间屋子放四张两层的床，中间再放几张小书桌，住八个人，离学校只有十分钟的路程，"是最令人满意的地方"。男生宿舍有两处。每一处宿舍，都由学生们自办伙食。以女生宿舍为例，这四五十名女生，请了一个当地人做厨师，每天轮流由一名学生和厨师上街采买。有趣的是，同学们能根据当天菜品的风格，准确推知是哪一省的同学在监厨——太辣，一定是湖南的；太甜，一定是上海的；土豆多，一定是广东的。

喜洲当地，有十几个大家族，每一个家族都至少有一座宗祠。这些宗祠的厢房，便成为华大教职工最理想的居所。美国人柯约翰曾在华中大学工作二十多年，华大迁滇期间，他任财务主管。他在著作《华中大学》里说："教职工则大多租用了当地宗庙的厢房，也有院子的一部分。喜洲人家的住房都有院子，各自

华中大学在喜洲的校舍

分开，自成一个独立的单元。住房大都有两层，上层贮物，下层住人。华中大学则没有这些讲究，上下皆住人。有时候某些人家将院落的一部分租给华中大学人，但东家毫不顾及这一点，他们照旧与猪、鸡及狗分享这一部分空间。整个院子都租给华大的情况极少。最理想的住房是宗庙两翼的厢房，族人只在每年特定时间里祭祖宗时才有所打扰。"

喜洲居民以白族为主，而白族是一个崇文尚教的民族。对这些远道而来的读书人，他们表现出了极大的热情和善意，这也在一定程度上抚慰了华大师生漂泊无依的伤愁。当时，喜洲最富有的严家、董家，每年都会捐一笔钱给华大。当地人操办红白喜事，一定要请华大师生吃席。按当地风俗，这种流水席要摆三天，华大的男生们总是毫不客气地去大吃几顿，只有教授和女生顾及面子，仅去一次表示祝贺。华大师生走在喜洲街上，到了用餐时间，总有当地人主动拉他们到家里吃饭，"他们有'饵块'，干巴牛肉、牛奶烧鱼、牛奶烧白菜，等等，都非常可口，在学校是完全没有的"。有时，师生过意不去要付钱，却被干脆地拒绝。

喜洲濒临的洱海，面积达两百五十多平方公里，是一座高原断陷湖。洱海与苍山相偎相生，风景绝美。并且，洱海多鱼，华大师生有时便下水打鱼或是钓鱼，以此改善生活——当然，洱海还有另一大功用，那就是天然的游泳池。

在喜洲，美军建了一个气象站，主要是为飞虎队提供服务。其驻地，就在今天喜洲古镇北面的积善邑，当时是一座宗祠。那时，杨国栋经常去气象站——气象站的美军不懂汉语，更不懂当地方言，杨国栋既通英语，又是当地人，便为这些美军上街买东

华中大学学生沈俊
在洱海边

西时充当翻译。作为酬劳，美军总是邀请他一起吃土豆烧牛肉，"他们那时就有高压锅，用土豆切片做汤，很快就熟了，用长勺舀出来，加上罐头牛肉，一人一份"。

由于地处边陲，喜洲不仅生活单调，尤其严重的是缺医少药。距喜洲最近的一所稍微像样的医院，远在大理城区。刚到喜洲那年春天，一种传染病在喜洲流行，好几个教职工的孩子因未能得到及时治疗而夭折。1939级学生汪安琦回忆说："有一次镇上流行霍乱，死了许多人，街上哭声震天，非常悲惨。"几年后，著名学者、中文系主任包鹭宾先生，因身患疟疾而缺少药物，竟至英年早逝。

生活清苦，内迁师生普遍营养不良，包鹭宾身体一向较为虚弱。1944年8月5日，西南联大的罗常培和郑天挺等人到访华大，郑天挺在日记中记载，当天下午，他与包鹭宾见面时，包"谈尚甚健"，但"微蹙其眉，有痛苦状"。7日，他听说包鹭宾高烧41.6℃，上午自行上街买药，回来大便后便昏迷不醒，医生为其打强心针、吗啡针并灌肠后，体温略有降低。没想到，8日一早，噩耗传来，包鹭宾竟已去世，年仅四十五岁。郑天挺感叹："可伤之至！呜呼，渔庄（包鹭宾字）往矣，又安得笃学好古如渔庄者，更从而求之耶。"

包鹭宾去世后，游国恩悲痛不已，忙着料理后事，并发起为包鹭宾五个未成年的孩子募捐。由于太过操劳，几天后，游国恩急性阑尾炎发作。这在今天，是一个极小的几乎没有风险的小手术，但在彼时，喜洲却没有这样的医疗条件，必须送往大理。校方请来民工，用滑竿抬着游国恩匆匆上路，幸而出发不久，他们借到一部邮车，才及时把游国恩送进了手术室。

大慈寺二楼展厅里，我注意到了一张小小的照片，照片上有三个人，一个是周恩来，一个是一名外国人，还有一个是坐在他们中间充当翻译的年轻人。图解说，这是1954年，周恩来在日内瓦会见法国总理孟戴斯。担任翻译的青年，就是从华中大学毕业还不到十年的董宁川。通过董宁川进华大的故事，我们或许可以洞见华大以及韦卓民严格而务实的办学风格。

董宁川系大理人，少年时在越南河内学法语。听说家乡迁来一所大学，且英语系是其强项后，他回到家乡，打算报考华大英语系。但是，他赶往学校才得知，华大的入学笔试时间已过。失望的董宁川抱着试一试的心理，直接找到英语系主任、英国人雷美佳，并用熟练的法语与其交流。惊讶于董宁川良好的法语水平，系主任决定破格录取。以后，法语老师离职，董宁川便以大一学生的身份教授法语。

董宁川回忆说："华大的中国教师和外籍教师生活在当时还

是穷乡僻壤的喜洲，虽然环境很艰苦，可老师们一心一意地维持正常的教学秩序，坚持搞科研活动，无论是在培养人才方面，还是促进中外交流方面，都做出了巨大的贡献……校长韦卓民先生是一个国际知名学者、一个很有学问的人，他当时教授哲学课。他一贯主张华大精神是让学生着眼于服务社会，在校期间则应以诚实、包容、服务为奋斗目标，受到全体师生和社会的赞扬。"

华大的传统是以严格著称，尤其入学考试。但是，搬迁喜洲后，生源水平远不如武昌。不得已，学校只得降低了录取标准，但同时采取了宽进严出政策：学生入学后即举行分班考试，尤其看重英语。考试成绩差者，编入英语先修班，先修班英语及格，第二学年才能读大一英语。两年后，必须通过一次中期考试，中期考试合格者，准许升入三年级。否则，继续读二年级。于是，读两个甚至三个二年级的学生不乏其人。及至三、四年级主副科全部修完，再进行一次毕业考试。毕业考试合格后，还得用一年时间撰写毕业论文。只有毕业论文也合格了，才准予毕业。"论读书的空气，这里并不亚于国内一般有名的大学，图书馆和各系的研究室，从早晨直到晚间都坐满了人。功课的紧张和考验的紧密，往往是新同学认为不是可以轻易应付的。成绩很好的同学固然不感困难，然而稍差一点的同学，偶一不慎，功课即有重读的危险。"华中大学早年形成的"重质不重量""中期考试""毕业总考试"等高标准严要求习惯，并没有因西迁而稍微马虎，"此旨趣，此精神，不惟保持至今而未坠，抑且历经患难而弥坚"。

同样在二楼展厅，我还看到了一张长长的图表，那是当年华大在喜洲时的教师名录。从名录可知，除个别人外，绝大多数教师都毕业于欧美名牌大学并获得了博士——至少硕士学位。华大偏处西南，几乎与世隔绝，要聘请知名学者任教并非易事。不过，韦卓民千方百计利用其良好的社会关系和影响力，聘请了一大批学有专长的有名望的教师——如文学理论家游国恩，古文家钱基博，文献学家阴法鲁，社会学家许烺光，物理学家桂质廷，教育学家胡毅，化学家张资珙、徐作和，语言学家傅懋勣，生物学家萧之的、吴醒夫以及病死异乡的经学家兼史学家包鹭宾等。由于有教会背景，华中大学自始至终都有十几位来自英、美、德及瑞典的外籍教师，他们大多也是国外知名大学的教授。此外，华大还想方设法邀请知名人士到校讲学，史学家钱穆、作家老舍、端木蕻良，数学家熊庆来，社会学家费孝通、潘光旦，画家徐悲鸿，美国学者费正清，英国学者李约瑟等人都曾为华大学子传道、授业、解惑。

大家云集，弦歌不辍，然而毕竟偏处西陲，且又遭逢战乱，生活十分清苦。杨希孟（原名杨昭）来自喜洲杨家，也是第一个考上华中大学的喜洲子弟。——当时，华大英文系只有三名云南学生，即杨昭、董宁川和方德昭。在杨昭的记忆中，"给我印象最深刻的就是教师们那种不怕艰苦，与全国人民一起共度时艰的精神。他们不论衣食住行各方面的条件都极为简单、粗劣。那些外籍教授过去吃的咖啡、黄油、巧克力、牛排都没有了，在喜洲吃的是清茶、白菜"。

作为一校之长和华大的灵魂人物，韦卓民的生活也与普通教师并无二致。一日三餐，他都与教师们同桌吃饭。一年四季，他经常身着一身破旧的长衫，脚上是手工制作的布鞋。学生们都传说韦校长只有一件旧西装,打了补丁,还舍不得穿,只有出国讲学时才从箱子里找出来。两个手肘由于在桌上反复摩擦,出现了破洞,他就让皮匠补上两块皮子。后来,胸前也出现了破洞,他便请裁缝用布条缀上华大两个字,反而成了别具一格的"校徽"。喜洲买不到烟丝,他和教务长、英国人甘施礼从集市上买来本地烟草,喷上清酒,拌上蜂蜜,切碎后晒干,便成了只此一家、别无分店的手工烟丝。

虽然校长有繁忙的行政管理工作,但韦卓民仍然坚持上课。他讲授大一逻辑学、大二哲学概论和经济系的经济思想史——前两者,正是英国文学系的必修课,杨昭一节不落地去上课。在他印象中,韦校长"讲课十分生动卓越,引人入胜,不仅为广大师生所崇奉欢迎,连那些外籍教授都十分佩服崇敬"。

国民政府曾有意让韦卓民出任教育部部长,但他更愿意在边远的喜洲做一个大学校长,遂婉言谢绝。后来,国民政府又将他选为参议员,但他去重庆开了两次会之后就请假不去了,坚持躲在喜洲这个西南边陲小镇继续他春风化雨的教书育人。

被改变的边陲

烽火连绵而弦歌不辍,这是精神的倔强、道义的坚守和文化的自信。到1939年底,日占区的高校,除六所留在原地外,十七所被迫关闭,二十五所到租界或香港避难,另有五十二所迁到内地——五十二所中,就有华中大学。对华大师生来讲,远离繁华便利的大城市,远赴偏远落后的小镇,这本身乃是不幸。

但是，如果站在历史的高度看，不幸又是幸运，它们的内迁之地——诸如华大的喜洲、浙大的湄潭、同济的李庄——是幸运的，就如当时有人指出的那样："高等教育机构的内迁，并非是一种纯粹不幸之事。因为它们所迁之地，过去在文化上是未开发之区，科学知识观念的传播，有助于推动国家的现代化。"

云南是一个边远省份，其文化教育相对内地来说要落后一大截。以科举为例，自元朝将云南纳入中央直接管辖后六百年间，云南竟从未出过状元，进士也不超过一千人（作为参照，苏州一府之地，出过五十余名状元和近四千名进士，即便我老家富顺一个县，也出过近三百名进士）。

杨国栋是喜洲人，白族，出生于1921年。可以说，华中大学的到来，改变了他的人生。中学毕业时，他的中学老师帅月芝的丈夫是华中大学教育系教授胡毅，经帅月芝夫妇介绍，1943年，杨国栋被华中大学录用，在图书馆做管理员，以后，又短期做过韦卓民的秘书。他认为："华中大学在喜洲八年，对当地的社会产生了巨大的影响，特别是对少数民族学生的培养（中学和大学），起到了不可取代的作用。喜洲的百姓都说华中大学的教师、学生好，对人和气。八年时间里，华大师生帮助当地改变了生活卫生环境，促进了社会的文明，普及了科学知识，宣传了抗日救国的思想……"

历史上，内地对滇西的文化输血事件，我以为最重要的有两起：一是杨慎发配保山，一是华中大学西迁。前者是个人力量，后者是集体行为。前者以古典的方式兴学编书，使滇西之地得沐教化之光。后者则是现代文明与现代科学的传播，即所谓"华中大学以及其他内地教育机构的西迁，从客观社会效果来看，实际上在对中国西部进行着一场文明开发运动"。

尽管喜洲是大理乃至滇西地区首屈一指的重商重文小镇，但在华大到来之前，几万居民中，仅有三名大学生，中学生亦少得可怜。华大在喜洲八年间，不仅每年都有喜洲学子考入华大，云南籍学生的比例，一度达到了将近七成。八年里，从华大毕业了三百多名云南籍学生，后来，他们大多成为云南各大高校及科研机构的骨干。

老舍初到喜洲时，"远远地就看见几所楼房，孤立在镇外，看样子必是一所大学校"，老舍心中暗喜，他以为那一定就是内迁的华中大学。结果，"仔细一打听，才知道那是五台中学"。的确，20世纪30年代，内迁的华大看上去还不如五台中学。

五台中学修建之时，正值华大迁来之际。顺理成章地，五台中学成为华大教育学院的实习基地。在华大帮助下，五台中学跃升为大理最好的中学，尤其是直接用英语授课的华大传统，使五台中学的英语水平在整个云南独占鳌头。八年间，从五台中学毕业了数千初、高中学生，他们对提升喜洲、大理乃至滇西民众的文化素质，起到了不容忽视的作用。

而今，五台中学已更名大理二中，但它与华大的关系并未断绝——它还有一块副牌：华中师范大学大理附属中学。

从喜洲到大理市区，车程二十来分钟。但八十多年前，洱海之滨只有一条坑坑洼洼的毛坯公路，区区三十余公里路程，华大的卡车居然要行驶一整天。加之缺少汽油，华大的卡车后来干脆放弃不用。物理系师生把发动机拆下来，与一台发电机联到一起，以煤气做燃料，拼装出一套发电系统——这是滇西历史上的第一套发电系统。除了供实验室用作动力外，每晚还可为图书馆和教室照明两三小时。亮灯的第一个夜晚，喜洲百姓几乎举家出动，纷纷前往大慈寺看稀奇。

在看到华大用汽车发动机点亮了电灯后，喜洲的富商们很快筹集资金，请物理系教授卞彭和熊子璥做技术指导，建起了一座水电站——这是继昆明石龙坝电站之后，云南省修建的第二座水电站。古老昏暗的深宅大院，第一次被现代文明的光辉照亮。

毫无疑问，喜洲是一个封闭而落后的乡村小镇。华大到来之前，它几乎没有接受过现代文明的烛照。在这里，宴会上男女不能同席，集会场所男女各在一方，没出嫁的女子不能一个人上街，唯一的完小只招男生。随着华大师生的到来，男女开始同校同班，喜洲妇女也穿上了旗袍，剪掉了长辫。华大刚到喜洲时，喜洲野狗成群，狗屎遍地，时有人员被狗咬伤。华大学生组织了打狗队，一天之内打死野狗上百条，肃清了为害多年的狗患。喜洲镇外的农田，除了种植水稻外，还种植着大面积的蔬菜和水果。其中，曾被当地人称为洋花菜和洋辣子的花菜与西红柿，就是华大引进并教会当地人种植的……这些细致入微却又异常深刻的变化，因为华大而发生，就像《华中师范大学校史》写的那样："随着1939年3月间华大师生的到来，小小的喜洲镇陡然增加许多外来文化人口，街上的杂货店生意兴隆，新式的理发店、缝纫店等服务性行业随之产生，原来在市下街警察局附设的邮政所也独立成专门的邮局……喜洲不仅有了两所完全小学，而且在这些学校里开始实行男女同校，彻底地改变了以往封建闭塞的状态。在华大师生的影响下，人们思想观念和行为习惯的改变直接冲击着封建礼教秩序。"

与此同时，对内迁的知识分子来说，当他们和暂栖之地声息相通，既把他乡当故乡，也把自己的专业因地制宜地施展时，他们也就迈出了化不幸为幸运的最重要的一步。

清季民元，中国面临豆剖瓜分的危机，学界遂兴起边疆问题研究之风。到20世纪30年代，随着国府迁渝，"社会各界对边疆问题的关注也因形势的严峻、学术力量的空前集中而得以增强"。其时，与边疆研究相关的机构有近三十个，学术刊物有二十余种，而华中大学创办的西南边疆文化研究室即其中之一。和其他兄弟机构相比，华大的优势在于，它本身就地处边疆，立足于以白族为主的少数民族地区。

其时，研究室每年都有报告寄给美国哈佛－燕京社。至于在《西南边疆问题研究报告》上刊发的论文——不论是游国恩的说蛮、西南夷语考、火把节考，还是包鹭宾的释僰、民家非白国后裔考，抑或傅懋勣的昆明倮倮语研究、利波语研究，葛毅卿的滇黔川康少数民族语言调查等，都被认为是这些学科的经典著作。

研究室领军人物包鹭宾用了一年多时间，在田野调查的基础上，完成了多篇研究西南少数民族族源和语言的论文。他证明了白族和摆夷（傣族）是两个不同民族，又第一个提出了白族概念——这些成果，并非只是从书斋到书斋的纯学术研究，而是有着深远的现实意义：当时的一些国外学者，把白族和傣族混为一谈，从而提出南诏及大理国是由泰国建立的；而包鹭宾的研究成果，雄辩地证明了这种说法的荒谬。十几年后划分民族时，就是依据包鹭宾的研究定名了白族。包鹭宾去世六十年后，他的学术论著重新出版，他的女儿认为这是他"唯一的、真正的遗产"。

与包鹭宾著作一样，六十多年后还在重版、还在影响一代又一代学人的学术著作，还有许烺光的《祖荫下》。1941 到 1943 年间，许烺光对安身立命的喜洲进行了丰富的田野调查，并写下了《祖荫下：传统中国的亲属关系、人格和社会流动》。多年后，许烺光担任美国人类学会主席，被一些学者评价为比肩韦伯和汤因比的大师，但他的第一步，却是从喜洲迈出的。就像研究者说的那样："许烺光在西镇（即喜洲）的研究是他第一次完整的人类学田野经历，从中获得的丰富材料与他在香港沙田和华北的生活经历一起，构成了他后来走向跨文化比较的中国经验基础，他一生的理论成就都与此有关。"

至于校长韦卓民，他不仅是优秀的教育家，还是学贯中西的学者。他用英文写作的有关中国传统文化的论文，经常被西方学者引用；他翻译的西方哲学经典，尤其是康德著作，被认为是"汉译中最忠实可信的"。韦卓民为人谦逊低调，他自称"我只通'一种半'语言，一种是中文，半种是英文"。

与文科相比，理工科的工作和现实更加紧密。如物理系对酒精、油脂工艺，对磺基族的抗疟素和衍生物的研究，对当地水力资源的利用，以及卞彭博士发明卞式电路开关；生物系对洱海湖水及浮游生物的研究；化学系对当地传统染料提取工艺和制革方法的改进……

春风化雨，润物无声。可以说，华大在喜洲的八年，它带给喜洲的巨大变化，要超过以往的八十年乃至更久。

喜洲以后

1945年8月，抗战胜利。次年4月，华大回迁武昌。回迁的队伍分作两批，每批配卡车八辆，四辆载人，四辆载图书和仪器。每辆载人卡车载十五至二十人及各自行李，由一名资深教员负责，另外还配备至少两名男生，负责行李上下车的搬运，女生则负责照顾小孩。学校有两名校医，正好每批都能配一名随队医生。载人卡车，车厢底层是装行李的木箱，木箱上铺着被褥或毛毯，师生们就挤坐在上面。卡车次第经过昆明、曲靖、贵阳，抵达长沙后，再从长沙坐船北上。

路途中的情况，柯约翰写道："租用的卡车都很陈旧。在战争期间它们都多次被修补，一路上它们的故障连续不断。司机和他们的助手对机械都很在行，一般的故障他们都能在一定的时间内排除。有几次，一辆汽车被支起来，驾驶员另外乘车到附近的大城市购买零件，这种情况往往耽误一天时间……幸运的是一路上没有受到土匪的骚扰，尽管有几次他们在附近出现。途中汽车经常出毛病，但基本上没有出现重大事故。一次一辆汽车下坡时刹车失灵，但司机还是在汽车冲出道路后在陡峭的山崖边将车停住；还有一次其他车上扔下的烟头落在车上，引起燃烧，幸好发现及时，未酿成灾难。还有一回一辆载货卡车倾翻于路边的稻田，车上的学生摔出车外，除一个学生扭伤脚踝骨外，其他人均安然无恙，而汽车竟然在扶正之后继续前行，没有受到多大损坏。"

从喜洲复员武汉，华大师生耗时一个多月。途中，一位哲学系教员因病去世，为本来充满喜悦的返乡平添了一份忧伤。

八年之后，华大重又回到了武昌，回到了昙华林。只是，人不可能第二次踏进同一条河流，岁月倏忽，华大也处于时代剧变的波澜中。1949年，国民政府要求华大南迁桂林，韦卓民拒绝了。他说："不迁了，我们和解放军有过接触，他们有良好的纪律和礼貌，这是在旧政权士兵中没有见过的现象。"

1951年6月，最后一名西方教师——时任数学系主任的柯约翰——离校。7月，华中大学改为公立。1952年，全国高等院校院系调整，华中大学在并入了多家大学的整体或部分后，重组为华中高等师范学校。后来，改名华中师范学院。1985年，华中师范学院更名华中师范大学，直到今天。

1952年，六十四岁的韦卓民被列为改造对象，不再担任行政职务，改做政治教育系教授。此后的屡次运动，他都遭受了或大或小的冲击，但他一直坚持翻译康德和黑格尔著作。1974年，他与苦恋四十年的戴惠琼结婚。1976年，病逝于武昌。三年后平反。

韦校长去世的消息传到海外，华大校友为他修建了一座纪念馆。又过了十几年，一尊高大的韦卓民汉白玉雕像矗立在华中师大桂子山校园，而《韦卓民全集》也由华中师范大学出版社出版。

韦卓民去世三十年后，已是八旬老人的杨昭对当年往事依然记忆犹新，他在回忆文章里追忆了韦卓民坎坷曲折的一生后，无限伤心地写道："写到这些，使我有泪难流，感叹不已。现在我只有默默地祝祷他的亡灵，让他闭上双眼，安详地安息吧！"

喜洲镇上有一位九十多岁的张姓老人，韦卓民带着华大师生落户喜洲时，他还是一个十来岁的少年。几十年后，他和喜洲的几个老人一起，自发设立了华中大学遗址纪念场所。在他的记忆中，韦卓民是一个衣着朴素、为人和善的中年人。张姓老人保存着一些发黄的黑白照片，照片上的人物，除了校长韦卓民和一些教师外，更多的，是名姓与事迹均不可考的华大学生。

那个微雨的夏日，我从大慈寺出来后，前往喜洲镇东边一个伸进洱海的半岛，它因状如舌头而得名海舌。八十多年前，这里是生物系的学生在萧之的指导下研究洱海时取水的地方。如今，它因秀丽的风光被打造成一个需要预约才许进入的网红打卡景点。

湖水碧蓝，树木葱郁，花枝招展的年轻人正沉醉在他们的美好之中——或牵手，或追逐，或嬉笑，或拍照。往事消散如云烟，他们显然不知道，八十多年前，曾有一群和他们同样风华正茂的年轻人跋涉千山万水来到这里，在同样的苍山之下、洱海之滨，度过了迥然不同的青春岁月。我忽然想起，在大慈寺展厅一角，光电还原了那时的一个场景——一群年轻的学子，跟随黑板前的老师一起大声诵读："故今日之责任，不在他人，而全在我少年……"

那一刻，在湖水哗哗的拍岸声中，我看到了苍山上雨意淋漓的乌云，看到了乌云下背负着蓝天飞翔的鸟儿。

我想，我也一定看到了他们。

消逝的弦歌：寻找西北联大的足迹

闷雷般的轰鸣声中，人们抬起头，看见两架涂着膏药图案的日军飞机，正穿过云层俯冲而下。刹那间，地面炮火齐发，战机贴地而起。炮声、机声、哭声、喊声纠缠混杂。太阳枯黄，无精打采地照耀着破败的古城。

这时候，他们才猛然惊觉，原以为安全的地方竟不再安全，刚刚放下的平静的书桌突然不再平静。

这是 1937 年 11 月 13 日的西安。刚刚结束了上千里跋涉后抵达西安，并合并重组为西安临时大学的一千多名师生，他们的新学校在二十六天前才揭牌成立，还要等两天，才能正式开学。

几乎所有人都立即产生了一个不安的疑问：西安临时大学，还能在西安办多久？

四个月后，春暖花开时节，他们不得不又一次踏上了更为艰难的内迁之路。由是，从西安临时大学到西北联合大学，从国立西北大学到国立西北五校的现代教育传奇就这样开始了⋯⋯

古都虽好，终非长久之地

西北大学太白校区，低矮的石楠修剪整齐，簇拥着一道青砖立柱的大门和一方照壁。大门白底黑字：国立西北大学。照壁黑底白字：国立西北联合大学。

不论大门还是照壁，都是纪念性的重建。它们要纪念的，是一所大学、一群中国读书人和他们在烽火岁月里一段铭心刻骨的经历。

1937 年 7 月 7 日，卢沟桥事变，标志着日本全面发动侵华战争，也意味着中国全民族抗战的开始。8 月，国民政府教育部制订了一个设立临时大学的纲要草案，纲要称"政府为使抗敌期中战区内优良师资不致无处效力，各校学生不致失学，并为非常时期训练各种专门人才以应国家需要起见，特选定适当地方筹设临时大学若干所"。纲要计划设临时大学一所至三所，一所设在长沙，一所设在西安，一所地址待选。

9 月 10 日，教育部下令，"以北京大学、清华大学、南开大学和中央研究院的师资设备为基干，成立长沙临时大学。以北平大学、北平师范大学、北洋工学院和北平研究院等院校为基干，设立西安临时大学"。长沙临时大学便是后来闻名遐迩的西南联合大学（简称西南联大），而西安临时大学则是后来湮没无闻的西北联合大学（简称西北联大）。

同为抗战时期内迁的规模最大的两个大学联合体，西南联大知名而西北联大无名，原因在于，西南联大存续了八年，完成了南渡北归；而西北联大仅存在了一年，西迁南渡，没有北归，且一分为五。

然而，考察西北联大流变史就会发现，如今，与西北联大有直接或间接血缘关系的高校多达三十多所——西北大学、西北工业大学、西北农林科技大学、西安交通大学、甘肃师范大学、北京师范大学、天津大学、东北大学、中国矿业大学、河北师范大学、西安交通大学、陕西师范大学、中国林业大学、中央美术学院、中央音乐学院、北京航空航天大学……尤其对西北地区来说，它的高等教育，正是在西北联大之后才真正发展起来的。

西安城区正北不到二十公里，是中华人民共和国大地原点，也就是中国大地的几何中心。地处关中的西安不仅位于中国腹地，还处于关中平原腹心，东面既有崤、函拱卫如屏，复有黄河环绕如带。抗战之初，几乎所有人都相信，关中是安全的，西安也足以放得下从华北千里内迁的一张张书桌。

20世纪三四十年代的西安很小，几乎完全局限于明清古城，它是一座方正的、有城墙包围的废都。城外，只北门外的火车站稍具人气，东门和西门外各有少量建筑。

从北平西来的三所大学再加上中途加入的河北女子师范学院，西安临大学生将近一千五百人（其中三百余人系在西安两次招收录取），加上教师和行政、后勤人员及家属，总人数超过两千。狭小的古城，根本不可能找得到这么大的地方安顿这所从天而降的大学。

唯一的办法是分散办学。这也是几乎所有内迁大学的必然选择。西安古城中心有一条小街，因位于城隍庙后面而得名庙后街。庙后街的民居中间，夹着一所学校：西安二十五中。这里，就是西安临大的校本部以及国文、历史和外语系旧址。庙后街本部外，西安临大另有两个校区，一个在今天的西北大学长安校区，一个在北大街附近的通济坊。

　　教育部设立西安临大的决定是1937年9月10日做出的，10月18日，西安临大正式成立，其间的准备只有一个多月。并且，做出决定前，三所大学均已放暑假，师生天各一方。在获悉组建西安临大的消息后，师生们如同听到集结号的士兵，立即从天南海北向西安靠拢。

　　北平师大校长李蒸的女儿李溪桥回忆说，七七事变后，日伪政权欲邀请北平各界名流出来维持局面，李蒸亦在名单上。闻讯后，李蒸于8月7日从北平逃至天津。9月，获知西安设临大消息，遂由海路自天津至青岛，由青岛到济南，由济南转南京与教育部接洽。及后，和北平大学校长徐诵明及新任命的西安临大常委陈剑翛一起经徐州来到西安。

　　七七事变前，北平大学教授、鲁迅好友许寿裳正在庐山度假。他的女儿许世玮回忆，事变爆发后，"父亲立即打电报给留在北平的女院秘书戴静山先生，指示应变事宜"，7月28日，"北平形势突变，沙河保安队竟附敌，宋哲元率部赴保定，平津就这样沦陷了。父亲感到形势严重……心里非常着急"。许寿裳立即结束了庐山度假回到嘉兴，把家人做了安排。接到徐诵明电报后，他只带了一个小皮箱，里面放着几件换洗衣服和一本日记，以及鲁迅写给他的四封信，匆匆前往西安。

　　1937年11月15日，西安临大正式上课。次日，开学典礼。对这三所内迁大学的联合，《西安临大校刊》创刊号说："临大合平大、师大、北洋极有历史之三院校，经过不少曲折历程，始在西北之重镇宣告成立，在教育史上实为一创举。"

然而，开学前两天突如其来的日军飞机，却让刚喘了口气的临大师生心头蒙上了一层阴影。并且，随着战事进展，阴影愈加浓重。

1937年11月9日，西安临大开学典礼前一周，太原失守。及后，日军沿同蒲线南下，迅速占领临汾和侯马。

黄河在宁、蒙、陕、晋之间画了一个巨大的几字形，几字右边那一竖，便是陕西与山西的分界线。几字形由竖变横的最右边，东北方是风陵渡，西边是潼关。1938年3月，日军占领风陵渡，隔着黄河炮击关中锁钥潼关。尤为严重的是，随着日军在风陵渡附近的运城建起机场，日机对西安的轰炸更加频繁。亲历者回忆说："敌机无日不骚扰，亦辄一日三次警报，确实上不成课了。"

古都虽好，终非长久之地，刚刚组建几个月的西安临大，被迫又一次踏上了迢迢内迁之路。

及后的事实证明，西安临大的内迁非常及时、非常必要。——1938年11月16日，十三架日机分作两批轰炸西安火车站，投弹四十多枚，炸毁车皮六节，死亡四十余人。一周后，二十架敌机再次来袭，投弹八十余枚，炸毁民房一百多间，死伤一百六十余人。

翻越秦岭

近几年，我曾多次专程前往或是途经汉中。这方汉江及其支流冲积而成的数千平方公里的盆地，由平原、丘陵和河谷构成，宜于农耕，物产丰饶。四面都是崇山峻岭，好像造物出于垂怜，才在崇山峻岭中藏了这么一方小小的世外桃源。自从刘邦被封为汉王并定都南郑（今汉中市区）后，这片土地就和汉文化结下了深厚渊源：汉江，汉中，汉朝，汉人，汉子，汉族，汉语，汉字……

汉中盆地最美的季节是春天。原野上，酥软的油菜花像金黄的波浪，把山峦、村落、绿树和人心都轻轻地漾起来。空气中飘浮着油菜花的清香，一只只蜜蜂悬停在花蕊上方，像是花儿香气过于沉重而无法将它们托举。农舍前高大的樟树和杨树上，总会停着三两只鸟儿，不知疲倦地叫，一直要叫完整个漫长而慵懒的春天……

八十多年过去了，城市早已不复当年模样，迎面而来的也不是昔时人群。但我相信，季节和地貌肯定没有多大改变。如今我看到的五彩缤纷的春天，当年那群国破家亡中内迁的学子，他们也一定看到过——对他们中的大多数北方人来说，这是他们第一次见识南方的春天。异地他乡无边无际的春色，或许，带给他们的将是"国破山河在，城春草木深"的忧伤；或许，南方美丽祥和的春天，会有一场细雨，为他们洗去长途跋涉的辛劳——新的生活将在一个新的地方开始。

长途跋涉始于风雨兼程的夜行列车。

陕西地形南北高、中间低，分为三个迥然不同的地理单元——北部，是苍茫的黄土高原；中间，是最早被誉为天府之国的关中平原；南方，是起伏的秦巴山区。

西安临大再迁的目的地就是陕南。准确地说，就是夹在秦岭和大巴山之间的汉中。

辽宁省社会科学院历史研究所原所长、史学家朱子方系西安临大学生，他年轻时的求学经历，堪称烽火年代内迁读书人的标本。

1937年夏天，朱子方高中毕业，打算到北平考大学。其时，北平的大学无论数量还是质量都居全国第一。朱子方从开封出发，坐火车经郑州前往北平。七七事变那天清晨，火车行驶到保定时突然停了下来。过了好久，车站宣布：前边发生战事，不能通行。——那时候，这个二十三岁的青年还无从知道，影响一个国家长达八年的艰难抗战已经开始了。无奈，他只得乘原车返回开封，考入河南大学。

到河南大学两个月后，平汉铁路沿线战事吃紧，开封和郑州都不安全，河南大学打算迁往山高林茂的鸡公山，提前放了寒假。放假后，朱子方回到老家江苏丰县。就在寒假期间，日军攻陷南京并迅速向周边推进。朱子方预感到，丰县早晚也将沦陷，必须早做打算。他的舅舅在东北大学任教，他便前往投奔。——东北大学校址，当然在东北。不过，东北是最早被日军占领的，东北大学也就成了所有大学中第一个内迁的。其时，东北大学流亡于西安。

朱子方冒着敌机轰炸的危险，坐火车辗转到达西安，在舅舅的安排下，进了借用东北大学校园办学的西安临大，成了李蒸的学生。

朱子方本以为到了西安这个大后方，就可以安心读书求学了，没想到，接下来却是一段更为艰苦的峥嵘岁月——这峥嵘岁月，从一次历时十二天的长途行军开始。

甘肃兰州到江苏连云港的铁路，称为陇海线，是我国东西向的交通大动脉，始建于1903年。1938年3月16日晚上，西安临大师生从西安城楼下的火车站上车，沿着刚通车不久的陇海线西安至宝鸡段前行。次日，抵达宝鸡。

成都与西安之间，横亘着大巴山和秦岭，自古以来，就有多条攀危岩、涉寒江、跨峻岭的古道斗折蛇行，总称蜀道。李白有诗感叹："蜀道之难，难于上青天。"汉中处于蜀道中端，西安临大师生自西安到宝鸡后要前往汉中，就必须翻越被称为天下之大阻的秦岭。其时，川陕公路刚刚通车。不过，"这时候虽然有了汽车，但公路是坑凹不平，且是单行路面"；并且，"汽车交通工具非常缺乏，就是有车，燃料也是大成问题。那时候真是一滴油一滴血"。

经过多方考量，西安临大几个常委决定，"用步行长途旅行办法通过秦岭"。出发前，全校编为一个大队，下辖三个中队，校常委徐诵明任大队长，另设布置、运输及膳食三个委员会。中队为行军单位，每个中队约五六百人，运输组负责行李，设营组负责打前站，交通组负责传达侦察，纠察组负责秩序收容，医务组负责医疗救治，警卫组负责安全保卫。

临大师生的徒步路线，选择了大体完工的川陕公路北段。尽管还是粗石子铺的毛坯公路，有的地段还有民工在忙着施工，但与栈道、山径组成的古蜀道相比，这已经是易于前行的康庄大道了。

3月17日中午，来往于宝鸡火车站的旅客们见到了令人难忘的一幕：一千多名临大学生，排队领取锅饼和咸菜——为了方便赶路，学校决定中午一律吃干粮，只有早晚可以在驻地生火做饭，"行军时早晨食粥，中午打尖食自带之锅饼咸菜，晚间食干饭汤菜"。从西安出发前，膳食委员会跑遍全城，搜购到了四千多公斤锅饼和一千五百公斤咸菜。此外，还带了"盐二袋，秤一个，行军锅二十三口，炉二十三份，铁锹九个，提灯十八个，镐六个，小铁勺九十九个，洋灯六箱，小桶四十二个，木盖十八个，刀二十九把，火剪三个，面盆三个，面板四个，菜墩三个，煤油三桶，水壶三个，扁担一个，水勺二十八份，小铁锅十七个"，这些东西，装在六辆胶皮大车上。

3月19日，三个中队均抵达宝鸡西南郊，艰难的行军开始了。

宝鸡城区坐落于渭水之滨，自城区西南溯渭水支流清姜河而上，公路进入了两山之间的深谷。约行二十余公里，便是兵家必争之地，同时也是川陕公路的咽喉：大散关。今天，大散关对面的石壁上，用红色颜料书写了四个大字：铁马秋风——它来自陆游的名句"楼船夜雪瓜洲渡，铁马秋风大散关"。几十年来，公路早已经过多次修整和裁弯取直，但从山谷沿着盘山公路而上，仍能感受到大散关的高峻——作为一个佐证，我上山时，城区的温度是37℃；上山后，渐渐降至20℃。临大师生翻越大散关是在农历早春二月，寒风凛冽，低垂的云雾又湿又重，像棉花一样缠在刚刚走过的山路上，远处的山脊上残留着未化的冰雪，在阳光下熠熠生辉。

西北联大师生翻越的大散关

从大散关进入山区，一直到褒城，十余天时间里，临大师生都在翻越秦岭，他们一路经黄牛铺、草凉驿、凤县、庙台子等地——这些秦岭深处的古老聚落，第一次，有如此众多的学子经过。

临大师生决定徒步前往汉中，除了前面说的两个原因外，其实还希望借此磨炼师生意志，强身健体，同时宣传抗日和做社会调查。当年的亲历者们，在回忆里留下了珍贵的史料：

次日，我们开始行军，每人背上了锅饼，跟在那荷枪的领队后边走，边走边唱……穿过渭河大桥，进入秦岭。经过黄牛铺、草凉驿、古凤州，一带皆极荒凉，黄土飞扬，每人心境沉重。

我记得在宝鸡下了火车，只在那里休息了一日，即登上了秦岭北麓。头一天确感辛苦备至，到了第二天，就慢慢地感觉轻松了许多，后来越走越轻松、越高兴。至于膳食呢，是学校统筹办理，专有一辆大卡车，由大站头输送烙好了的大饼，分派各沿途小站。……因为山里不产米，也没有米卖。虽有时吃不果腹，但精神快乐，确压盖了一切。

自西安乘火车至宝鸡，下车后住进泥土造的房子，睡在那铺满草的土炕上时，已泪流满面。当时虽然年轻，但心中却铭记一句名言"国家兴亡，匹夫有责"，所以也就化眼泪为悲愤了。

大队行军时，一路上夜间的宿处有：仰见星斗的破庙、三面敞开的戏楼，还有周仓（塑像）脚前、古墓河滩。晚上，学生们总要请一两位老师住在他们的宿处，大家甘苦与共，出入相顾，关系更加亲密。

我们由北平到青岛，再西折入陕西，再南迁汉中，真是游子走上了征途。假如没有日本侵略，做梦也想不到宵行夜宿在荒山僻野里。每当午夜梦回的时候，想起苍发的母亲和每一个家人时，就不禁泪洒莹然，感觉到国破家亡的辛酸。"云横秦岭家何在，雪拥蓝关马不前"，假设真有再大的雪，也阻碍不了我们的前进，因为我们有目的，抱着最后胜利的决心。

担任膳食委员会书记的佟学海随第一中队行动，据他留下的文章可知，第一晚，队伍宿大湾铺。大湾铺是一个小村庄，坐落在秦岭北麓的山沟里。佟学海说："大湾铺前有小河……水流甚急。"这条小河，应该就是清姜河。河上架着木桥，木桥是由三四根枯树干拼凑而成的，再铺上枯草沙石，身体肥胖的人过桥时，木桥就颤动不已，"行军锅及米粮均抬运过河，其困难可以想见"。抵达大湾铺时已是午夜，朦胧的月光下，师生及后勤人员就踩着晃晃悠悠的木桥过河进村。

在大湾铺休整一天后，第三天进入秦岭，宿东河桥。胶皮大车无法过岭，只得临时找来三头黄牛拉车，到凌晨3时方才抵达。幸而膳食委员会有人打前站，已在东河桥预存了大米二十包计六百斤，再加上向村民购买，"一餐困难度过"。

第四天经黄牛铺，宿草凉驿。从西安带来的锅饼已不够打尖之用，一面电请宝鸡购买送来，一面又在黄牛铺市上购买，但"竭全镇贩饼之人力物力连夜赶制，仅交足二百五十余斤"。

第五天宿凤县。

第六天宿双石铺。

第七天宿南星。南星是秦岭腹地的一个村庄，属凤县留凤关镇。由于运送给养的胶皮大车行动迟缓，跟不上队伍，师生们抵达南星后，无米下锅。校方找联保主任代为购集，但联保主任嫌麻烦，避而不见。幸好，一位小学教员主动出面帮忙，向当地农户一家家地零星收集，连他家仅有的七斤大米也一并凑上，总算没让师生们饿着肚子过夜。

第八天到达庙台子，庙台子的张良庙有着悠久的历史，飞檐斗拱，红墙黛瓦屹立于满目苍翠的山谷中。谷景耀回忆说："（张良庙）群峰耸翠，曲涧清流，风景极佳……院内花木清幽，十分整洁……地方森严，不收女客。"——自从建庙以来，临大女生是第一批被允许借宿的女性。

第九天宿留坝。

第十天宿马道。马道是褒斜道上的重要驿站，褒河从镇边流过，镇子就坐落在两山之间由褒河冲积而成的小平坝上。镇中心有一座雕像：一个骑着马的中年人，正在追赶一个骑着马的年轻人。雕像表现的，是萧何月下追韩信的故事——马道，相传就是这一故事的发生地。不过，师生们不可能见到雕像，它是前些年才有的。师生们见过的，是与雕像隔着褒河支流寒溪的那方清代石碑，碑上的文字是：汉相国萧何追韩信至此。

抵达马道，意味着汉中已经不远了。第十一天，宿褒城。在褒城，全体"暂驻待命"。佟学海的膳食委员会书记职责，也"告一段落"。

几乎所有学生和绝大多数教职员工都是以步行方式前往汉中的，只有一部分年老体弱或是扶老携幼的员工，选择了自费乘车南下。孰料，正是乘车的那部分员工，在留坝境内遭遇抢劫——其时，有二三十户员工及家属租了两辆汽车先行，车抵深山中的留坝，三声清脆的枪响后，汽车被土匪拦下。车门被打开，土匪持枪上车，一个个搜身。一个年轻女子手上戴着象牙戒指，土匪逼她取下来。紧张中，戒指取不下。土匪拿起刀，要砍断她的手指。女子忙说，别砍，别砍，我把手表摘给你。将所有人洗劫一空后，土匪们还要杀司机。理由是：我们响第一枪，你就该停车，为何不停？经教授们苦苦求情，土匪方才放过司机扬长而去。

令人伤感的是，农学院教授周明群和一名学生因体弱多病，经受不住长途跋涉的劳累，死于秦岭山中。

十二天里，师生们每日短则步行十几公里，长则步行三十几公里。"每天一出发，大队便唱起抗战歌曲，《义勇军进行曲》每天不知要唱上几遍。"沿途经过乡村城镇，居民们总是好奇地站在路旁围观，学生们也就趁机做一番抗日宣传。每晚，到了宿营地，通讯组马上收听新闻广播，并把国事要闻抄写后张贴出来，既让师生们了解最新动态，也让当地居民知晓山外巨变。

一个被坚定信念鼓舞的人，必将产生他自己也难以想象的力量。这力量，足以让人安贫乐道，足以让人在动荡的战争年代，弦歌不绝。不仅西安临大如此，整个抗战期间的内迁高校，从西南联大到浙大、武大、厦大、中大，莫不如是。

城固寻踪

从卫星地图上看，在深色的秦岭和大巴山之间，有一片浅色的块状地带，那就是汉中平原。它西起勉县，中为汉中市区，东至城固，面积约三千平方公里。在城固，湑（Xù）水河汇入汉江，顺着大巴山北麓东去，两水交汇，构成一个向左倒立的 Y 字，Y 字中间的半岛，就是城固县城。

城固县城老城区，即从前的市中心，矗立着一座建于康熙年间的钟楼，它神奇地躲过了日机轰炸和历次拆迁。钟楼下，向东南西北各分出一条大街。街两旁，大多是两层的木结构小楼，一看就有几十上百年历史。——就是说，当年，西安临大师生来到这里时，他们看到的房屋街市，应该和我现在看到的差不多。

清明节，天空中流浪着积雨云，小小的县城像泡在水里，湿淋淋的。街道不宽，人流亦少，唯有午间散学时，孩子们的花伞像蘑菇一样飘浮在雨中，叽叽喳喳的声音带给古老的城市一丝生气。我逆着人流走进了寂静的校园。在校园中心位置，几栋教学楼的包围下，有一栋显眼的黄色建筑。那是一座两层的砖木结构的小楼房。四周，翠绿的樟树和粉白的樱花环绕簇拥。

抵达汉中三天后，也就是 1938 年 4 月 3 日，国立西安临时大学更名为国立西北联合大学，简称西北联大。这意味着，西北联大与西南联大一起，成为彼时中国最大的两个大学联合体和十所主要战时大学之一。

西北联大的校区，分布在三县六地。三县即城固、勉县和南郑。如此布局，有它出于实际情况的考虑。三县中，城固是主体，除了医学院和农学院外，其余学院及校本部都设在城中的三个地方。农学院设在勉县武侯祠，可以利用汉水开掘沟渠从事灌溉。医学院设于南郑，因该地居民较多，方便民众看病。

5 月 2 日，西北联大在城固本部举行开学典礼。地方官员及全校师生与会，由李书田任大会主席。李书田在发言时回顾了西北联大办学的曲折经历，他说："回忆这次迁移所费达一月有奇的长久时间，全体师生徒步近千里的路程，过渭河，越秦岭，渡柴关，涉凤岭，从事这样的长途旅行，在我们学界，确是破天荒的大举动。我们对于沿途各地的风俗习惯，得有详细调查的机会，对于自己的身体健康，亦得到不少的益处。"

我在城固寻访的第一个地方是城固一中——那里，曾是西北联大法商学院旧址。黎锦熙、沈志远、许寿裳、徐诵明、曹靖华、罗章龙等著名教授曾在此授课，也曾出没于眼前这栋春雨中的小楼。罗章龙回忆说："法商学院，院内有古代枇杷树四株，红桂六株。桂树秋开红花，为他处罕见，池中有娃娃鱼。每逢冬季，枇杷花盛开，花香浓烈，闻数里外，其他花木亦繁……法商学院后院有公墓一区，凡本校教师从前方来到后方，身后都有妥善安葬，庶生老病逝各得其所，因此，教师服务精神振奋，临难不屈。"

小楼没有开放，无从进入，我只能透过幽深的门洞向里张望。院中，有一株大树，应该是当年种下的。那时，在这座回字形的校舍里，出没着一个全校个子最高、人称大汉的年轻人。他光头，赤脚着草鞋，大冬天里披一件灰布棉大衣。他像绝大多数流亡学生一样，"没有家，没有经济来源，不得不将日常生活放低到水准以下"。

这个气宇轩昂的年轻人来自山西定襄，蒙古族，名叫史承汉——我们今天熟知的是他的笔名：牛汉。为了考进心仪的西北联大，牛汉在城固一所小学代过课，并自学应试，先进入先修班（相当于预科班），后进入外文系俄文组。

法商学院的学生宿舍，是用当地丰富的竹子和稻草盖成的土坯房，虽阴暗潮湿，仍供不应求。牛汉和一二十个同学挤在通铺上，而另有一部分学生，连通铺也住不上，只能到城外租农舍。

西北大学法商学院 1940 级学生穆嘉琨回忆说："我报到后入住的宿舍很特殊。是间嵌在大宿舍与院墙之间的草顶房，四十平方米大小，西面是八张上下铺床打通而成的大通铺，东面是两个双人上下铺，共可住二十人，中间一个通道摆了几张书桌，几条板凳可坐数人，但无法看书做作业，晚上需要到大教室在汽灯下做功课。宿舍实际上住了十六人，有几个铺用来放箱子包裹等杂物。至于伙食，大家都是吃贷金，贷金不交给本人，统由校方会计部门按名册和伙食标准交办伙食的学生组织……每天伙食早稀饭，中晚米饭馒头，菜肴简单。"

　　另一篇发表于1946年的新闻报道，对西北联大在城固的艰难岁月，有过这样的描绘："小姐们也无复旧日的高跟鞋烫发的生活了，一件布大褂，必须维持到最后一秒钟，不到最后关头，是绝不轻言牺牲的。穿来穿去，真正确确实实做到了'以不变应万变'的原则。而袜子是只有冬天才穿，夏季完全是草鞋，刚来的人，似乎不惯，久而久之也就完全泰然了。冬天，大家却是一件大衣或棉袍，小姐们往往冻肿得像刺猬。然而，这并没有丝毫影响到他们的朝气，看见他们的破破烂烂，而又蓬蓬勃勃的气象，便会感觉到，这是真正代表中国民族的年轻一代。"

　　处境艰难却相信未来，因为他们年轻，就像牛汉在诗里写的那样：

　　　　他是一颗诚实的种子

　　　　埋在我们未来的发亮的世界里

　　　　有一天

　　　　会从戴着枷锁的世纪的土壤里

　　　　开放出哗笑的花朵

城固一中所在那条街，名为联大路。显然，它是为了让后人牢记这所筚路蓝缕的高等学府。像中国西部大多数小县城里的街路一样，联大路上车辆很少，行人也不多。中午时分，沿街的商铺，除了几家饭馆生意还不错外，其他的少有人问津。老板们坐在柜台后，要么玩手机，要么打瞌睡。

向城固一中东南边走上近两公里，我找到了城固二中。

和城固一中一样，城固二中的校园也整洁而新——换言之，除了前些年所立的碑，已经没有西北联大时期的痕迹了。当联大迁城固时，这里是文庙，教育学院及工学院部分年级设于此。宽大高敞的大成殿，是充当图书馆的不二之选，一大一小两间阅览室，可容纳一百五十多人。

不过，联大的图书馆，不仅座位不多，藏书也少得可怜，刚开始时，竟然少到只有两千多册。后来成为西北大学教授的陈宝琦，当时就读于西北联大，他回忆说："书太贵了，每晚要到图书馆去抢看参考书，许多人在门口等着开门，门一开大家就拼命挤，人小力小的就这么被拥出挤进后才被人推了进去。一进门又得眼快腿快地抢座位，放好书包又得挤到台前抢书。听课则人多座少，也得抢……"

城固县城内，西北联大的三个办学旧址，除了城固一中那座法商学院办公楼还保存完好外，其余均被岁月一一抹去。其实，早在1993年，李溪桥故地重访时，就发现"当年所建的一排排草房均已被一幢幢楼房所代替"。据说，二中校园里有一株银杏树，是"唯一的历史见证"。只是，我没找到。

1938年秋天，西北联大落脚城固半年时，童年的李溪桥随母亲从天津辗转来到城固读小学三年级。在如豆的油灯下听父亲讲故事，到隔壁联大话剧团看学生们排戏，跑警报时顺带偷挖一个萝卜做零食……这些几十年前的往事，李溪桥记忆犹新——而最伤感的记忆则莫过于"我的两个在城固出生的弟弟，一个长到一岁多，患了胃溃疡，一个只有几个月，患了肺炎，均因无药医治，眼睁睁地看着他们夭折了"。

距城固一中一公里多远的地方是县教体局大院，那里，曾是民国年间创办的考院小学的校园。当年，为支持联大，考院小学举校搬迁，联大本部和文理学院进驻。一年后的 1939 年七八月间，西北联大所属工学院、农学院、师范学院、医学院独立设置，组建为国立西北工学院、国立西北农学院、国立西北师范学院和国立西北医学院；文学院、理学院和法商学院重组为国立西北大学。从此，西北联大在存在一年多后撤销，进入五校分立、合作办学时期。

考察抗战内迁大学，它们有一个共同点，那就是不论置身何地——不管是四川、云南，还是陕西、贵州，或者广东、福建——总是主动因地制宜，积极学以致用。通俗地说，就是把它们的专业特长与当地实际相结合，并为当地解决问题。以西北联大及后来的西北五校来说，即如此。

西北大学校长刘季洪在任期间提出，"在可能范围内，因地制宜，注意西北地区各种资料进行研究工作"：中文系研究西北各地方言及民谣；历史系收集西北各省史料及古物；教育系与陕西省教育厅合作，改进教材教法；生物系做秦岭植物调查；地理系做汉中盆地地理调查；政治经济系做西北经济调查，编制物价指数……从西北联大落地城固开始，一系列经世致用的工作就从未停止，如化学系利用当地所产构树成功研制出一种洁白平滑的纸张，经过试验以裂化桐油制造出汽油；考古委员会主持对张骞墓的首次考古；教育学院举办各种社会教育培训班和小学教师暑期培训班；文理学院举办自然科学讲习班；工学院对五门堰水利工程进行测绘、修缮、保护，七十年后，该工程被列入世界灌溉工程遗产名录……

西北联大政治经济系教授彭迪先回忆说："（城固）是处在大后方的一个小小的偏僻而闭塞的城镇。自从学校迁来后，这个安静、偏僻而落后的小小城镇，情况就起了很大变化，逐渐地热闹起来。当时西北联大学生、教职工一千多人，迁在那里的师范

西北联大主持发掘的张骞墓

学院也有一千多人，加上其他一些学校，使这座陕西小城一跃而为'西北教育的中心'。"

特别值得一提的是李书田。李书田系原北洋工学院院长、地质学家。北洋工学院并入西北联大后，他是校常委之一。后来，由于办学理念分歧，他带着一部分追随者远走西昌，创办国立西康技艺专科学校，李书田称之为"自汉武帝设置越嶲郡之后首于斯地奠立农、工、医高教机关之基础"。在西昌期间，李书田两次派人对当地进行矿产调查。第二次调查时，绘制了后来的攀枝花地质、地形图，并发表了调查报告，为攀枝花铁矿的发现奠定了坚实基础。

古路坝的灯光

抗战时，内迁大学有三坝之说，即成都华西坝，那里有华西大学和齐鲁大学，地处大后方的天府之国，条件较好，称为天堂；重庆沙坪坝，那里有中央大学和交通大学，条件比上不足比下有余，称为人间；而西北联大所在的古路坝偏在大山沟里，条件最艰苦，称为地狱。

不过，西北联大人却不一定同意这种说法，比如赖琏就反驳说："古路坝并不是三坝中的地狱……相反的，古路坝还可以称为陕南深山中的'世外桃源'，不但气候不如关中严寒，就是附近的山水，也相当清秀，一点不像西北其他的地区。省会西安及离古路坝只有八十里的汉中，常常遭受敌机的空袭，而古路坝从未受到战争的波及。西北工学院所借用的天主堂，虽然不及华西大学那样美丽，可是它的各项建筑，都是坚固合用，朴实无华……有时身处鸟语花香之中，我几乎暂时忘却日常应付院务的烦恼。如果不是天空中偶然发现从黄河北岸飞来的敌机，员生们恐怕会忽略了外面正在进行着悲壮热烈的抗战。"

　　我是在清明前两天前往古路坝的。从城固县城到古路坝，峰回路转，渐渐由河谷平坝驶进了山区。不过，山并不高——这里只是大巴山北麓余脉，完全无法和秦岭相提并论。但是，山路蜿蜒曲折，区区二十多公里，仍然要行驶一个小时。而在八十多年前，只有一条几尺宽的小路，步行或坐滑竿，都要耗上大半天乃至一天。

　　站在古路坝高处眺望，八十多年前和八十多年后并没有多大区别——我眼前的景象，和一位当年亲历者的叙述大体一致："向周围看，只见些高山，向南望去，气象巍峨的，那便是有名的巴山，到天阴时，巴山便被云遮住，或者只看到云下的山腰。山上的树，虽然近来被人伐掉的已经不少了，但距古路坝稍远一点的山，仍可看到一片片的葱郁。"

　　古路坝是一个村子的名字。山弯里，有一方小而齐整的广场。广场周边，散落着一些民居。转过广场，沿着更加逼仄的乡村公路前行数百米，曲曲折折地上了一座小山。山上，便是做过西北联大工学院以及后来的西北工学院校园的古路坝天主堂。

　　关于古路坝天主堂，《城固县地名志》"古路坝天主堂"词条说：位于县城以南十三公里处的古路坝，在七里店乡境内……该教堂规模宏伟，为西北五省最大教堂之一，用人工将山顶铲平，上建楼房五百余间，雕梁画栋，极其精致，并建有地下室，所用木、石均系上品，楼房相连，犹如宫殿。

但我看到的那片被雨水打湿的建筑，无论如何也无法和《城固县地名志》中的描绘联系在一起。天主堂的确在一座小山坡上，小山坡也的确被铲平了，形成了一个足有上万平方米的平坝。

平坝最前方是一座墓，掩埋的是一个叫李圣学的主教。墓后，立着一尊耶稣的大理石像。墓与石像之间，杂乱的草坪上，石楠还未发出新芽，去年的红叶被风吹卷了，像一朵朵黯淡的火焰，把草坪背后那栋青瓦灰墙的老建筑映得略微明亮了一些——老建筑便是天主堂的大门，门楼上挂着十字架，架下是灰砌的字：天主堂。门侧有一块碑，上书：西北联大工学院旧址。

天主堂大门紧闭，挂着锁，像是许久无人进出。其后，是另外两栋保存还算完好的青砖小楼，只是早已人去楼空。穿过杂草丛生的草坪，我看到另一块碑：国立西北工学院旧址。碑侧，是一片残垣断壁，昔年的教学楼只余下了半堵砖墙。教室或办公室的位置，碗口粗的杂树肆意生长。仲春的寒雨一阵阵飘下来，平添了一份忧伤。

淅淅沥沥的春雨让我联想起一场更为寒冷的秋雨。那场秋雨下在八十年前的 1945 年 9 月 18 日，其时，日本刚宣布无条件投降一个月又三天。

两天前，英国著名学者李约瑟一行自西北大学出发，前往二十多公里外的古路坝。除了随行的两位女士雇有两乘滑竿外，包括李约瑟在内，一律步行。他们从早晨走到晚上，掌灯时分，终于来到了群山中的古路坝。当天夜里，月光清澈，李约瑟在月下散步，远处是云雾缭绕的大山，近处是飞舞的萤火，而错落在山间的学生宿舍散发出朦胧的灯光，学生们在做功课。

李约瑟认为，西北工学院是中国除了唐山工学院外最好的工程类高校。次日，他为师生做了两场讲座，并至少与三十多位教授有过或深或浅的交流。这些由于战火而不得不在深山沟里传道、授业、解惑的知识分子，给他留下了深刻的印象。在他的笔记里，他特意记下了几位代表：校长潘承孝，美国康奈尔大学高才生；余谦六，汉学家和物理学家；赵今声，港口工程专家；张国藩，航空工程专家；任尚武，纺织系主任；徐日新，造纸技术专家；刘凤铎，发酵工业专家……

两天后的9月18日清晨，李约瑟告别工学院师生返回城固。出发时天气晴朗，才翻过一座山，却开始下雨，转眼间竟电闪雷鸣，大雨如注。几尺宽的山路，很快被雨水淋得泥泞不堪。两名苦力扶着李约瑟，在崎岖的山路上冒着大雨一步步地艰难挪动……

和李约瑟一样因雨大路滑而困于古路坝和城固之间的，还有赖琏。——与李约瑟这个蜻蜓点水的过客不同，赖琏在古路坝与城固之间来回奔走了三年。

从古路坝到城固县城，要沿着山路北行，渡过江阔水深的汉水，尔后，经过县城西郊的一座庙宇：七星寺。这里，曾是工学院的分校，也曾是赖琏的办公地和居所。

1942年到1945年，西北工学院院长赖琏兼任西北大学校长，他说："两校相距四十多里，无论走路或乘滑竿，都需半天时光，我当然不能天天两边都到。"怎么办呢？赖琏看中了古路坝和县城之间的七星寺，那是一座"颇有江南风味的"庙宇，有大殿数进，僧房数十间。西北工学院在七星寺周边新建了几十间宿舍和十五间教室及十八间实习厂房，以及配套的礼堂、食堂，七星寺便成为西北工学院分部，一年级设于此。赖琏为了方便奔走于两校，他把"七星寺内一小庙，加以修葺，因陋就简"，"一边是我的办公室，一边是我三开门的小住宅。我和岳母妻儿都在这里"。这样，他向城内走十余里即到西大校本部，向南坐滑竿约四十里，便到工学院本部。

中国科学院及中国工程院双料院士、材料学家师昌绪于1941年考入西北工学院，他的大一生活，就是在七星寺度过的。他说："一年级开始在距离校本部四十里以外的七星寺上课。这是一个环境幽美、全新校舍、远离闹区的一片净土。我们这一年级被分成甲乙丙三班，我是丙班。在这一百多个学生中，只有几个女生，星期天都在上课做习题。虽然生活很苦，倒也苦中有乐，因为没有使人担心的琐事，一心只知读书。"

城固城区的生活已经非常艰难，僻在山中的古路坝更是雪上加霜。由于距县城有二十多公里，既无汽车可乘，也无钱坐滑竿，许多学生一年都不曾走出过古路坝。小小的教堂，以及围着教堂新建的一些茅草房和周边的山沟，便是他们的全部世界。——好在，还有不多的珍贵的图书为他们打开了眺望自由世界的窗口；好在，还有不少苦中作乐的小快活不时给艰难的生活一些抚慰。

每天的餐食里，每人有一份杠子馍——七个穿在一起的小馒头。有些同学将馍留下来，到了晚上，看书饿了，便到厨房讨一点火，"二三好友，就着烛光，烤着馒头，一层层剥，一层层烤，香味顿时弥散一间间宿舍"。

风和日丽的星期天,学生们将省下的干粮和剩菜带到山坡上,寻一把枯叶和几根树枝,生起火,就是一顿别具情趣的野炊。有时候,还能捉到几条小鱼或几只青蛙,更为野炊添了欢乐。黄昏时,从山坡上回校,一路高歌,"借以壮胆,也借以呼朋引类"。

古路坝街上有好些家茶馆,学生们最爱去的有两家。一到假日或考试之后,两个茶馆都门庭若市,"同学们泡上一杯茶,可以在那里待上几个钟头。一个人在那里可以看小说、读报纸,三五个人在那里海阔天空,古今中外,大摆龙门阵"。

古路坝逢集时,老乡们从四面八方赶来,小小的集市人头攒动,学生们虽然大多时候什么也不买,但到集市上走一走、看一看,总能排解长年"隐居"山间的寂寞。

街上有一家餐馆,是一个流亡到这里的河南人开的,叫大华食堂,生意最为兴隆,从最先只卖简单的面食,发展到后来承办酒宴,"成为方圆几十里内享有盛誉的饭店,也是唯一的饭店"。

对学生来说,大华食堂太高档,平素不可能去。即便偶尔去一次,也只能点一些相对便宜的菜,如腰花儿、肝尖儿或肉丝。但即便如此,偶尔的一次"高消费"也让他们兴奋不已,是他们大学生活中的"小确幸"。

西北联大五校中,西北工学院素以严格著称。学校规定,三分之一学科不及格要留级,二分之一学科不及格要退学。至于主科如数学,一门不及格就得留级。如是,一年级读完后不能升入二年级者高达三四成。其时,汉中警备司令祝绍周(后升任陕西省主席），亲自将女儿送到工学院先修班试读。结果，祝家小姐第一次月考就没通过，只得按规定退学。达官贵人子弟如此，遑论他人？是以七星寺古旧幽暗的庙宇里，激荡着一股青春的拼搏之气。由于图书馆座位太少，自修学生只好分成两批。一批凌晨2点结束学习，一批凌晨2点起床进馆。于是，令人感动复感伤的"趣事"发生了：孙海润回忆说，他当年是前半夜自修，他的上铺是后半夜自修。这样，整整一年里，哪怕是上下铺，他们居然根本没打过照面，更不认识。直到二年级时转到古路坝，偶尔闲聊，才知道他是"睡在我上铺的兄弟"。

八十年前的西北乡村，入夜便是沉沉的黑暗，除了偶有明月朦胧映照，大地宛如混沌未开。但是，七星寺是一个例外。入夜，远远望去，七星寺的灯光——汽灯之光、油灯之光和蜡烛之光——彻夜不熄，成为当地一个著名的地标：七星灯火。

七星灯火是一种象征，它象征着无论在多么黑暗的长夜，总有人试图用一炬微弱的光芒去烛照人生，烛照世界……

我曾多次开车翻越秦岭，逢山开洞的隧道和遇水搭桥的高架桥，让蜀道不再难。不过，那次从宝鸡到汉中，我特意选择了老路。这条路，是八十多年前那一千多名师生用双脚丈量过的。道路蜿蜒，曲如长蛇，在秦岭的沟壑间起伏。当气温从宝鸡城的37℃，陡降至山上的20℃时，劲风猎猎，盛夏里，竟有深秋的寒意。我在山顶停下车，抽了一支烟。远眺山下，公路延伸的山谷里，桃花、李花、梨花在细雨中开放。没有人家，更没有游客，它们依然开放得热烈、欢快，一丝不苟。对它们来说，开放，既是生命的本能，更是生命的必然……

南方之强：厦门大学的长汀时代

> 我们必须要有一所中国的大学，屹立在敌人面前。
>
> ——萨本栋

峰回路转，沙滩、洋楼、喧嚣的街市和带着咸味的海风都迅速被甩在了身后。

从负山面海的校园出发，我耗费四个多小时，驱车将近三百公里，翻越了三列基本平行的山脉：博平岭、玳瑁山和武夷山南段。最后，黄昏的夕光中，当蛾子与蝙蝠迎着夏日的微风竞相飞舞时，我终于看到了在照片上早就熟悉的那道大门。大门正中，悬一方匾，黑底黄字：国立厦门大学。其下括号内是一行白色小字：1937年—1945年。

这是福建与江西交界的一座小城，群峰耸峙，江流环绕，名曰长汀。大门在一条小街的背面，进门，两株侧柏高大挺拔，生长了一千多年。当年，那群从海边赶来的学子匆匆走进小城时，亭亭如华盖的侧柏，曾让学子们惊诧于它们的伟岸和葱郁。

十年树木，百年树人。转瞬之间，八载岁月在侧柏的凝视下倏忽而过，那所一度被断言办不下去的大学，在国破家亡的动荡岁月里，出人意料地逆风飞扬，实现了重重困境下的华丽转身。

陈嘉庚的理想

密集的枪声从西南方向传来，与园子里尖利的蝉声纠缠在一起，更添了几分烦闷与紧张。

这是 1937 年 7 月 11 日的清华园。这一天，时年三十五岁的清华大学物理系教授萨本栋行色匆匆地穿过校园，朝校门外走去。

其时，意味着全面抗战揭开序幕的七七事变刚过四天，日军正在加紧攻打北平。就在事变前一天，萨本栋接到教育部通知：他被任命为南方一所大学的校长。

那所大学在十天前才由私立改为国立，校址在距北平两千公里的东海之滨。

那就是厦门大学。

萨本栋并非厦门大学校长的第一人选。在任命他之前，有关方面最属意的是大名鼎鼎的胡适，其次是作家许地山——即入选小学语文课本的《落花生》的作者。不过，胡适婉谢，许地山另有安排。

萨本栋接受了任命，但他提出只干两年。——这一点，和竺可桢接任浙大校长时提出只干半年如出一辙。作为学有所成的学者，他们更希望回到书斋和实验室。然而，竺可桢的浙大校长一干就是十三年，萨本栋的厦大校长，一干也是将近八年。并且，就像浙大在竺可桢手中脱胎换骨一样，厦大也在萨本栋手中涅槃重生。

厦门岛北面，隔着一线浅浅的海峡，对面是集美学村。集美学村是一座三面环水的半岛。半岛东南方伸进海面的岬角上，有一座名为鳌园的园子——鳌园的得名，因其状如海龟。昔年，那里有一座妈祖庙，又称鳌头宫。我从背海的北面步入鳌园，穿过一条两侧墙壁上刻满浮雕的长廊，前方，纪念碑旁边，正朝大海的南方，有一座墓园。长眠在这里的，是厦门大学创办者陈嘉庚。

陈嘉庚墓旁，是以"桃李芳菲"命名的雕塑：一群人迎面走来，有老人，有青年，有孩子，他们或持书本，或挟乐器，或严肃，或活泼，像是被定格的历史的某一瞬间。雕塑所表现的，就是陈嘉庚在厦门兴办教育，给这座滨海小城带来的沧桑巨变。雕塑背后的一段文字这样写道：

> 本世纪初，爱国侨领陈嘉庚先生为振兴中华，倾资创办集美学校、厦门大学，乐育英才百千万；多年来，每年每月每日都有校友、师生前来瞻仰鳌园，缅怀校主嘉庚先生培育之恩，学习校主爱国主义精神和无私奉献品德，特树石雕像，永弘嘉庚精神。

是的，在厦门大学，无论是几十年前还是几十年后，人们在提起陈嘉庚时，总是充满敬意地称他：校主。

因为，他是厦门大学的缔造者。没有他，就没有厦门大学。

从地理上说，福建多山地丘陵，戴云山和武夷山及其众多支脉横亘起伏，不仅平原稀少，且路途难行，难以养活更多人口。仿佛是作为一种补偿，福建拥有漫长的海岸线，下南洋便是一种古老而又必需的生存方式。

陈嘉庚就是众多下南洋的福建人之一。陈嘉庚，又名甲庚，字科次，1874年生于福建同安县集美社（今厦门集美区）——他和丘吉尔、胡佛、毛姆、吴佩孚、黄兴、杨度是同龄人。陈嘉庚的父亲陈杞柏家有三兄弟，都到南洋经商。陈嘉庚的童年和少年时期在家乡集美度过。十七岁时，他漂洋过海，前往新加坡，在父亲经营的米店学习经商。以后，多年打拼，终成富甲一方的大商人。

与一般商人不同的是，陈嘉庚的理想不只是把企业做大做强，而是希望在经商成功后办教育，通过教育造就人才，拯救国家。陈嘉庚曾说："我国政府既不注意教育，国民复自顾私利，视财如命，互相推诿，袖手旁观，以致教育不兴，实业不振……国家之富强，全在乎国民；国家之发展，全在乎教育。"有鉴于此，陈嘉庚企图以一己之力办学兴教。他后来回忆说："生平志趣，自廿岁时，对乡党祠堂私塾及社会义务诸事，颇具热心，出乎生性之自然，绝非被动勉强者。"

今天，集美是厦门市下辖六区之一，民国时，则是同安县管辖的乡镇，称为集美社。陈嘉庚办教育的步伐，就从集美迈出——从1917年陈嘉庚派弟弟陈敬贤回乡创建集美中学开始，几年间，多所学校在小小的集美落地生根，既有中学、小学，也有师范，还有商业、水产、航海之类的专门学堂。

陈嘉庚的教育理想更为远大。在他看来，他所处的时代，"专制之积弊未除，共和之建设未备，国民之教育未遍，地方之实业未兴"，要想四者臻于完善，"非有高等教育学识，不足以躐等而达"。然而，其时的福建，"僻处海隅，地瘠民穷"，政府既无能力兴办高校，莘莘学子只能寄希望于出国留学，然留学费用巨大，只有极少数家庭能够承担。"长此以往，吾民岂有自由幸福之日耶"？尤其严重的是，"门户洞开，强邻环伺，存亡续绝，逼于眉睫，吾人若复袖手旁观，放弃责任，后患何堪设想"？陈嘉庚发愿说："鄙人久客南洋，志怀祖国，希图报效，已非一日，不揣冒昧，拟倡办大学校并附设高等师范于厦门。"

为了创办理想中的大学，1919 年，陈嘉庚把南洋的企业交由弟弟打理，他亲自回到厦门。

把校址选在厦门，并非因为这里与家乡一水之隔。更重要者在于，陈嘉庚认为，厦门"若合浙江广东沿海而言，则堪称为最中心的地位"；"又若大而言之，合南洋诸国，则更为中心的中心"。

按陈嘉庚设想，厦大所需经费，他本人固然出大头，但也希望向其他富商募捐，另有收益。1920 年 7 月 13 日，在厦门浮屿陈氏祠（即今天的集美大祠堂），他主持召开了发起人大会。陈嘉庚再次表述了他创办大学的动机："今日国势危若累卵，所赖以维持者，唯此方兴之教育与未死之民心耳。若并此而无之，是置国家于度外而自取灭亡之道也。"会上，陈嘉庚认捐开办费一百万，又承诺在此后十二年里再捐三百万做运营费。没想到，及后，陈嘉庚写信甚至亲自登门劝捐，也没能说动其他富商。这样，厦大的经费，只能由陈嘉庚独自承担：从创办时的私立到改为国立，陈嘉庚一共向厦大投入了九百多万。而这十几年间，他的所有企业的总利润，也不过八百多万。黄炎培感叹说："发了财的人，而肯全拿出来的，只有陈先生。"

1921年4月6日，厦门大学举行开学仪式。会场正中，悬挂着四个大字——这四个字，也是以后厦大在内迁年代里，一直恪守的——自强不息。由于校舍尚未建好，便暂借了集美学校的明良楼等房舍作为临时校舍。由是，福建省第一所大学、华侨创办的第一所高校就此诞生。

厦大创办时的首任校长为邓萃英。不过，由于与陈嘉庚理念不合，邓萃英在职时间甚短。他辞职后，陈嘉庚聘请到英国爱丁堡大学硕士林文庆接任。在厦大发展史上，林文庆是一个重要人物。他到职后，重新修订了厦大组织大纲，并确定了"止于至善"的校训，他提出："本大学之目的，在博集东西各国之学术及其精神，以研究一切现象之底蕴与功用，同时并阐发中国固有学艺之美质，使之融会贯通，成为一种最完善之文化。"

当年7月，厦大开始同时在国内及新加坡和马来西亚招生；9月，学生入学，计一百二十人。次年春天，第一批校舍落成，厦大由集美迁入新校园。由曾任厦大教务长的翻译家、出版家郑贞文作词，语言学家、音乐家赵元任作曲的厦大校歌，回荡在沐浴着朝阳与海风的海滨：

自强！自强！学海何洋洋！

谁欤操钥发其藏？

鹭江深且长，致吾知于无央。

吁嗟乎！南方之强！

吁嗟乎！南方之强！

自强！自强！人生何茫茫！

谁欤普渡驾慈航？

鹭江深且长，充吾爱于无疆。

吁嗟乎！南方之强！

吁嗟乎！南方之强！

初生的厦大既无名气，又僻处海隅，陈嘉庚及校长林文庆都深知它的短板，难以迅速跻身有影响的大学行列。为此，他们不惜重金，从各大名校礼聘名师。陈嘉庚参照复旦大学校长及教授月薪为二百大洋的水平，制定了厦大的薪资标准：校长五百大洋，教授四百大洋，讲师两百大洋，助教一百五十大洋，秘书七十大洋，事务员最低二十五大洋。——按当时银元的购买能力，五百大洋可买一栋大别墅，一个普通的五口之家，一个月生活费大概在二十五元左右。

高薪吸引下，不少知名学者、作家前往厦大。其中，就有我们熟悉的鲁迅。此外，林语堂、顾颉刚、郑天挺、姜立夫、沈兼士、杨树达、胡刚复、钱崇澍等知名学者都或长或短地执教于厦大。

厦大毕竟偏处闽南，其文化氛围与生活便利，自然无法望上海、北平和广州等大城市学校之项背。尤其是作为一所刚组建的新大学，师生并没有多少归属感和认同感，因而，流风所及，厦大发生了两次声势浩大的学潮。究其原因，大抵出于办学理念、文理科观念和门户之争，但"私立时期两次大的学潮，不仅震动全国学界，也使厦大创建数年间所取得的成绩，顿时化为乌有。刚刚走上正轨的学校，差点因此而倒闭"。包括鲁迅在内的不少知名教授纷纷离开——以鲁迅而言，他原本受聘两年，但只执教几个月就辞职了。一方面，他赞扬厦大校园"此地背山面海，风景佳绝"；另一方面，他认为，"此地生活也实在无聊，外省的教员，几乎无一人作长久之计"，"这学校花钱不可谓不多，而并无基金，也无计划，办事散漫之至，我看是办不好的"。

比名教授辞职和学潮更严重的是，才诞生几年的厦大面临关门的危机。1926 年，世界经济普遍不景气，陈嘉庚的企业也每况愈下。十年间一直生意兴隆、利润丰厚的陈嘉庚公司开始出现巨额亏损。以其主营的橡胶业来说，逐年亏损计一百多万元。面对危机，陈嘉庚的亲朋都劝他停止向厦大和集美学校提供经费。陈嘉庚坚决不同意，他说，"两校如关门，自己误青年之罪小，影响社会之罪大"，并且，大学"一经停课关门，则恢复难望"。可以说，如今已成百年名校的厦大和集大，它们曾经命若游丝，存亡只在陈嘉庚一念之间。

以后几年，陈嘉庚公司经营愈加困难，虽然他仍尽可能多地向厦大注入资金，但已入不敷出。在"宁可卖大厦，也要办厦大"的理念下，陈嘉庚的企业全部收盘。他将出让工厂所得的款项，除了支付债务外，全部投到厦大和集美学校。与此同时，在南洋有相当人脉的校长林文庆，多次远渡重洋，向南洋富商募捐，以吃百家饭的办法，让厦大得以继续生存。

生存虽无问题，但却是以裁院并系做代价的。1936年，当在国内享有盛誉的厦大教育学院合并为教育学系且并入文学院时，一时谣诼纷纭。坊间传说，陈嘉庚将抛弃厦大，林文庆将辞校长，厦大将关张。

风雨飘摇之际，陈嘉庚想到了唯一的出路：由私立转国立。陈嘉庚写信给曾任武汉大学校长的教育部长王世杰。信中，一方面，他表示自己因经济原因而使厦大"虎头蛇尾"，遂"抱憾无涯"；另一方面，他强调厦大是福建省唯一的大学，被全国各大学公认为海洋生物研究的中心，地位十分重要，"唯有请政府收办，不拘省立或国立均可"，他"愿无条件将厦大产业奉送，所有董权一概取消"。

一系列交涉和协商后，1937年7月1日，经国民政府核定，私立厦门大学正式改为国立，其经费列入财政预算。

私立转国立五天后，萨本栋被任命为校长。六天后，七七事变。

萨本栋受命于危难之际，交到他手上的，是一个烂摊子。

山那边是长汀

厦门大学思明校区东南边，即厦门岛南端，环岛路内侧，有一座草木蓊郁的小山，名为胡里山。胡里山上，逶迤的城墙，环绕着巨大的炮台。在厦门周遭，除了胡里山炮台外，还另有多处炮台。这些气象雄伟的炮台表明，厦门是一个兵家必争的海疆要地。

七七事变后，日军很快攻陷北平和天津。其时，几乎所有人都已经看出来，日本的野心，绝不会止步于华北，它迟早会对东南沿海发动攻击，它妄图蚕食乃至吞并整个中国。

7月11日离开北平后，萨本栋前往南京向教育部报到。尔后，于24日来到厦门，并在两天后接管厦大。

萨本栋发布的第一道重要文告是减薪——私立十六年来，无论经费多紧张，厦大从未拖欠工资。但改为国立才一个月，时局风云突变，日军猛攻淞沪，国民政府宣布全面抗战，对刚刚改为国立的厦大，一时无暇顾及。是以直到1937年8月底，厦大经费尚未到账。萨本栋一面致电教育部催款，一面东拼西凑，维持日子。他在文告里宣布，月薪两百以上的按六成支领，月薪在一百以上到两百的按七成五支领，月薪在五十一至一百的按九成支领，月薪在五十及以下的全额支领。至于校长，也就是他本人，按三成五支领。

比处理薪水更让萨本栋头痛的是迁校。8月13日，日军袭击上海，淞沪会战爆发，双方投入了超过一百万军队。24日，旅居厦门的日本侨民开始撤离。萨本栋明白，日军即将对厦门发起攻击，而地处厦门岛南端海滨，并与胡里山炮台毗邻的厦大，一定会遭到炮火袭击。

与厦大一路之隔的胡里山绿树成荫，山顶及山腰，林立着数十门火炮，最引人注目的那一门，重达八万多公斤，炮管长达十一米，那就是清末生产的克虏伯大炮。1937年9月3日，日军军舰炮击厦门，胡里山炮台的克虏伯大炮闻声迎战。刹那间，海陆之上，炮弹呼啸，吼声如雷。几乎和炮台一样处于前线的厦大校园里，师生们一下子感受到了战争的危险。于是，萨本栋决定，把学校暂迁鼓浪屿。

厦门大学西南边，隔着几百米水道，那座只有一平方公里多的小岛，就是如今已是厦门地标的鼓浪屿。1842 年鸦片战争后，厦门开放为五个通商口岸之一，英、美、西班牙三国在鼓浪屿设立领事馆。到 1902 年，鼓浪屿化身公共租界，更多西方国家在岛上设领事馆，修教堂，办学校，开洋行，鼓浪屿成为厦门最繁荣、最独特的地区。

今天，鼓浪屿上的厦门二中，当年分属英华中学和毓德女中，它们，就是厦大在鼓浪屿期间的栖身之地。

鼓浪屿虽是公共租界，但它本身太小，且处于海防前线，并非久留之地。按国民政府规划，厦大也要像浙大、同济等东南地区高校一样，迁往山高水远的西部——四川、贵州或云南。

但是，萨本栋提出了他的主张：把厦大留在福建。

之所以这样做，减轻迁徙路途太远的困难仅是一个方面。更重要的原因在于，萨本栋认为，当东南沿海的大学纷纷内迁，厦大只有坚持留在福建，东南各地的青年才有机会求学。所以，他提出：厦大应该迁到一个交通相对发达的地方，以便闽浙赣粤学生就读。新的校址还要有一个比较优良的环境，师生才能在乱世的刀光剑影下安心教与学。

福建省主席陈仪以及教育部同意了萨本栋的建议。但是，具体迁到福建哪个地方，才契合萨本栋的主张呢？

赣闽交界处的一座小城浮出水面。

那就是长汀。

长汀，又称汀州。汉代设长汀县，唐朝开元二十四年（736）设汀州，治长汀，是为福建五大州之一。此后直到清末，长汀均为州、郡、路、府治所。曾在长汀生活过的新西兰友人路易·艾黎把长汀与湖南凤凰相提并论，认为它们是中国最美的两座小城。宋代汀州知州陈轩有一首七绝，描写十分到位——一千多年后的今天，虽然长汀长大了也长高了，但基本格局依然和旧时相差无几——一川远汇三溪水，千嶂深围四面城。花继腊梅长不歇，鸟啼春谷半无名。

为什么选择长汀而不是其他闽西小城，这和厦大教务长兼文学院长周辨明有关——周辨明的父亲，早在19世纪末就在长汀一带传教，对当地十分熟悉。当萨本栋决定迁往闽西时，正是派周辨明前往长汀一带考察并打前站的。

长汀距厦门近三百公里，地处闽赣交界地带。这里群山环绕，道路崎岖，属于易守难攻之地，日军难以靠近——事实上，整个福建除沿海外，大多是山地，正因如此，福建才在东南半壁失守的情况下，如同孤舟出没于惊涛骇浪，大部分地区未被日军攻陷。

历史上的长汀曾是州、郡、路、府治所，是闽西中心城市，但大多数人对它仍然一无所知。毕竟，它离沿海口岸太远，离中心城市也太远，它是一座陷在大山里的小城。施蛰存描写说："长汀一带，没有名山胜迹，都是平凡的山岭，从来不见有成群结队'朝山进香'式的游客。山里永远是长林丰草，除了打柴采茶的山农以外，不见人迹，除了鸟鸣蝉噪，风动泉流以外，不闻声息。"

从海水拍岸的鼓浪屿到山深闻鹧鸪的长汀城，厦大师生必须渡过白鹭翔集的鹭海，必须翻越无数座大山，必须涉过无数条溪流。他们能依靠的，却只有自己的双脚。

经过二十天的长途跋涉后，1938年1月14日，厦大师生终于走进了古老的长汀。三天后复课，各年级学生共计一百九十八名。

中国的大多数县市都能看到文庙。而今，这些几乎都属文物的老建筑，最多时，全国计有一千五百多座。文庙既是祭祀孔子的场所，也是府学、州学和县学校址。贞观年间，唐太宗下诏，"天下学皆各立周、孔庙"，自此文庙遍地开花。到明清，几乎每一府、州、县治所，都有文庙的红墙黄瓦。

长汀客家博物馆里展示的几十年前的汀江码头

对那些因战争硝烟而不得不内迁的诸多大学学子来说，文庙，是一个亲切而安稳的存在。从浙大到西南联大，从同济到复旦，当然也包括厦大，几乎每一所内迁大学，都和文庙有不解之缘——当府学、州学和县学不复存在后，文庙往往因高大的屋宇、宽敞的庭院和居于市中心的位置而成为本地最重要的公共空间，而当纷飞的战火迫使学子们不得不另觅一处能放下一张平静书桌的地方时，文庙便是首选。

长汀城里，从汀江边的济川门到西北方的卧龙山麓，有一条主要街道，名为兆征路——几十年前，它的名字叫中山路。兆征路与南北向的横岗岭相交的夹角里，是当地人称为孔子庙的汀州府学文庙，即汀州文庙。汀州文庙斜对过，横岗岭一侧，是长汀县学文庙，即长汀文庙。就是说，长汀有两座文庙，一座是汀州文庙，一座是长汀文庙。

如今，汀州文庙虽因早年修建政府办公楼和学校被拆除了一部分，但棂星门、泮池和大成殿等重要组成部分前些年得以复建。至于长汀文庙，老建筑几乎荡然无存。那个夕光下的黄昏，当我穿过兆征路和横岗岭来到长汀文庙前时，我看到几米高的台阶处，就是老照片上那座熟悉的国立厦门大学的大门。不过，大门乃是十几年前仿建的——它致敬的，正是艰难条件下，厦门大学在长汀的峥嵘岁月。

当年，厦大师生从大海之滨来到山环水绕的长汀后，长汀地方政府把专员公署楼以及附近的监狱署腾让给了厦大。我看到过一张厦大办公室的老照片，是一栋两层的西式小洋楼，白色的墙壁，高大的罗马柱，楼前种有桂树等花木，看上去优雅漂亮。至于悬有"国立厦门大学"牌匾的大门后的大成殿，那是朱熹、辛弃疾和纪晓岚等名人曾经讲学的地方，因其宽大而改做礼堂。大成殿后面的崇圣祠和尊经阁等附属建筑，分别做了校长办公室、教务处、训导处、总务处，大成殿前面的名宦祠和乡贤祠，则充当了教室。——几十年后，老建筑被拆除，平整为中区小学操场。

和专员公署楼及长汀文庙一起提供给厦大的，还有汀州文庙隔壁的城隍庙。此外，同在中山路的长汀中学也让出部分房舍。当时，长汀有且仅有一家稍微像样的饭店，即长汀饭店，充当了包括施蛰存在内的教授们的临时居所。至于身为校长的萨本栋，他没有住进条件相对较好的长汀饭店，而是住进了一座小庙。多年后，我穿过横岗岭，沿着曲折的街巷，向着卧龙山方向寻找了足足半小时后，终于在一条破败的小巷里找到了那座小庙——仓颉庙。

这仿佛是一种暗示：仓颉是传说中创制汉字的人，据说，仓颉造字成功后，天雨粟而鬼夜哭。文字让人类文明得以代代相传，从而脱离蒙昧，"造化不能藏其密，故天雨粟；灵怪不能遁其形，故鬼夜哭"。一个执教鞭，以教化天下英才为己任的大学校长，庶几，也相当于另一种意义上的仓颉。在仓颉庙破败陈旧的木门旁，有一块褪色的红字匾牌：厦大校长萨本栋旧居。旧居里，简单地陈列着一些图文，介绍萨本栋的生平。破败逼仄的屋子，散发出一股腐败的霉味，让人忍不住倒吸一口凉气。我在屋子和小巷里盘桓了大半个小时，始终没看到一个人。天气闷热，半空中滚动着隐隐的雷声。

李约瑟的惊讶

1944 年 5 月 12 日，长汀城外，那条如同灰色长蛇般的公路，延伸在起起伏伏的群山之间，来往车辆十分稀少。大概中午时分，两辆车在飞扬的尘土中擦身而过。离开长汀的，是厦大校长萨本栋，他应美国之邀，前往美国讲学一年，顺带治病——萨本栋原本身强体壮，年轻时是有名的网球运动员，早在美国留学期间，就获得过美国高校鲍德温杯网球赛单打、双打冠军。就任厦大校长时，他年仅三十五岁，是所有大学校长中最年轻的。但是，短短几年高强度的操劳，他的身体垮了。前往长汀的，是英国学者李约瑟。抗战期间，在中国考察过多所大学和科研机构的李约瑟，不远千里，深入这座闽赣边界的小城，就是想看看被美国学者葛德石称为"加尔各答以东第一个大学"的厦大到底什么样。李约瑟住进了萨本栋位于仓颉庙的房子，可惜，他没能和萨本栋见上面，接待他的，是代理校长汪德耀。

横岗岭是卧龙山下一条南北向的小街，小街西北侧，如今的县住建局一带，曾经矗立着一座江西人修建的会馆：万寿宫。李约瑟用镜头定格了几十年前的万寿宫，虽然是黑白照片，却不难看出雕梁画栋衬托的巍峨宏阔。

万寿宫让李约瑟颇有几分惊讶——他不是惊讶于万寿宫精美的建筑，而是惊讶于附设在万寿宫的厦大图书馆。

原本，李约瑟以为，像厦大这种在敌军压境的窘迫下内迁的学校，其图书一定损失惨重。加之长汀地处内陆，沿海被封锁后，肯定难以购买图书，图书馆多半乏善可陈——他此前参观过的浙大和复旦便如此。李约瑟没想到的是，厦大图书馆不仅没有损失，而且还添购了大量新书和杂志，藏书量达到八万余册。

厦大图书馆出人意料地丰富，不仅使李约瑟惊讶，还令另一位大学教授艳羡。此人即施蛰存的朋友浦江清。

浦江清曾做过陈寅恪的助教，与朱自清办过《国文月刊》，是知名学者和诗人。1942年秋天，他应西南联大之邀，从上海前往昆明任教，途经长汀时，顺道拜访老友施蛰存——同时也见了萨本栋。求贤若渴的萨本栋恳请他留在厦大，并表示愿代他和西南联大交涉，浦江清"感其意，恳辞"。

施蛰存带着浦江清参观了这所青山之下、绿水之滨的临时大学，厦大图书馆藏书之富，给浦江清留下了深刻印象，他在文中写道："西文书，凡语言、文学、哲学、历史、医学、生物皆富；物理、化学、数学书亦可，而关于中国文学之书籍亦多，出意料之外。据云语言、文学为林语堂，生物为林惠祥所购，故有底子。人类学书亦富。中文则丛书甚多，地方志亦不少，顾颉刚所购，金文亦不少。又有德文书不少，自歌德以下至托麦斯·曼均有全集。尼采、叔本华全集英、德文皆有，亚里士多德有最新之英译本。"

与浙大或同济这种八年间多次搬迁、一路颠沛流离的兄弟学校相比，厦大只迁了一次，并且，早在得知日本从厦门撤退侨民时，萨本栋就预先做了迁校准备，下令将学校的重要文件、图书、仪器全部装箱。不仅大量图书和仪器完整搬家，到了长汀后，萨本栋多方争取经费，在图书仪器方面的投入从不吝惜，"厦大每年添购的中外书籍杂志却是国内大多数的大学所不及的"。

刚到长汀时，厦大图书馆其实很小，在校舍的右前部，内辟书库、阅览室和杂志室。当时，由于学生还未到齐，也未招收新生，图书馆虽小，但勉强够用。及至后来人数激增，原图书馆根本无法满足师生所需。于是，萨本栋将校舍后方龙山山麓的万寿宫加以改造，辟为新图书馆。万寿宫"面积大前数倍，经一度之修建，馆舍焕然一新，且环境优美，布置雅洁，分为中西文书库、阅览室、办公室、编目室、订购室、出纳处等，为便利教授研究起见，馆内特设中国文学、历史、教育、商业、经济等五研究室"。此外，还新建了一间平房，命名为嘉庚堂，作为学生自修教室。

丰富的藏书，为施蛰存的创作和翻译提供了有利条件，他说："所有藏书竟然毫无损失，全部内迁，我着实看了许多外国文学的各类好书，印象较深的是读到几本希腊诗，选择译了几十首，还有英译本的尼采全集等英文书，其中不少关于戏剧的。"

因此，哪怕地处敌后，但山深林茂的地理条件，使得小城长汀有如一条小小的诺亚方舟。方舟里，读书治学与经世致用仍然在不绝如缕地薪火相传。

在厦大实验室，李约瑟见到了周长宁博士。周长宁出自剑桥大学卡文迪许实验室——该实验室由著名科学家麦克斯韦创办，至今已诞生了三十位诺贝尔奖得主。在长汀，尽管周长宁四年没看到过新学术杂志，甚至连最基本的交流电也没有，无法使用少量的现有仪器，但他仍以他的方法从事宇宙射线的理论研究。

李约瑟还看到，化学系把一座监狱改建为实验室，以保证学生有地方做实验，他们从土酒里提取酒精，根据对数表原理制作计算尺和绘图纸。

大海之滨的厦大，海洋生物研究是其长项，早在1935年就组建了中央研究院海洋生物研究室，室主任陈子英系遗传学家摩尔根的弟子。播迁长汀后，陈子英因陋就简，利用能获得的海藻制作琼脂和抗甲状腺肿的药物。

长汀以产土纸闻名，但这种土纸只宜墨汁毛笔书写，不宜钢笔书写。化学系师生对土纸进行改良，研发出一种既宜毛笔书写也宜钢笔书写，还可印刷的新长汀纸，迅速远近畅销。

至于施蛰存，他经常泡在图书馆，借助藏书，翻译了几十首希腊诗歌和不下三十篇戏剧作品。他根据图书馆馆藏古籍，编成两本专著，一本是有关金石拓本的《金石遗闻》，一本是有关词学的《宋元词话》。

梅林、南寨和中山公园这些长汀的小地名，都出现在施蛰存笔下。人事代谢，河川变换，几十年后的今天，这些地方大多数都已和当年迥然不同，但有一些地名还在沿用，一些基本的地理景观还大体保存。行走其间，历史往事一幕幕在眼前闪现——

今天的南寨已是城区的一部分，几十年前，这里还是一片幽静的林子。自从厦大师生来到长汀，南寨便是他们散步、休闲和读书的好去处。

乌石巷一位九旬老人，童年时经常到厦大玩耍，而他外婆的家，正好在萨本栋居住的仓颉庙附近。八十多年过去了，谈起往事，老人如忆昨日——在他的记忆中，那个着长衫的中年人，看上去不像教授，不像校长，更像校工。他总是来去匆匆，和他的夫人以及两个孩子，住在两间小屋里。他的夫人在学校做义工，不拿一分钱。居所附近有一片空地，萨夫人就像当地人那样种上一些蔬菜，有西红柿，也有茄子。唯一不同的是，萨夫人在蔬菜旁边，还种了几株兰草和杜鹃。

炸弹下的日常生活

长汀城北面逶迤而过的卧龙山林木青翠，又名北山。初到长汀时，施蛰存暂住长汀饭店，"有二室，颇宽敞"。次年，厦大在北山脚下建成一批宿舍，施蛰存也搬进新居。新居开门见山，满山绿意争先恐后涌进门窗，施蛰存把他的书斋命名为北山楼。以后几十年，尽管他早就搬离长汀，并且多次更换居所，但他的书房，永远都叫北山楼，为的就是纪念在长汀的这段难忘岁月。

日军虽无法直取长汀，日机却经常骚扰。据统计，从1938年4月到1943年11月，日机出动七十八架次，十五次轰炸长汀，投弹五百多枚，民众死伤四百余人。其中，最惨烈的当数1943年11月5日。当天，二十一架日机分列七队，两次侵入长汀县城上空，投弹一百二十八枚，炸死四十七人，炸伤六十六人。日机轰炸时，有不少躲空袭的市民隐藏在一个山洞内。不想，一枚炸弹正好落在山洞上方，弹片、石块齐飞，藏在洞中的人被炸死、震死二十多人，另有十多人受伤。其中，"商会工作人员黄和初一家七口被炸死四人（夫妇俩及两个儿子），青年男子卢锡凯头颅被炸飞，只剩下一截身子。一个姓林的女子胸腹被炸烂，肚肠挂在体外。苍玉洞内外死伤枕藉，血流满地"。

草木葳蕤的卧龙山山腰，在厦大时期，矗立着一座大钟。这口大钟，既报时，也报警。山脚下，分布着四个幽深的防空洞。为了避免炸弹落到洞口导致洞中缺氧窒息，厦大把四个洞——打通。

施蛰存回忆说："为了躲避敌机轰炸，全校师生一起在山脚下打洞，挖防空洞。校舍在山下，每逢空袭警报一响，中文系师生群趋山上苍玉洞，踞岩穴间，议论上下古今，我有时带着书看。"

兆征路是长汀县城的一条主要街道，自西北向东南与汀江相交。东北侧是苍翠起伏的龙山，街道与龙山之间，是长汀一中。长汀一中校园里，有几株数百年的樟树，亭亭如华盖。时光倒退回几十年前，这里是一座公园，叫作中山公园——民国时，为了纪念孙中山，全国建了数以百计的中山公园。那时候，长汀中山公园后面，紧靠龙山之麓，有一条马路。马路蜿蜒于山腰，据当年厦大学生回忆，走在马路上，向下可以俯瞰中山公园，向上可以仰观山顶寺院。马路两旁，到处是高大的树木，樟树、柏树都有——如今长汀一中校园里留下来的那几株，与它们，很可能就是同一时间栽种的。由于环境清幽宜人，每天早晨，马路上到处都能看到厦大学生手执书卷晨读，也有学生在林子深处放声高歌。有时候，学生们还把马路当成跑道，在这里上体育课。这条马路本来没有名字，厦大学生私下里把它命名为霞飞路。就在霞飞路附近的龙山山腰，学校开凿了许多防空洞。由于空袭频繁，不少学生在没有课的时候，干脆就坐在霞飞路周边的树林里自习，这样，一旦听到警报，可以第一时间跑进防空洞，"就不必多次奔跑，且可以多利用时间读书。抑且处于山边的花光草色、泉声松涛之中，心情会更宁静些"。

刚迁到长汀不久，厦大师生听到一个令他们悲愤的消息，"厦门原校生物化学两院均遭炸毁，男生宿舍亦损伤两座"。萨本栋写信安慰陈嘉庚："先生为本校创办人，旧日规模，既受暴敌横加摧毁。继往开来，本栋不敏，自有恢复建设之责任。"据厦大师生回忆，每当警报响起，萨本栋总是最后一个进入防空洞；每当警报解除，他又总是第一个走出防空洞。日机十五次轰炸之下，厦大师生无一人伤亡，仅有校舍被毁。

关于长汀期间学生的日常生活情况，1946年，一个学生曾有过文章记述，他说："因为功课关系，我们都起得很早。我平时都是在五点半以前就起来了，操作一刻钟的机械运动，读一两页的英文，就是进早餐了。第一节的功课是从六点钟开始的，每节五十分钟，文法二院的功课多半是集中在上午的时间，商学院和理学院则因实验和实习比较重要，下午也很忙。我为使自己的注意力集中起见总是坐在第一排的座位。有几科功课，课后我还做整理笔记的工作，留作永久的纪念，供以后参考之用。在没有课的时候，我总是到阅览厅里去看书阅报。"

曾留学英美等国的周辨明教授总结说："从十里洋场的厦门，到七闽穷僻的长汀；从雕栏石砌的高楼大厦，到画栋剥落的破败庙宇；从贵族到平民；从繁华到朴素；这中间，转变得太可惊人了。不过这一转变，对于重生的厦大，却是十分有利的，这种经验可以说是有钱没处买的。"

萨本栋校长

考察民国时期的大学，我发现，校长们大抵有一个共性：他们都是各自专业学有所长的优秀学者——如竺可桢是气象学家，王世杰是法学家，韦卓民是哲学家，萨本栋则是知名物理学家和电机工程专家。

萨本栋，字亚栋，1902年生于福建闽侯，蒙古族。

1913年，萨本栋考上清华时，他的同班同学有闻一多、罗隆基等现代史上的著名人物。后来，萨本栋赴美留学，先后获斯坦福大学工学学士和麻省伍斯特工学院博士学位。回国后，他在清华执教九年，直到被教育部任命为厦大校长。九年间，他的弟子中，后来成为顶尖人才的有王淦昌、钱三强、钱伟长、翁文波、王竹溪等人。他的《普通物理学》乃是中国最早出版的用汉语撰写的高校教材，几十年后，李政道还记忆犹新地说："我读大学的时候，我读的《普通物理学》一书就是厦门大学校长萨本栋先生著的。在当时，那是中国国内学习自然科学的大学生都要读的课本，这本书对我一生都有很大的帮助。"尤其难得的是，在萨本栋这样的人身上，总是具有一种平易、宽容的气质。这种气质，使他们既能开民主之风气，又能倡自由之精神。

1943级中文系学生朱一雄回忆说，在长汀上厦大时，他酷爱绘画，入学不久，就创作了五六十幅作品。有一天早晨，他没征得学校任何人同意，自作主张把学校礼堂的东西全部搬走，然后陈设他的作品。就在他正忙活时，萨本栋和教务长谢玉铭进来了。萨本栋看到礼堂里陈列的画，有些愕然，问谢玉铭：我不是说要在礼堂给同学们讲话吗？怎么会有人在这里办画展？这是哪里来的画家？是什么人？谢玉铭看了看旁边的介绍说：牌子上说他叫朱一雄，应该是一年级的新生吧。朱一雄听了，忙上前道歉说对不起，我不知道校长要用礼堂。

对这个莽撞的学生，萨本栋没有责怪，更没有让他终止画展，而是微笑着说，让我看看你的画吧。于是，"三个人在画展的许多画的前面走了一圈，萨校长在门口的签名簿上写下几行字，'成功不能靠十分的天才，但要靠九十分的努力'"。写完，萨本栋要谢玉铭通知学生，"不开会了"。几十年后，朱一雄垂垂老矣，仍对几十年前那个早晨发生的这一幕印象深刻。他总结说："校长不仅在知识、技能方面教导我们，更让我们感受到最特殊的爱的教育。"

在厦大学生的回忆中，萨本栋的形象更为丰满。长汀不通电，学生自习只能就着油灯，萨本栋便将政府配给他的小车的电机取出来，改造成发电机，为教室和图书馆供电。亲历此事的厦大学生陈兆璋回忆说："内迁各大学的学生都在豆也似的油灯下看书，而我们仍有电灯设备，实是不可多得……"只是，从那以后，萨校长到省政府临时驻地永安开会时，只能坐用木炭做动力的客运班车，短短一百多公里，来回耗时三天。1946级机电专业学生葛文勋回忆说："每当电机过载，灯光晕黄欲灭的晚上，就可以看到萨本栋扶着拐杖，从仓颉庙宿舍，走向跑道终端的电机木屋，亲自和技术员一起拿着扳手，动手调修发电机和引擎。他那弯曲的背影，在同学们的心上映出一个无私奉献的代号，告诉我们'伟大的人'不只在历史上存在。'伟大'就在我们面前。"

长汀地处内陆，但有汀江和外界沟通。与其他内迁大学所在地相比，长汀的物价更便宜，生活相对方便。一个学生在信中告诉亲朋说："长汀并不如我昔日所想到那样荒僻，夹在汀江中的水东街，那里日常应用东西都有，沪、粤制造的杂货，外洋的装饰品，靠着南流的汀江转运，都得输到市上来。"

不过，好景不长，随着抗战进入相持阶段，厦大师生在长汀的生活水准日益降低。当年的档案上说："半数以上学生籍贯战区，其余学生因受战事影响亦多清寒，日常生活颇为简陋，男女生全数住宿校内，膳食由训导总务两处及学生代表组织委员会主办，每月膳食较在外就食廉价三分之一。总之，长汀期间，厦大师生的生活水平与迁校前相比，无异于霄壤之别。"

为此，萨本栋派人到稻米产区，用较低价格购回糙米，又让食堂用黄豆自制豆腐，以补充蛋白质之不足——长汀向来以豆腐闻名，早在厦大迁长汀前数年于长汀就义的瞿秋白有一句名言：中国的豆腐也是很好吃的东西，世界第一。

厦大学生中，不少人来自沦陷区，或与家庭失去了联系，或虽有联系但家中无法提供经费。对这些没有经济来源的学生，萨本栋争取到了政府发放的贷学金和社会各界的救济金。一度，厦大靠贷学金和救济金生活的学生高达七成。获得贷学金的学生，在食堂吃饭只须登记，不用付钱。等他们毕业时，由于法币贬值，他们欠下的贷学金已经微不足道，不用再归还了。

那位冒冒失失在大礼堂自办画展的朱一雄，画过许多以厦大生活为题材的作品，其中一幅叫《萨本栋病中授课》：云岚轻浮的北山下，一间木屋里，几个学生围着萨本栋。萨本栋坐在椅子上，手指着黑板，正在讲课。

萨本栋是校长，本身有繁忙的行政工作，原不用上课，但他不仅亲自上普通微积分、微积分，还代开过普通制图学、机械制图学，而且在个别课程无人讲授时，他总是亲自代课，故而师生戏称他是 O 型代课者——像 O 型血一样，是万能输出的。

校长的严谨自律以及无私付出，深深地感染着厦大学子。后来，有厦大学生潘懋元回忆说："抗战时期，厦大最令人怀念的，是当时良好的学风。学校山坡上，树林间到处都是用功读书的学生。教室是简易的木板房，教室里似乎总有学生在学习，学生们夹着笔记本匆匆进出。"

年近百岁的潘懋元动情地说："我见到萨校长时，他三十九岁，但是腰已经弯了。到他 1944 年离开厦大赴美治病时，已经像我这样需要拿着拐杖走路了。正是在他的精神感召下，长汀时期的厦大师生在艰难困苦中展现出了一种坚忍不拔、自强不息的精神。"

1944 级毕业生陈华回忆说："萨本栋校长具有爱国者、教育家、科学家的特质，他身上有一股磁铁般的力量，把我们吸引到他的周围。他像一团火，点燃了我们每一个人，他是抗战时期厦门大学共同体的灵魂和核心。"

厦大的反哺

山明水秀的长汀收留了漂泊的厦大，而厦大也反哺了长汀。——就像浙大反哺湄潭、同济反哺李庄、东大反哺三台、华大反哺喜洲一样。

尽管长汀是一座有着辉煌过去的历史名城，曾是州、郡、府、路治所，是张九龄、辛弃疾、陆游、徐霞客驻足过的文献之邦，但偏僻的地理位置和层层大山的包围，决定了它在八九十年前的 20 世纪 30 年代，仍然是一方远离现代文明的蒙昧之地。

厦大在长汀的立足扎根，以及长达八年的弦歌不辍，一步步地改造了这座原本落后于时代的小城。

首先是教育。厦大迁长汀前，长汀仅有一所初级中学和若干私塾，而在厦大读书的，无一名长汀子弟。厦大到来次年，长汀的现代教育迈出了迟到却必需的第一步：原有的初级中学扩充班级，增办高中；新办长汀县中，由厦大毕业生兼课；小学大量开办，私塾绝迹。中、小学而外，还先后兴办了商业、工业、农业和师范等职业学校。到这些学校担任教师和校长的，大多是厦大毕业生。比如长汀县中，首任校长即厦大学生潘懋鼎。至于考入厦大的长汀子弟，也实现了零的突破，并逐年增加。在这些学校兼课的厦大学生，把厦大勤奋务实的学风也带到了兼课的学校。如厦大学生每天清早有到卧龙山的林子中早读的习惯，汀中等校的学生也跟着养成了这种风气。

如果说开办学校旨在教育子弟，使其成材的话，那么，厦大经常举办的演讲会、辩论会、展览会和游园活动，则面向的是普通民众，这种春风化雨的文化普及，在文盲率高达七八成的长汀，足以改造一代人和一方天地。

其次是文化。厦大来到长汀前，长汀没有任何出版机构，也没有报纸。所有新闻，大抵靠道听途说。一开始，厦大由学生轮流通过收音机收听新闻，记录后抄写成大字报，张贴在十字街头，是为长汀最早的"新闻纸"。及后，厦大创办了《唯力》《厦大通讯》《汀江日报》《巨图》等报刊。其中，《汀江日报》畅销闽、赣两省，后改名《中南日报》，由厦大校友罗翰君运营。《中南日报》每周有多个学术副刊，均由厦大教授主持。《巨图》作为文学刊物，作者以本校师生为主，也向外约稿，知名作家和诗人如夏衍、秦牧、魏金枝、李金发都曾在《巨图》发表过作品。

创办报刊外，厦大还成立了社会教育服务处，负责向民众提供免费阅读的报刊，接受民众各种咨询，并为民众代写文书。厦大还组建了多个剧团，在长汀城乡公演话剧，教唱歌曲，以及举办邀请长汀民众及驻地美军参加的各种体育比赛……诸种在长汀历史上从未有过的新生事物，经由这群风尘仆仆的学子从远方带进来，古老而封闭的长汀，如同婴孩般睁开了好奇的双眼：山外的世界啊，原来，是另一番模样。

再次是经济。长汀城区本属弹丸之地，厦大数以千计的师生及家属入驻后，连续数年间大兴土木，一栋栋房屋在卧龙山下拔地而起，一直向东延伸到乌石巷口的汀江河畔。这些建筑除校舍和宿舍外，更有此前长汀罕见的实验室、图书馆、发电厂、实习工厂以及篮球场。短时间里，长汀城区扩张了近一倍。对此巨变，厦大中文系教授郑朝宗在散文里说："小山城一眨眼变成了初具规模的文化城……莘莘学子不远千里，来自闽、浙、赣诸省，弦歌之声响彻山城。"

与当地大多数家无隔夜粮的升斗小民相比，厦大师生尽管也不算富裕，但基本生活尚有保障。上千人的各种消费，极大地刺激了长汀的经济。汀州文庙正对面，是一条名为店头街的老街，从城中心直通汀江边的惠吉门。这条如今已成为长汀网红打卡地的步行街，数百年来就因地处城中心且又沟通市区与码头而成为最重要的商业街。厦大的长汀时代，宽不盈丈的店头街，是厦大师生日常消费的主要区域。遍布街面的小吃店、小卖部、小酒馆、小书店，那时候，三三两两，大多是操着外地口音的厦大师生。

对长汀的这种变化，早在1940年，厦大的一位学生就写道："全年十数万的金钱，也都在长汀的市场消费了，于是长汀的市场繁荣，各项崭新的建筑出现了，从断瓦颓垣的荒址上矗立起新式的洋房，在民众们古老因袭的中式建筑中，起了绝大的变化与影响，其他如新式公园之开辟，清整旅社之成立，旧式马路之改造，虽为县政当局之努力功绩，而母校之帮助与影响，亦为不可否认之事实。现在这七闽穷处的古老荒废的长汀，具备了新兴都市的气象了。"

最后是思想。虽然中国大半河山被日军占领，但长汀毕竟未受日军直接侵略，普通民众对外敌并无切肤之痛，仿佛抗日也是相当遥远的与己并无太大关系的他乡之事。厦大来到长汀后，通过演讲、戏剧、歌咏、座谈、辩论等多种形式宣传抗战。这些长汀大多数民众此前闻所未闻的活动，简单、直接、有效地使民众觉悟、觉醒。厦大学生许荣度在一次演讲后总结说："这一天的听众很多，每一条长汀较为热闹的街道都挤满了人，每一个听众都用好奇的眼光倾听着，整个长汀城陷在怒号咆哮的声中，这是抗战以来古长汀的第一次警钟，这警钟震动了成千上万的长汀同胞，全长汀在抗战序幕中永远地觉醒了。"

它相当优秀

抗战全面爆发后，中国高等教育何去何从，曾是一个见仁见智的问题。不少政府官员、大学校长、教授都参与了这场大讨论。

一派认为，高校应服务于抗战，国家危难之际，高校当停止日常教学，投入到抗战中。如张治中在长沙临时大学演讲时，愤怒地质问在场学生："际兹国难当头，你们这批青年，不上前线作战服务，躲在这里干什么？"

一派认为，哪怕国家处于危难之际，但教育作为国家长线事业，对战后国家的重建将有重要作用，因此应保存实力，战时仍坚持办学。如重大校长胡庶华说："现代战争是参战国整个民族知识的比赛和科学的测验，大学的使命是高深学问研究和专门人才培养。纵在战时，仍不能完全抛弃其责任，否则不妨直截了当改为军事学校。"

后一种观点，得到了包括官方在内的更多的认同。战时须作平时看，纵使山河破碎，但大学的任务，仍在于高深学问的研究和专门人才的培养。

这显然也与萨本栋的理念一致。抗战期间，他经常对学生们讲的一句话就是："未到'最后一课'的时候，应加紧研究学术与培养技能。"

潘懋元回忆说："我进学校之后听他第一次报告，他就对我们新同学说，我们中国抗战必成，抗战一定胜利，所以我们现在培养的是建设国家的人才，是战后建设国家的人才。"

"宁可放弃量的发展，以谋求质的改进"——这是萨本栋作为厦大校长的办学方针。长汀期间，厦大从抗战前的三个学院九个系，在校生不到三百人，发展到抗战胜利时的四个学院十五个系，在校生超过一千人。为厦大学生授课或讲座的先生名单上，一大串影响深远的知名人士赫然在列：马寅初、李四光、朱家骅、华罗庚、王亚南、卢嘉锡、施蛰存、林庚、郑朝宗、郭大力……到长汀小城里为厦大师生传道的，不仅有中国学者，还有不少外国学者，其中著名的如《中国科技史》作者李约瑟、美国地质专家葛德石、英国纽卡斯尔大学教授雷立克特等。

八年里，从厦大走出去的学生计五千余人。五千余人中，出了院士十六人，大学校长六人，至于优秀的专家、学者、教授、企业家则数以百计。1940 年和 1941 年，在教育部举行的全国性专科以上的大学学生学业竞试中，厦大均名列第一。

1940 年 11 月 9 日，陈嘉庚来到长汀，在听取萨本栋的汇报后，他走遍了长汀厦大校园，走进课堂、宿舍、食堂、实验室、图书馆，和师生深入交流。临走，陈嘉庚感到十分满意，"厦大有进步"，"比其他诸大学可无逊色"。教育部长陈果夫认为，"厦大困处长汀，辛苦奋斗，校务蒸蒸日上"。国民政府的一份巡视报告则说："迁至长汀之厦门大学，为粤汉路以东仅存之唯一最高学府，上年经费不过二十万，但厦大今已成为国内最完备大学之一。"

简易但美观耐用的战时校舍、内容丰富的图书馆、学术活动密集的理学院、学以致用的办学精神，让李约瑟在拜访厦门大学

原址复建的长汀厦大正门

后印象深刻。及后,他在《自然》杂志上赞美厦大:"它相当优秀,与远在中国西部的四所好大学相较,殊无逊色。"有论者认为,厦大迁汀八年,"不仅在规模上有较大的发展,而且在质量上有显著的提高。在校舍、图书、仪器、师资力量来看,在战时全国各大学中可算是比较好的"。

1946年6月,当厦大告别暂居了八年的长汀重返厦门时,长汀各界人士送给厦大一块匾,匾上的四个大字,是对厦大长汀八年玉汝于成的总结,也是对包括萨本栋在内的那一代厦大师生的礼赞:南方之强。

任厦大校长时,萨本栋提出只做两年,事实上,他干了整整七年。七年的殚精竭虑与鞠躬尽瘁,严重损害了他的健康。七年前,他还是网球场上闪跳腾挪的运动员,七年后,他已身患多种疾病,甚至连抬头挺胸都困难。不过四十岁,就已头发花白,要拄着拐杖行走。

1944年，在美国和英国讲学一年后，萨本栋回国，但没有再回他曾呕心沥血的厦大，而是在中央研究院担任总干事兼物理所所长。1948年3月，中研院选出中国有史以来第一批院士，数理组二十八人，生物组二十五人，人文组二十八人。这八十一人中间，有一个，就是萨本栋。然而，此时的萨本栋已经病入膏肓——他被查出胃癌晚期。1948年12月29日，萨本栋前往美国治疗。一个多月后，病逝于美国旧金山。临终前，萨本栋要求夫人在他身后把骨灰带回中国，送给清华、中研院或厦大——他一生所服务、所忠诚的三个机构。

噩耗传来，厦大师生为他们的校长举行了隆重的追悼会。追悼会告示上写道："萨氏平生治学精深，关于物理学及电工学颇多发明，著作丰富，硕誉满国内外。处事尤负责认真，凡所主持之事，莫不全力以赴、鞠躬尽瘁，致积劳成疾，复以时局艰难，忧劳加剧，终致不起，享年仅四十七岁，实为我科学界一大损失。"

是为盖棺论定。

去美国前，萨本栋回了一趟老家。他的老家在福州三坊七巷的朱紫坊。萨氏家族中，既出过萨都剌这样的著名诗人，也出过萨镇冰这样的高级将领。1902年，萨本栋就出生于萨家大院的某间卧室内。一百多年过去了，我走进幽暗而深邃的大院，市声远遁，空庭寂寥。午后的阳光透过雕花木窗射进来，落在天井中的青苔上，有如梦境。是的，一代人早就走完了他们的悲欣人生路，一个时代也早就弹指而逝。只是，在回忆与追思中，故人和故事或许还会带来经久不息的感动、感慨和感伤……

同舟共济：在路上的同济大学

纪增觉

1937年11月底，原本宁静的浙中小城金华突然热闹起来。同济大学助教纪增觉上街时，总是不断碰到同学和熟人。他们要么来自业已沦陷的上海，要么来自岌岌可危的杭州。几天后，学校突然宣布停课，全校迁往赣州。——其时，同济师生刚从上海租界来到金华一个多月。

纪增觉打听了一下行程，得知从金华到赣州，通常路线是先乘浙赣线上的火车到南昌，再从南昌坐木船溯赣江而上。不过，兵火年代，火车运行极不正常，而南昌至赣州是逆水，区区数百公里，估计需耗时一个月。

纪增觉左思右想，决定另辟蹊径——他花十五元法币，在金华买了一辆旧自行车。按当时物价，十五元能买五十斤大米或两条半白吉牌香烟。纪增觉打算骑这辆旧自行车去赣州。与他同行的，还有一位叫李国豪的同事。

12 月 13 日，南京沦陷。几天后，消息传到金华，"人心受到极大震撼"。20 日，纪增觉出发了——除了他和李国豪，临时还有一个大三学生加入。三个年轻人，每个人身上只有二十元法币。纪增觉的全部行李，包括一件大衣、一条床单、几件换洗衣服和一本地图册。

那时，金华到南昌的公路，与今天路线基本一致。只不过，没有裁弯取直前，要比现在多出一百多公里，途经兰溪、龙游、常山、上饶、弋阳、余江和进贤七地。五百二十公里的路途，他们走了七天，平均每天七十多公里。按理，自行车速度应该比这快。他们之所以缓慢，乃是出于安全考虑，必须未晚先投宿。每天，遇到合适的落脚点，哪怕天色尚早，也得停下来。

三个年轻人除了在上饶住过一家稍微像样的旅馆外，其余时候，都住在极为简陋的大车店，甚至到寺庙借宿。很多年过去了，纪增觉还记得与寺僧一起吃过的两顿斋饭，饭桌上下饭的，只有一盘用盐水渍过的柚皮，"苦涩难咽"。

衢州郊外，他们遭遇了一群从前线溃逃的伤兵，伤兵拦住他们，要"借"自行车。三个青年没敢停车，用力蹬着车子落荒而逃。

到了南昌，路程才走了一半。连遭几次日机轰炸后，原本热闹的省城变得冷冷清清。休整两天，他们继续赶路——大三学生离去了，只余下纪增觉和李国豪了。

南昌到赣州的公路与自南向北流淌的赣江平行，两辆自行车沿着江岸，逆着江水的方向向南而行，渐次进入赣南山地。初冬，江南多雨，越往南走，公路建得越差。泥泞的公路上，两个人、两辆车挣扎着走了九天，途经清江、八都、吉安、泰和和遂川，终于来到四百五十公里外的赣州。

1938 年 1 月 10 日，纪增觉走进了宋代城墙拱卫的赣州城。同济大学设在城内镇台衙门，即今天的郁孤台公园北侧。不知初到赣州的纪增觉是否登上了差不多等同于赣州地标的郁孤台。若他登临的话，可以肯定，望着滔滔逝水，想想国土沦丧，多年前辛弃疾的诗句必然会涌上心头：郁孤台下清江水，中间多少行人泪。

同济迁到赣州的头四个月，由于江西尚未直接受到战争波及，赣州局势还算平静，同济师生也能比较安静地上课。

整个同济大学分为大学、中学和高工三部，它们全都挤在镇台衙门，高工部与大学部之间由一个小院子隔开，与中学部之间由一个大操场区别。赣州尚未通电，学生晚上自修，教室里备有汽油灯，也还算明亮。不过，九点一过，汽油灯就要收走，而散居在城内各处的学生，如果没有提前预备火把的话，就只能摸黑回去了。

有一天，在街上，纪增觉邂逅了一个熟人，熟人是一个德国女子。她和丈夫一起，也刚刚从金华赶到赣州。不过，他们是坐车来的。——在同济大学，曾有过为数不少的德籍教师及职员。因为，同济大学的滥觞，就得从德国说起。或者说，同济大学，和德国有着极其深厚的渊源。

1870 年，普鲁士在普法战争中击败法国，次年，完成了德意志的统一并建立德意志帝国。作为列强中的后起之秀，德国急于在东方扩大影响。1892 年，德国驻香港领事布德勒尔向德国政府报告说，在中国的英国和美国传教团医生人数远远超过德国。他建议，德国也要像英国一样派遣一些德国医生到中国，如是，将"有益于我们的商业利益"。

1899年，德国驻上海总领事克纳佩提出："当务之急是让德国、德国人和德意志气质适当参与对中国改革的影响。"

德国驻重庆领事贝特克则说："应该鼓励中国人在医学和卫生保健领域里进行改革，应该在实施这样的改革中通过德国医疗的宣传达到利用德国援助的目的：聘用德国医生，购买德国工业品，并且让他们的年轻人在中国的德国医疗专科学校或在德国学习医学和卫生管理……增加德国文化和政治的影响。"正是在这些人的推动下，德国决定向中国派出医生，开办医院及专科学校。

1900年，德国人宝隆在上海创建了一家有二十张病床的医院，医院由中德双方合作，取同舟共济之意，命名为同济医院，宝隆任院长。最初几年，医院为华人诊治时，只收药费，不收诊费，上海县每年拨银五百两作为补助。这所如今看起来非常微型的医院，如同一条波澜壮阔的大河的源头，乃是同济大学的起始。

同济医院开办后，声誉日隆，每天前来诊治的病人络绎不绝，从最初的每天几十人发展到后来的每天上百人，医护人员严重不足。于是，宝隆打算为医院附设一所德文医学堂，招收中国学生——克纳佩恰好此前也想过在上海办一所德国医科学校。二人不谋而合。

1907年，一所名为同济德文医学堂的学校在上海创办，宝隆出任校长。1912年，同济德文医学堂增设工科，更名为同济德文医工学堂。当年，三位中国学生毕业，成为同济史上的第一届毕业生。

1917年，第一次世界大战期间，上海法租界以同济医工学堂是德国产业为由，宣布解散学校，勒令师生离校。由是，同济学生四百余人从上海法租界迁往吴淞，借用已经停办的、由梁启超任校长的中国公学校舍。

1923年，学校正式改名为同济大学。1927年8月，南京国民政府教育部接管学校，命名为国立同济大学。就是说，当抗战全面爆发时，同济大学已经在黄浦江畔的吴淞生存发展了十年。

由苏州前往上海时，我沿着京沪高速东行，在安亭转入上海绕城高速。吴淞境内，我发现，有一条路叫同济路，接下来是水产路。今天的吴淞，早已是车水马龙的上海城区的一部分，几十年前，吴淞却是一个多河汊与湖泊的小镇。与其他江南小镇不同的是，这里有中国最早的大学城——从1905年到1937年，几平方公里的吴淞，集合了同济大学、上海医学院、江苏省立水产学校和国立劳动大学等八所院校——同济路和水产路，就是对那个逝去时代的追怀。

那一年，纪增觉二十三岁，夏天，他从同济大学毕业，随即留校，受聘为测量系助教。按约定，他应于1937年8月15日报到。不过，七七事变后，他预感形势危急，遂提前于7月底赶到学校。他后来回忆说："此时上海的战争气氛已经很浓，乘淞沪小火车经过江湾时，看到铁路两旁头戴钢盔的中国士兵正在紧张地掘壕备战。"到校后，他发现除了同为助教的郭惠申外，测量系的教授和讲师一个也没来。

战争迫在眉睫。战火一开，地处江口的吴淞必然首当其冲，而同济大学肯定会被波及。为此，同济在上海租界内的地丰路（今乌鲁木齐北路）租了房子，准备将学校迁走。然而，整个测量系只有纪增觉和郭惠申到位，两人要负责把测量馆的所有仪器搬走。若在平时，只需一个电话就有出租车公司上门。可在兵荒马乱的战争年代，一切都变了。学校只得雇了一些木船，走水运。黄浦江上日舰来回穿梭，不敢走。好在，地处江南水乡的上海，河流密如蛛网，大大小小的水道，大多曲折相通。——于是，几条载满仪器的木船，从同济后门的河滨出发，沿着蕰藻浜西行，在嘉定转入苏州河顺流而下。如此迂回，以致区区几十里，竟走了三天。

纪增觉和郭惠申把所有木船送走后，已是8月12日下午4点，淞沪小火车已停驶，最后一班渡轮正在起碇，两个年轻人飞奔跳上船。第二天，淞沪会战打响。果然，吴淞首当其冲，而同济人苦心经营十年的校园，在炮火轰击下，顿时燃起熊熊大火。六十年后，纪增觉感叹，"当初未曾料到，此番告别母校吴淞校舍，竟成永诀"。

一个多月后的1937年9月19日，战事更加激烈，纪增觉再一次受学校委派，负责将装在汽车上的部分仪器押送到浙江。那时，日机经常轰炸长三角地区，纪增觉尤其担心他的必经之地——杭州笕桥。因为，那里是中国空军基地，"幸而一路平安无事"。钱江大桥被炸后，民用车辆不许通行，纪增觉只能用船将仪器运到对岸的萧山站。他带着介绍信去找站长帮忙，站长听说是大学的仪器，非常热心，"马上带着我并指挥工人将箱子安放到一节货车的犄角。对我说这儿最稳妥"。令纪增觉悲愤的是，当他在两个月后抵达金华时才得知，那位热心的站长，在帮助了他的第二天，就死于日机空袭。

同样是在金华，纪增觉还听说了日军的另一笔血债：就在他押送仪器到浙江期间，四名在金华车站看护校产的同济职工，也在空袭中遇难。

在那个强敌入寇、山河破碎的大动乱年代，生命如此脆弱，人间如此无常，如同秋风中的落叶。

不过，尽管是在史无前例的流亡中，同济人依旧保持着传统的严谨与好学。1937 年 10 月 25 日，二迁至金华的同济大学开学，校长翁之龙在讲话时语重心长地说："迁来内地以后，将益励员生研究之精神，养成良善纯朴之学风，以树立新教育之基础，其在海上所沾浮躁奢逸之习气，务须荡涤毋存，俾能切实苦读苦干。"

徐为康

当纪增觉和郭惠申忙着招呼民工们把学校的仪器一一搬上停在河湾里的木船时，徐为康一早就来到同济大学。他刚在同济附属高级工业职业学校读完一年级。这一天，他是陪三弟参加入学考试的。三弟进了考场，他独自站在校门口。他看到，一辆辆车身漆有各县、市名称的公车，以及大卡车，装满了全副武装的国军士兵，自校门前疾驰而过。几十年后，他还记得一个细节，

"那些年轻强壮的军人，非常昂扬地像是去参加球赛似的兴奋。他们好像是在表示被日本欺凌中国多年，终于可以放手一搏，吐出这口怨气似的"。

孰料，考试进行到中途，10点钟左右，训导主任匆匆走进校园，也不理那些和他打招呼的学生，神色紧张，径直冲进考场。不到一分钟，考试的学生们夺门而出——鉴于战事随时发生，考试改期。"从这一瞬起，同济就开始搬家了"。

下午，徐为康和三弟回家时，他们在闸北车站下车后，发现大部分商店都关门歇业了。一些饭店还开着，里面坐满了国军官兵，正在喝水、啃干粮，"当天深夜，战事就开始了"。

与学校失去联系的徐为康再次得知学校消息，已是9月。同济没能在租界待下去，而是迁到了金华。从吴淞到租界是一迁，从租界到金华则是二迁。

金华市区东阳江北岸，几段城墙和几座城门之间，是一片起伏的老建筑和幽深的街巷，那就是婺州古城。古城的地标，是看上去并不高峻的八咏楼——八咏楼的知名，很大程度上是因为李清照那首为后人传诵的七绝：

> 千古风流八咏楼，江山留与后人愁。
> 水通南国三千里，气压江城十四州。

那一年暮春，我独自登上八咏楼，凭吊李清照的同时，我更缅怀那群业已面目模糊的同济师生。他们和李清照一样，都是在敌军入侵的风雨飘摇中，不得不挣扎着衣冠南渡。与李清照相比，同济师生更加艰难。

距八咏楼不远的鼓楼，被打造成了文化创意园。地方史料记载，创办于 1902 年的金华中学，20 世纪 30 年代，它的校园就在这一带。当同济迁到金华时，金华中学已疏散到乡下，整齐的校园借给了同济。

徐为康辗转宁波、绍兴赶到金华时，已是 11 月下旬。在金华上课不到一个月，随着 1937 年 12 月南京沦陷，杭州危急，距杭州仅一百多公里的金华，频繁遭遇日机空袭。这里，显非久留之地。——一开始，大多数人都以为战事要不了多久就会结束，因此只需到金华短时间暂避就可以。比如，冯至女儿冯姚平在回忆中说："当时以为战争打不了多久，这里离上海近，先在这里稳定一段时间，等战争结束搬回上海比较方便，谁又能料到这是一场持久战呢。"

杭州沦陷前一周，即 1937 年 12 月 17 日，同济大部分师生挤上了一辆满载的火车向金华以西的江西缓缓前行，开始了第三迁。由于加挂了车厢，火车动力不足，车速甚缓。上坡时，喘着粗气的火车喷出白色的浓烟，"车子反有倒退样子"。经龙游、衢县（今衢州）和江山后，火车进入江西境内，再经玉山、上饶、贵溪，历时一天半，终于抵达南昌。休整三天后，学校派员联系前往赣州的船只。

那是一些修长的帆船，每条船除老板和两三个助手外，可以乘坐十六名客人——船中间有一根突起的木杠，将船一分为二，每一侧可供八个人躺下抵足而眠。船的前舱下面，有一块船板可掀起，那就是做饭的厨房。当天晚上有大风，泊在岸边的船被吹断了缆绳，吹至河心团团打转，急得船上家小大声狂呼，"幸船夫颇有经验，止住转动，再行泊定"。

《同济大学校史》总结说："从金华到赣州，迁校工作，困难重重。由于当时军运频繁，火车从金华开出，需费时四五天，才到南昌。再从水路乘木船，溯赣江而上，一路滩多水急，部分师生员工押运校产历时二十多天，方到达赣州。"

尽管是逆水，然时逢冬季，北风正紧，船行速度并不算慢。但没有风的时候，就只能靠船家用竹篙撑船或是纤夫拉纤。四百多公里水路，足足走了两个星期。包括1938年新年，徐为康也是在船上度过的。那时，船队正经过文天祥的老家吉安。在船上，"每个同学都十分用功，充分利用时间温习或预习德文、数学等课程。同济因系国立学校，费用极低，投考人多，教学严格，新生录取比例极严，故被录取者通常都是程度较高，对求学很有兴趣的学生"。

半年后的1938年7月，安徽省会安庆失守，日军军舰可以溯长江而达九江并逼近南昌，赣州也不再安全。在赣州办学八个月之后，同济大学第四次迁移不得不提上日程。

这一次的目的地更为偏远，许多师生甚至从来没有听说过——八步。

在广西贺州学院东校区一角，我找到了照片上的那座亭子。亭子呈正六边形，相当破败，虽然建成只有二十多年。亭子名为同济亭。围栏外侧镶嵌的一块黑色石头上刻着几行白字："1938年7月至当年冬，抗战避乱，同济大学迁到广西贺县八步镇办学，此地即当年同济大学办学校舍原址。2003年我校建校六十周年之际建此亭，取名'同济亭'，以示纪念。2007年，同济大学百年校庆曾在此取土归校以资纪念。"其下是落款：贺州学院，2011年6月。

贺州学院所在的八步区，就是同济大学西迁第四站：八步镇。最初，同济曾打算迁往桂林，以良丰公园（今雁山公园）作为校址首选，若良丰公园不行，则可考虑龙州、桂平、百色等地。负责前往广西实地考察并与地方政府接洽的同济教授张静吾和祝元青回复翁之龙说："良丰无望，但阳朔、平乐、贺县、宜山均有旧营房、会馆。"经反复比较，同济向教育部汇报："桂林并无相当房屋，桂东贺县属八步镇较合适，为广西工业区，环境适宜，交通便利，拟即定为迁校校址。"

从赣州到八步，校方把学生分为两路。每路又分若干小队，每小队十二人。抵韶关后，一路从韶关乘火车往广州，再乘拖船溯西江至梧州，之后翻山越岭，徒步到达一百五十公里外的八步。一路从韶关坐汽车往衡阳，在衡阳改乘火车到全县（今全州县），尔后步行至桂林，搭木船经阳朔到平乐，再由平乐步行至八步。两路所花时间差不多，均在两个月左右。

不过，徐为康不在两路队伍中。他走的是水路。

以医学、工学为主的同济，有大批仪器和机器设备，这些笨重而庞大的物件，大多只能水运。水道狭窄，无法行驶大船，唯有小木船才有用武之地。每条小木船都需专人负责。为此，校方召集学生负责押运。每条船三四人，每人每天补贴三毛钱——其时的助学贷款为每月六元。这笔钱，足够作为沿途伙食费，家境困难的徐为康报名做了押运。

江西与广东之间，横亘着连绵的南岭，它是长江水系与珠江水系的分水岭。山北，江水北流；山南，江水南下。

赣州古城西津路上，一座三道门的白色城楼跨街而立，上书"西津门"。作为赣州古城五大城门之一，西津门始建于宋。不过，我如今看到的，系1933年重建——当同济学子从镇台衙门走向赣江支流章水时，他们眼前的城楼还很新，还没有被岁月染上沧桑的时间之灰。

西津门外是章水码头，同济雇来的木船铺满水面，徐为康带着他简单的行李，和同学一起上了其中一条船。

源自南岭的章水，河床狭，水位浅，落差大，水流急，险滩多，无法用帆，只能靠船工撑竿或拉纤。撑竿时，船工把长长的竹篙抵在右肩，身体前倾三四十度，必须用尽全身力气，船只才能逆水缓行。拉纤时，几条船的船工合在一起，分批将每一条船拉上滩。天气暑热，船工们赤裸上身，露出乌黑坚硬的肌肉，像一尊尊铜像。这些收入微薄的船工，每天吃的大多是辣椒酱和米饭，偶尔改善生活，才会有一些萝卜青菜，很少沾油荤，"令人同情与辛酸"。沿途，徐为康看到，不少地方都有用竹木制成的高大的水车缓缓转动，把江水提到岸上浇灌农田，"甚是壮观"。

南岭北麓的大余，是章水航运的终点。从赣州到大余，水路不过两百来里，徐为康却足足走了两周。在大余，把船上物品搬运上岸后，再经由著名的梅关古道，翻过大庾岭中的梅岭，就从江西进入了广东。这条路也是唐朝以来，中原与岭南沟通的主要通道。

南岭南麓小城南雄，浈水自城内流过。刚流出大山的浈水，水浅流急，装上货物的木船必须等到一场暴雨后，水涨船高才能顺流而下。

徐为康一行住在南雄中学，一间空荡荡的教室就是他们的宿舍——自然只能席地而卧。就在等待暴雨期间，日机空袭南雄，中日双方在南雄上空发生空战，国军飞行员、大队长汪某殉职。次日，他所在部队在南雄召开了盛大的追悼会，同济大学也派员参加。徐为康感叹："现代战争已没有严格的前后方之分，军人们随时应战，为国捐躯。"

9月12日，等待中的那场暴雨过后，浈水上涨，徐为康顺流而下，行船一天，抵韶关。

韶关城区，浈水与武水汇合，始称北江，是为珠江三大支流之一。北江水流丰沛，加之顺风顺水，船行甚快，"在船上看水面像是平静如镜没有流动，但两岸景物却似飞向后退去"。经过了英德和清远后，船队到达佛山三水，"这一带为广东南方三角洲的精华地带，人口众多，物产丰富，教育发达"。

多年后，我登上了三水西北郊的昆都山。面北眺望，我看到一大片汪洋，河上，船只来往，一派繁忙。这片水域，北来的是北江，西北来的是西江，它们由一段约两公里的水道沟通。这水道，名为思贤滘（jiào）。滘是广东惯用的地理名字，指河流分支或汇合处。

在思贤滘，徐为康由北江进入西江，同时也由顺水转为逆水。他又一次换了船只——小木船换成了大木船。一艘喷着白汽的汽船，拖着七八条木船，突突突地行驶在江阔云低的西江上。

在三水等着换船期间，趁着空隙，徐为康和同学一起去了一趟广州。那时候，广州和三水之间，有一条始建于清末的铁道，名为广三线。徐为康就是坐着广三线上的火车来往于三水和广州的。几十年后，广三线停运了，徐为康上车下车的三水河口站——广东保留下来的最古老的火车站——建成了一座百年火车站主题公园。这是后话。

其时，广州及周边地区不断遭遇日机空袭。当徐为康搭乘的拖船队驶出河口时，敌机飞临上空，拖船队各条船立即分散，各找地方躲避。与他同船的一个姓钟的同学，不顾刚做了盲肠手术才几天，跳进江中游向江岸；徐为康则仓皇躲到船上装载的大米袋后面蹲下。徐为康离开三天后，广州这座南方重镇便失守了。

溯西江而上，徐为康到达郁南县。在那里，他第三次换了船——这一次，又换成了狭长的小船。郁南上游几十里的封开境内，贺江注入西江，徐为康的船由是从西江驶入贺江。和西江比，贺江特别浅，特别窄，江两岸大多是一些光秃秃的荒山，不多的几座有树木的山头，也有不少人正在伐木，"看样子都要砍劈净为止"。贺江虽浅狭，却能直抵目的地——八步镇就位于贺江北岸。

1938年11月中旬，从赣州出发一百又八天后，徐为康终于到达八步。押运的工钱，计三十二元——可以买两辆纪增觉的旧自行车了。

八步镇属广西贺州，据说清朝嘉庆年间，因有八户人家在此采矿经商，故而得名八户，又因广东白话中，"户"与"步"同音，久而久之，写成了八步。八步镇外，造型奇特的喀斯特山峦间，蕴藏着丰富的锡矿。民国时期，八步引进了德国西门子公司的生产技术，其锡砂开采一直处于全国领先地位。群山丛中的八步，这座原本偏僻的小镇，因为锡矿，建了发电厂和十几家矿厂，故而相当繁荣，甚至还有几家咖啡馆、电影院和舞厅。同济借用了当地一家中学校舍，中间一个大操场，四周有一些楼房，又赶工建了一批平房，用作学生宿舍。

当时，广西流通的货币为地方政府发行的桂币。桂币与法币的比值为一比二。之前，同济学生每月发放八元法币的贷学金，到了八步，改为发十六元桂币。由于当地物价低廉，学生的生活一下子变得很宽裕，"同学们去镇上的人多了些，出手大方，未免引起居民一些看法，认为当地小学校长也不过十几块钱一月，而你们大学生每月却有十六元收入，不好好读书，却整天到镇上闲逛摆阔，引起争端，甚至闹到校门口"。

然而，就在徐为康从三水出发的第三天，广州沦陷。随着广州沦陷，贺州一带也屡遭空袭，刚刚安顿下来的同济大学，甚至连行李和书籍都还没有运到，随着形势越来越险恶，不得不第五迁。

这一次，目的地是昆明，时间是在 1938 年冬天。

傅信祁

今天，从八步向西，经柳州、河池、百色、西林出广西；入云南，经师宗、宜良，便是昆明，全程一千一百多公里，高速只需十多个小时。但在交通极不发达的八十多年前，从八步到昆明，不仅要绕行南宁，甚至还得绕行越南——一字形的路线，走成了 V 字形。原因在于，桂滇之间有重重大山，不仅没有公路相通，甚至连像样的大道都没有，并且，沿途经过的一些地方还有匪徒占山为王，杀机四伏，危险重重。人说蜀道难，哪知桂道、黔道、滇道都难。

傅信祁是同济附属高职学校学生，生于 1919 年。1937 年，十八岁的他从青岛赶到金华，考入流亡中的同济附中。要等到六年后，当同济大学迁到李庄时，他才考入同济土木工程系，并于 1947 年毕业。

傅信祁和班上的七个男生组成一个小分队，"开始走的几天，几十里走下来相当吃力，后来习惯了就越走越坚强"。地方政府对流亡学生还算照顾，学校与当地联系后，地方政府沿途派民兵为学生挑行李，学生只需带一条被子即可。每天走一站，换一批民兵继续向前。沿途，未晚先投宿，他们借住的，都是一些收费便宜的小旅店。这些小旅店几乎都是通铺，住宿管饭，但菜要自备。八个人中，有两个人走得比较快，总是比其他人先抵达住宿的旅店，便由他们买些菜，"先烧好了，等我们后来的同学一起吃晚饭"。

两个星期后，傅信祁到达柳州。在柳州的旅店，供流亡学生们居住的是一家休业的电影院。学生太多，傅信祁一行来得太晚，好位置都被人占去了，他们几个只好睡在大厅中间走道的水泥地上，"人来人往，又潮又脏不好受"。后来，傅信祁和同学一起在附近的小旅店合租了一间房，"每人出七毛桂币，倒还可以"。

原本，柳州与南宁之间有小轮船通行，即由柳江而下，入黔江，在桂平入郁江，溯郁江，经贵港、横县抵南宁。然而，兵荒马乱的战争年代，等了好些天，小轮船却始终没有着落。无奈，只有继续步行。

没有长途步行经验的傅信祁买了一双新布鞋，没想到，新布鞋"很不舒服，脚底越走越痛"。晚上到了驻地，脱下鞋子一看，两只脚底都被新布鞋磨出了血泡。有经验的同学让他用热水烫脚后，再扯下一根头发穿进血泡，把血水引出来。如此处置后睡了一夜，次日果然好多了。一个星期后，血泡处的皮磨得粗糙了，傅信祁也习惯了这种高强度的行走。

耗时两个星期，他们走到了南宁。在南宁，终于坐上了小轮船，小轮船溯邕江和左江而上，到达离中越边境只有几十公里的龙州。在龙州，傅信祁弃舟登岸，办理了出境手续后坐汽车到镇南关。在镇南关，步行过关出国，对岸即是越南同登。同登有窄轨火车通往越南首都河内，而河内通往昆明的火车同样也是窄轨，速度缓慢，没有卧铺。每到晚上，火车就停下来，乘客各找地方住宿。第一天住越南老街，第二天从中国边境小城河口入境，晚住开远。第三天下午，昆明到了。其时，已是1939年春节前夕。

今天的昆明市中心，有一片古色古香的老建筑，那就是文明街历史文化街区。其中，抗战胜利纪念堂博物馆最为壮观。纪念堂的原址，既曾是清代云贵总督衙门，也曾是辛亥革命后所建的云瑞中学校园。傅信祁和他的同学一起，风尘仆仆地赶到昆明，暂住于云瑞中学大礼堂——宽大的礼堂里，同学们全睡在地铺上。

两年间，同济已经五次迁校，几乎每一次迁校都事发突然，非常仓促，并无长远的、整体的部署。此时的昆明，西南联大早已组建，还有华中大学和中法大学也先后到来，加之内迁的其他政府机构、企事业单位，昆明根本不可能找到足以容纳同济的校舍。

　　同济只好化整为零，分散在昆明及周边十二个地方——这是所有内迁大学中拆分得最零散的。

　　八十多年前的昆明，城市规模完全无法与今天相提并论，它只是滇池之滨的一座不起眼的小城。小城的中心，在秀丽的翠湖公园东南部，而同济大学的十几处校区，绝大多数都星星点点地分布在翠湖周边——几十年后，我按照资料记载的地址前去寻访时，大多数都已面目全非。

　　昆明市中心，盘龙江缓缓南流。在北起人民中路，南到东风东路的盘龙江东岸，有一条临河小街，名为临江里。临江里106号，是同济大学迁昆后的校总部——我在这条几百米长的小街上

位于昆明市区的翠湖，同济大学各学院大体分布在翠湖周边

走了两个来回，我看到了临江里 37 号、46 号，却没有看到 106 号。我猜，随着城市的改建，106 号可能已经消失。

翠湖东南岸的翠湖宾馆，很多年前我在媒体工作，前往丽江采访时，曾在那里住过一宿。十数年后重访才发现，原本规模不大的宾馆改造得面目全非。这里，是同济理学院旧址。翠湖宾馆旁边，有一条叫黄公东街的小巷。巷中，蓝花楹开得正紧。绿荫深处，露出一座红墙飞檐的古建筑，那是 1922 年为纪念护国名将赵又新而建的赵公祠。同济到来后，医学院附属医院入驻赵公祠，医学院则分布在赵公祠两三里外的庆云街。

昆明二中系聂耳母校。抗战时，这所中学因位于富春街而得名富春中学。富春中学疏散出昆明后，校舍暂借给同济工学院。同济的图书馆，设在富春街太阳巷一号——这条小巷，似已不存。至少，我没找到。

富春街上，有一栋粉墙黛瓦的砖木结构老建筑，老昆明人称为将军楼，门前的文物保护牌则称之为"大富春街何氏宅院"。这位将军，即滇军将领何世雄。将军楼建于 1930 年——如今，在昆明不多的有上百年历史的老建筑里，将军楼是当年同济师生和如今的我们能共同见到的、保存着原始风貌的硕果仅存者之一。

拓东路是昆明市区一条东西向的大街，车水马龙，楼宇林立。不过，当同济到来时，它和昆明的其他街道一样逼窄，街道两旁的小巷里，点缀着众多庙宇和会馆：东岳庙、川主庙、万寿宫、关帝庙、鲁班庙、江西会馆、迤西会馆、芦荼会馆……这些宽大的公共建筑，成为内迁学子们安放课桌的最佳场所。比同济先到昆明的西南联大，其教师宿舍借用了川主庙；关帝庙又称陕西会馆，充作食堂、生活服务社；工学院、图书馆进驻迤西会馆……比西南联大晚到一步的同济，则利用了拓东路上的江西会馆，把它改造成实习工厂。对同济这所以医学和工科为主的学府来说，实习至关重要。

傅信祁就读的高职学校搬迁次数最多，先在木行街——一条业已消失的小街——的"一幢三层木架楼房里上课，中间一具小天井，光线很不好，下面污水满地，环境很差"；接着迁到双塔寺女子师范学校旧址，"前后三个院子，前院一幢房子底层办公，二层为唐英主任住宅。后排原来是大殿，做礼堂和食堂之用，边上为学生宿舍，住双人铺。我们已是毕业班，在中院西侧一座三面走马廊的二楼上，座位宽敞，光线明亮，十分欢悦、舒适，东边还有一幢对称的楼房为机械科的教室"；再迁水晶宫——今水晶宫社区，此地因乾隆年间开凿了一口清澈味甘的水井而建了一座供奉龙王的水晶宫，由是得名；最后，又迁至八省会馆——八省会馆位于五华山北麓的大梅园巷，距水晶宫仅数百米之遥。会馆既为来滇乡亲提供住宿，同时，那些客死的乡亲的遗体，也殓在棺材中，暂厝于会馆。八省会馆有前后两进院落，前院充当教室，后院二楼是学生宿舍，一楼一间屋子停放棺材，一间用作医学院解剖馆，毗邻的另一间，也是学生宿舍。

安置得最偏远的要数同济附中。我从翠湖宾馆动身，出城后沿着汕昆高速路行驶，足足花了一个半小时，才到达昆明东南边宜良县下辖的一个镇——狗街。狗街坐落在一片平坦的山间坝子里。原野上，大片大片的白色塑料薄膜像是与天上的白云遥相呼应。狗街镇外的宜良六中校园里立着一块石头，石头上是红色大字：南薰。宜良六中的前身，即南薰中学，而南薰中学，就是同济附中当年的校址之一。

滇越铁路从宜良纵贯而过，县境内有包括狗街在内的多个火车站。距狗街五十公里外的汤池街道——这个名字表明，这里有优质的温泉——下辖有一个叫凤鸣的社区，地处阳宗海北岸的平坝上。四周，是起伏的山峰，凤鸣站就位于凤鸣村。抗战时，在凤鸣站附近的大山里，布局了一家兵工厂，代号52。为防日机轰炸，厂房依山而建，隐藏在林子里；最重要的主厂房，建在幽深的山洞中。

在同济高职第四年，傅信祁和两个同学一起，被分配到52兵工厂实习。1940年2月，傅信祁来到52厂。没想到，实习才一个月，他们就不得不灰溜溜地离开了。

原来，傅信祁和他的同学小顾早就听说过云南石林，两人遂决定利用周末前去一游。周六下午，两人也没请假，只是叫同事代为签退，就坐火车来到狗街，借宿在同学宿舍。次日一早，他们和另外一个同学一起，租了三匹马，前往路南县。周一，再由路南县城赶往石林。很多年后，傅信祁还记得当年的石林印象："那天游客只有我们三个，其实那时的石林，其貌不扬，入口一片黄土地，还有个小小的积水塘，两块石峰间窄窄的一个入口，一边石块上刻有不大的'石林'两字。进去后才发现是一群石峰如一个个笋状，平地而起，有的上面还叠着一块或两块表状各异的石块，重重叠叠，甚为壮观。"

傅信祁等人从石林回来，又在路南住了一晚，等他们坐火车返回凤鸣山中的工厂时，已是周二傍晚。当天晚上，他们所在的工程处副主任找上门宣布，主任认为他们不请假，擅自离开工厂游山玩水，旷工两天半，情节严重，拟各记大过一次，全厂通报。两个年轻人一听，第二天就结束实习逃回昆明。

俞载道

和刚到昆明的傅信祁一样，俞载道也在云瑞中学暂住过。只不过，俞载道比傅信祁还要小一岁，生于 1920 年，是同济附中高三学生。大概是即将参加大学招生考试的原因，同济高三没有像其他年级那样迁往更加偏远的狗街，而是留在昆明市区，教学点在福照街——多年后的今天，福照街已更名五一路，唯有街道西侧一个叫福照苑的小区，还继承了当年的街名。

1939 年 7 月，尽管高三这一学年正值同济从八步迁往昆明，整个学年的上学时间其实仅仅有五六个月，但在民国时期唯一一次全国范围内组织的高校招生考试中，俞载道仍然如愿以偿地考入了心仪已久的同济大学土木系。后来，俞载道回忆说："我们同学那时的自学能力普遍都很强。拿我个人来说，对于数理方面的课程，课余我又通过自学钻研，汲取了不少养分，根基打得比较深固。平时我还喜爱上图书馆，找课本之外的一些参考书来阅读，如物理，我当时就读完了我国著名物理学家萨本栋所著的大学丛书《普通物理学》；大代数，曾参考过日本数学家上野清所著的《大代数学讲义》等书籍……不管是在金华、赣州，还是在昆明，无论时局是如何动荡不安，站在讲台上的老师们讲起课来，自始至终牢牢吸引着我们的目光，让我们有如沐春风之感。他们极其认真负责任，授课内容也很充实，无一点让我们感觉不满意的地方。"

大一下学期，即1940年春天，俞载道到校外实习。昆明距他实习的地方，哪怕走今天的高速公路，也要九个小时；而在八十多年前，蜗牛般的卡车，至少得一周。那就是位于德宏的遮放镇。

几个月后，结束实习从遮放回到昆明时，俞载道发现，原本以为安全、宁静的昆明，竟然不再安全，也不再宁静。日军飞机如同蝗虫，不时穿过云层，飞抵昆明上空，凄厉刺耳的防空警报，时时都可能突如其来地撕破古城的宁静。于是，跑警报便成了家常便饭。

那段日子里，我们同学每天都是一大早就拎上背包，带上一点干粮，急匆匆赶往几里之外的昆明城郊。八省会馆处昆明城北，我们多是跑往北郊。工学院学生的包里多是放着计算尺、画图仪器和一两本书，医科学生则是携带着三大本砖头似的德文原版大部头解剖学书。到了郊外，听不到凄厉刺耳的警报，我们悬着的心暂时落了下来。在空地上，我们席地而坐，或静静看书，或相互说说话。在这相对轻松的气氛中，时间过得很快。有时，耳畔传来一阵"轰隆"声响，也会看见一架或几架敌机在上空一飞而过，我们就赶忙俯身跳到旁边一条十几米长的壕沟里蹲一蹲、躲一躲。看天色渐晚，我们三五成群地又开始往回走，两腿就像灌了铅一样异常沉重，一份惶恐又压上心头。

就在这种似乎永无尽头的跑警报中，同济工学院学生胡津祥和附属高职学校学生项瑞棠先后被日机炸死，"两名学友的不幸遇难令全校师生无比震惊，大家深感岌岌可危，生命难以得到保障"。于是，校长周均时艰难地做出决定：同济第六次迁校。

这一次的目的地，是四川南部长江之滨的一座闭塞而古老的小镇。

它叫李庄。

时过八十余年，黑白变成了彩色。中式对襟变成了牛仔T恤。白头帕和草帽变成了遮阳帽和太阳镜。但天空是没变的，天空下青瓦木墙的房舍以及青石板铺成的街面也是没变的。在李庄，在一条偏离了几个旅游景点的老街上，我看到了与李约瑟1943年拍下的照片几乎完全相似的场景。

1943年6月6日，端午节前一天，李约瑟莅临李庄，同济为他举行了欢迎庆典。举行庆典的校本部，原是湖北会馆，名为禹王宫。站在禹王宫内的戏台上，可以清楚地看到百米开外滚滚奔流的长江。禹王宫内的房梁和屋顶，雕刻了众多和大禹有关的故事场景——李约瑟把大禹称为中国历史上第一位水利工程师。几十年后，禹王宫保存完好，更名慧光寺。大门前，两棵茂密的黄桷树上挂满祈福的红色绸带。李约瑟登上戏台发表演讲，好些聆听过他演讲的师生，几十年后，还对他的一个论断记忆犹新："在看到了中国人在工程上的成就之一，不管是古代的还是近代的，没有人可以说，在科学地控制大自然方面，中国人是愚笨的民族。如果近代科学在中国没有发展起来，一定是由于特定的社会和经济因素的制约。"

挤在人群里参加欢迎庆典的，有大三学生俞载道。这个二十三岁的浙江奉化青年，已经在李庄生活三年多了。

1940年的昆明，不仅经常遭遇日机轰炸，并且，由于内迁人口太多，物价暴涨。以西南联大来说，校长梅贻琦的夫人曾上街卖糕点，闻一多曾给人治印补贴家用。校长和知名教授如此，遑论普通教师及没有收入的学生。

做出迁校决定后，到底迁往哪里，同济有过一番考量。最初，想一步到位，迁到陪都重庆。但当时的重庆已有中央大学、复旦大学以及众多军事、科教机构，同济难以找到合适地方。于是，遂决定在毗邻云南的四川宜宾寻找一个合适之处。

教育部致函宜宾专员专署，要求专员专署"代为调查适当地点及较大庙宇"，但宜宾下辖的宜宾县、兴文县都不具备安顿条件，南溪县则因当地官员和士绅担心下江人涌进这座江边小城影响治安、风俗，便以"小庙供不起大菩萨"为由拒绝。

就在迁校陷入困境时，同济接到了一封发自宜宾的电报。电报正文只有十六个字：同大迁川，李庄欢迎。一切需要，地方供应。

那时候，对同济绝大多数师生来说，李庄是一个从未听说过的小地方。

原来，同济校友钱子宁系上海中元纸厂创办人，抗战后，中元纸厂内迁宜宾，同济方面也托他打探合适的校址。经由钱子宁，李庄乡绅罗南陔得知此事后，积极与镇上其他头面人物联系磋商，并一致决定欢迎同济迁李庄。

1940 年 10 月，秋风萧瑟之际，同济师生作别暂栖了一年多的昆明，踏上了前往李庄的路。

根据当时交通条件，昆明到李庄有两条路线。其一是川滇路，即由昆明经曲靖、宣威、威宁、毕节、赤水抵泸州再溯江而上；其二是滇黔路，即由昆明经曲靖、盘县、安顺、贵阳、遵义、娄山关抵重庆，之后也是溯江而上。

俞载道走的是滇黔路。他的同窗黄致甲的哥哥在重庆任职，认识一些工厂负责人，这些工厂经常有卡车往来于昆明和重庆。由是，俞载道得以和一个叫张世能的同学一起，搭乘了一辆大货车由滇往渝。

这是一趟凶险的远行。石子、泥土铺成曲如羊肠的公路，又窄又陡，像是悬挂在山腰的一条灰白丝线，一路得翻越乌蒙山、大娄山等高大山脉。由于缺少汽油，卡车用的是木炭，动力差，加之满载货物，在山道上只能缓慢前行。"我们坐在驾驶座后面，身体饱尝颠簸之苦不说，精神上更是说不出的紧张，真担心车子遭遇什么不测。"——事实上，同济的这次迁校，既有装运仪器的卡车翻下山，也有俞载道的同学因车祸受伤。

贵州晴隆境内，俞载道翻越了著名的二十四道拐。二十四道拐蜿蜒于晴隆山西南坡，长约四公里，从山脚到山顶直线距离三百五十米，垂直高度达二百五十米，呈六十度倾角，"卡车就在这一个个弯道上小心翼翼地迂回盘旋，我们也真是一路上提心吊胆，连大气也不敢出"。几十年后，二十四道拐已开发为景区，依旧是当年的沙石路面，依旧是当年的一百八十度回头弯，观光车缓缓行驶，过一弯又一弯，车后扬起铺天盖地的沙尘，两旁的树木、树叶变成了黄色……

后来成为中科院院士的王守觉选择了川滇路。他回忆说："那时候从昆明搭黄鱼车到泸州，要开六天六夜。车非常慢，而且很危险，我本人就差点死掉。我们乘的卡车是运机器的车队，我搭便车，晚上住鸡毛客店（有谚语"未晚先投宿，鸡鸣早看天"）。鸡毛客店是个很小的客店，在地上搭一铺就睡。那时候的司机可是权威，他掌握这个汽车，就掌握着你的命运，他要在深山老林里把你赶下来，你就死路一条，没办法的。我前两天搭的是一个年轻的司机，那个人火气大，年轻气盛，横得不得了，把我这些搭黄鱼车的客人，不放在眼里。我那个时候才十七岁嘛，上大学了，当然也是血气方刚，看不惯这些，但是没办法，敢怒而不敢言啊，不敢得罪司机。第二天的晚上，我认识了一个老司机，也是我们车队里住在鸡毛店里的，跟他谈得来，我说我第二天搭他的车走，他同意了。开了没几个小时，发现一辆车翻到十几丈深的山沟沟里，就是我原来搭的那辆车，车上搭的两个人我没看见，司机至少是重伤了，我想是死了。所以说我得要感谢那个年轻的司机，因为他态度不好，所以我就换了一辆车安全到达，要不然就没有今天了。"

1942 年春节过后，长路迢迢的第六次迁徙终于结束，同济在李庄重新开学。——这时，距不得不中断教学而离开昆明已经过去了将近半年。

李庄，这座长江边的千年古镇，像当时几乎所有古镇一样封闭落后，不通电，不通公路。优点是镇上有相当多的庙宇和会馆，素有九宫十八庙之称。它们，正是充当同济校舍的最佳选择。今天，这些古老的建筑拜当地打造旅游景区之赐，大多修葺一新：校本部所在的禹王宫、工学院所在的东岳庙、理学院所在的南华宫、医学院所在的祖师殿、图书馆所在的紫云宫、大地测量组所在的文昌宫……

2024年夏天，我在评论家刘火兄的陪同下，第三次走进李庄时，东岳庙正在施工。据说，这里正在建一座规模宏大的同济纪念馆。东岳庙门前是一方宽阔的广场，广场边上，有一座新建的牌楼，上书：文化脊梁。牌楼下，是滚滚东流的长江，逝者如斯，不舍昼夜……

与长江垂直的那条小街名叫羊街。羊街上有两个大三合院，改造成男生宿舍。俞载道和七个室友挤在同一间宿舍里，"陈设极为简单，学校仅供应一张木板床，在每一张单人床边，都摆放着一张自购的白木小写字桌，用来看书温习功课"。

李庄禹王宫，同济校部旧址

每当夜幕降临，羊街学生宿舍的一间间小屋里，学生们点燃油灯，昏暗的灯光将放大了的人影投在墙壁上，有如梦幻，学生们开始日复一日、年复一年的自修。尽管生存维艰，同济学子们却已经很知足——在六次迁徙之后，他们终于找到了这座古老的小镇，终于可以安放他们那张平静的书桌。

西南地区多茶馆，尤以四川为盛，不过数千人的李庄，竟有几十家大大小小的茶馆。茶馆既是当地人休闲、谈事的去处，也是同济学生的自修室。不论哪家茶馆，也不论老板还是幺师，都对这些操着与他们完全不同口音的学生笑脸相迎。哪怕只要一碗白开水，一来就坐上整整一个下午，他们"仍是满脸笑容可掬，从没给过我们脸色看"。

羊街向北，几十米外就是滨江的顺河街；折向西南，两三百米远的地方是东岳庙——当年，那是俞载道的教室。飞檐斗拱的东岳庙，中间为办公室，两侧为教室。教室内只有条形课桌，没有凳子。宜宾盛产竹子，竹器甚多，其中就有一种用竹条编成的简易竹凳，每个学生人手一条。去上课时，他们把竹凳翻转过来，面朝下，课本、笔记本和墨水瓶就放在底座，像挎篮子一样挽在臂弯里。

古镇物质极为匮乏，就连墨水也只有距李庄几十里的宜宾城才有售。俞载道因陋就简，"发明"了一种新墨水：他买来一把紫色铅笔，把细细的笔芯抽出来，用开水一冲，再慢慢泡，就可泡出一瓶墨水。

李庄和同济都没有浴室，冬天之外，倒是可以跳进长江洗个痛快。但川南的冬天，气温只有两三摄氏度，十分干冷，这时候，俞载道只好长时间不洗澡——至多，只能在天气晴朗的日子里，用毛巾浸过冷水后擦擦身子，称为"干洗"。有一年冬天，他浑身发痒，极不舒服，他跑到东岳庙前的江边，咬着牙脱下外衣外套，穿一条裤衩，舀上一盆江水浇到身上，瑟瑟发抖中，总算洗了个澡。

汉学家费正清和夫人费慰梅曾到访李庄，在他们看来，"李庄缺乏甚至最起码的生活设施。它和外界的唯一联系是河船。没有电话，没有电，没有无线电，没有车子或役畜，甚至从江边通往山里的小径也只是仅容两人通过的梯级稻田里的踏脚石，怪不得在这个与世隔绝的农村，居民们是如此落后、迷信、贫穷和疾病缠身"。

然而，再艰难的人生，也有生活的乐趣。更何况，俞载道他们还年轻，还对抗战胜利以及更美好的未来充满希望呢。东岳庙和长江之间，今天是风帆广场和一个篮球场，几十年前，这里是一片绿色的草坪。暑假里，有人在草坪上开了夜间茶馆，俞载道常和同学坐在方桌前喝茶纳凉。在最靠近长江的那排桌子边，眺望对岸，是朦胧的大山的剪影；头顶，是明亮而沉默的星河，像保守着亘古以来的秘密而缄默不语。白天，草坪撤去桌椅，变身运动场。俞载道和同学组建了一支篮球队，取名流星群——或许，就是闲坐夏夜草坪抬头遥望天宇给他们带来的灵感。他们省吃俭用，组队前往重庆与中央大学、重庆大学等高校组织球赛。捉襟见肘的艰难岁月，因为青春，同样气势如虹。

俞载道既喜欢体育，也喜欢音乐，尤其是古典音乐。李庄这个偏僻的西南小镇，似乎与贝多芬、舒伯特和莫扎特相距遥远。但是，同济迁川时期，李庄还云集了一批著名的文化机构，如中国营造学社——俞载道在李庄第一次听到交响乐，就是在营造学社。俞载道还和几个同学组建了一支男声合唱队，经常在晚自习前演唱抗日歌曲。同济的一对恋人结婚时，合唱队在婚礼现场合唱《婚礼进行曲》，"成为当时李庄举行西式结婚仪式的一个先例"。

1944 年 7 月，俞载道结束了五年的大学生活，行将毕业。毕业前一天，一个高鼻深目的外国人走到他身边，问他是否愿意留校，担任他的助教。这个外国人，是来自波兰的魏特。魏特是俞载道钢结构课的老师。

俞载道意外而兴奋，毫不犹豫就答应了。手里拄着文明棍的魏特，也"高兴地笑了"。

留校后，俞载道搬出羊街宿舍，住进了隔壁的张家祠教员公寓，两人一间，与学生宿舍相比，无异天壤之别。

作为助教，俞载道的主要工作是帮助魏特批改学生作业，有时做一些设计计算，给学生做范例。其余时间，俞载道也像学生一样坐在教室后排听魏特讲课。魏特对俞载道没有硬性规定，但他提出，凡是经俞载道看过的设计图纸，如果再发现任何错误，则认定是他的失职。多年后，俞载道回忆说："虽如此严厉，我却毫无怨言，从此做事更为谨慎细致。"

魏特系犹太人，在希特勒迫害犹太人的大背景下，他随众多同胞一起漂洋过海来到上海，受聘于同济。"八一三"事件后，他追随同济，经历了一次又一次艰辛的流浪。几十年过去了，李庄街上的一些老人，还对这个高个子、尖鼻子的老外印象深刻。

据说，初到李庄时，他常到镇上最好的留芬饭店吃饭，喜欢红烧蹄髈、猪肝、红烧狮子头和焖菜花。随着战事日紧而物价暴涨，他去留芬饭店的次数越来越少，渐渐归零。——每个月领了薪水，他必须把大部分寄回波兰，他的妻儿还靠它生活。

李庄背后有一片起伏的小山，名为天景山，又名五桐坳。就在俞载道做了魏特的助教一年多后，魏特客死他乡，长眠于天景山的小树林里。

关于魏特的死，有两种说法，都和吃有关。一种说法称，由于食物短缺，魏特染病在身，因饥饿和疾病而死；另一种说法称，他本来患有严重的胃病，医嘱少食油腻，魏特难耐饥饿，一口气吃了一只鸡，胃病加剧，终致不治身亡。不论哪一说为真，都同样令人伤悲。烽火遍地的乱世，一个教授的生死，也有如草芥一样偶然、无助。

曾昭耆

和纪增觉、徐为康、傅信祁、俞载道都是江浙人氏不同，曾昭耆是宜宾土著。

1943 年，宜宾中学初中部学生曾昭耆毕业了。其时，为了躲避日机轰炸，设于宜宾城区的宜宾中学也迁到了李庄。原本只有三千居民的李庄，此时已有近两万人了，成为川南地区人烟最稠密的小镇。曾昭耆考入宜宾中学高中部并上课两周后，才偶然听说同济附中还在招生，且一旦入校，不仅不需交任何费用，公家还管饭。曾昭耆的父亲虽是知名的矿山工程师，母亲也是知识女性，但家境仍不宽裕。于是，他从宜宾中学转到同济附中。后来，曾昭耆说："那次临时决定的转学，对我的一生具有多么重要的意义。没有那次转学，我不可能到上海进入同济大学医学院，后来是什么样的命运，谁也不知道。何况从那时家里经济条件看，如果在省宜中，我高中毕业后能否继续上学都是未知数。"

两年后，抗战胜利。三年后，就在曾昭耆从同济附中毕业，准备升同济医学院时，同济正式决定复员上海——结束八年来艰苦卓绝的漂泊。

对江浙学子来说，回迁上海自然是天大的好消息，他们顿时生出"白日放歌须纵酒，青春作伴好还乡"的狂喜；而对四川学子——包括曾昭耆来说，却是忧心忡忡。这忧，既来自对上海这座大都会的未知与畏惧，也来自巨大的经济压力。

以曾昭耆而言，他的父母都不赞成他追随同济去上海，而是希望他就业，至少在家帮着做点家务。好在，姐姐支持他，他也不愿意放弃。

不到十八岁的曾昭耆踏上了前往上海的旅程。在宜宾，他搭乘五等舱，顺流而下，花了三天时间到重庆。在距朝天门码头几公里的枣子岚垭的一家难民收容所里，曾昭耆住了一个星期，终于买到一张到宜昌的船票。依然是最便宜、条件也最恶劣的五等舱——五等舱位于水位线以下，空气沉闷、污浊，旅客铺着行李，横七竖八地躺在地板上。自古川江不夜航，第一晚宿忠县，第二晚宿云阳，第三天过三峡，下午到宜昌。

在宜昌，像在重庆一样，曾昭耆又一次住进了难民收容所。这一次的收容所条件更差，房子也没有，就是在一片空地上支了几十顶帐篷。不过，住难民收容所也有一个好处，那就是不仅可以免费住宿，还可以免费吃饭，虽然伙食非常糟糕，至少可以填饱肚子，不必动用本就十分羞涩的行囊。又等了一周，才买到宜昌到汉口的船票。到汉口后，又花了三天时间，总算到达南京。曾昭耆的哥哥在南京工作，在哥哥那里住了几天后，他坐了一夜火车，终于抵达了传说中的上海。此时，距他在宜宾告别亲人出发，已经过去了一个多月。

曾昭耆是自行前往上海的，而同济的大多数师生，则在1946年4月23日由李庄分批坐船集中到重庆，尔后，三路进发：一路顺江东下，一路取道川湘公路转浙赣、沪杭线，一路取道川陕公路转陇海、津浦和沪宁线。

同济重返上海时，原本苦心经营的校园早就毁于战火：全校十五栋房屋均遭轰炸，无一完整。其中，大礼堂被飞机炸出七个大洞，成为危房；中学部、教师宿舍被炸出十二个大洞，附属工厂大部分沦为瓦砾。政府拨给同济充当校舍的，主要是华德中学和原德国医学院，后来又增加了两所日本学校——曾昭耆的医学院一年级，就设在原日本第七国民学校。校园散在市内各处，同济只得在各校区之间开通了校车。刚到十里洋场的曾昭耆，这个宜宾乡下少年，最大的乐趣就是坐上免费校车看风景。

八年辛苦不寻常，同济在烽火岁月的一路西迁，不仅弦歌不辍，并且，哪怕在最艰危的环境下，依然在不断壮大——战前，它是一所只有医科和工科的专业性大学。战后，1946年，同济在理学院增设哲学、中国文学和外国文学三系，改称文理学院；1948年，哲学、中国文学和外国文学三系从文理学院分出，新建文学院。至此，同济终于发展成一所具有医、工、理、法、文五个学院的综合性大学……

我是中国人

那一年端午节，在李庄，李约瑟见到了一位老友——多年前在比利时结识的童第周。令他惊讶的是，童第周夫妇用一台从旧货店买来的显微镜，以金鱼做实验，写出了高质量的论文。李约瑟在日记里说："英国科学访华使团非常荣幸地将童氏夫妇的科研报告交由西方科学杂志发表。""（童氏夫妇的研究）与地球另一端的权威霍尔特弗莱德博士的最新观点不谋而合！"当李约瑟邀请童第周夫妇离开条件艰苦的同济去英国时，童第周婉言谢绝了。

很多年后，李庄因庇护了同济大学以及中国营造学社、史语所等文教机构而成为小有名气的旅游景区。行走在大师与普通人都行走过的街巷，沐浴着大师与普通人都沐浴过的江风，那些消逝的人——不论大师还是普通人，不论成就显赫还是寂寂无闻，他们，都浓缩为李庄厚重的历史记忆。对同济这所八年间六次迁徙的大学来说，它之所以在山河破碎之际屹立不倒并逆风飞扬，我想，很大程度上，是因为他们心里都深藏一句话，那就是童第周在谢绝李约瑟的邀请时脱口而出的——

我是中国人。

从白山黑水到巴山蜀水

——东北大学和它的三台八年

那本是一个宁静而平常的夜晚。

如果不是夜里突然响起的爆炸声的话。

农历八月初七，中国南方暑气未消，犹是炎炎夏日，但地处东北的沈阳，早已有了霜冷长河的秋日迹象。这一晚，新月皎洁，清寒的光辉隐约地笼着城池，散淡的桂花香若有若无。晚上9点半，宴请完美国人木德博士后，宁恩承回到家，像平时一样，10点钟上床就寝。

多年后，宁恩承对那晚的月色记忆深刻——比这更深刻的，是把他从睡梦中惊醒的爆炸声，"一个极大爆炸之声，声震屋宇，窗门动摇"。宁恩承醒来后看了一下时间：晚上10点20分。他以为是实习工厂的锅炉出事了，立即打电话给值班人员，回答说平安无事。宁恩承大为惊异，遂披衣出门，"只见新月当空，一般夜景，寂静如常，没有发现什么异样"。就在他疑惑不解时，"一个大炮弹经我头上飞过，一道火光，索索作响，由西向东如流星一般飞去……我不禁大吃一惊，知道大事不好……"。

218

这一天是 1931 年 9 月 18 日，宁恩承时为东北大学秘书长兼代校长。尽管他通过头上飞过的炮弹得出结论：日本人开始攻打我方驻军北大营，但是，他不可能意识到，就是从这震耳欲聋的爆炸声开始，长达十四年的抗日战争开始了。而他服务的东北大学，作为抗战内迁的第一所高校，即将在急剧动荡中，踏上漫漫长途。最终，在距沈阳数千里的一座遥远小城，完成它从白山黑水到巴山蜀水的艰难播迁。不绝如缕的"衣冠南渡"背后，是那个时代铭心噬骨的主题：山河破碎，救亡图存，向死而生……

"九一八"之夜

和我去过的大多数大学一样，东北大学绿化良好。高大的楼宇间，草坪修剪整齐；交错的小道两侧，油松笔直挺拔；小花园里，夏日的花开得正繁。这是东北大学南湖校区——在沈阳，东北大学有三个校区，此外还在秦皇岛设有分校。不过，这三个校区和分校都不是最原始的东北大学。东北大学的根，在距南湖校区十公里外的北陵大街 49 号。不过，尽管我找到了北陵大街 49 号，但我没法进去。曾经书声琅琅的百年前的东大校园，如今是辽宁省多个机关的办公地。我在北陵大街周围转悠，终于在街角小广场后发现一块碑，上书"全国重点文物保护单位东北大学旧址——教职员住宅"。四下张望，远远近近都是一些普通的当代建筑，昔年的教职员住宅在哪里呢？碑的后面，有一座小山。登上小山，我看到山另一边的一道铁栏内，有几栋民国风格的小洋楼。想必，那就是曾经的东大教职员住宅了。

我一直以为，不到东北，不能感知中国之大。2018年暑假，我在东北漫游时，驱车于白山黑水之间，每每感慨于东北漫无边际的辽阔。常常，汽车行驶半小时，天上的白云还是那一朵，远处的树林还是那一片，路旁的稻田还是那一方。不过，地域辽阔、物产丰饶的东北，有一个严重短板，那就是文化落后。以大学而言，东北大学组建之先，将近一百五十万平方公里土地和三千万人口的东三省，竟然没有一所真正意义上的大学。

东北大学的滥觞，得从张作霖说起。

20世纪20年代初，有东北王之称的张作霖两次挥师入关，在北京组建政府。1922年，第一次直奉战争中，张作霖战败，退回东北。奉天省省长王永江和教育厅厅长谢荫昌向他提出："欲使东北富强，不受外人侵略，必须兴办教育，培养各方面人才。"

张作霖深以为然，决定创办东北大学。1923年4月26日，奉天省颁发校印，以后，4月26日就作为东大校庆纪念日。

北陵大街之名，源于埋葬了清太宗皇太极的昭陵。昭陵，民间俗称北陵。如今，这里是以昭陵为核心的一座面积颇大的公园，周遭街巷纵横，车水马龙。一百年前，这里除了圈在大墙内的陵墓，只有原野上不多的农舍。张作霖将东北大学布局于此，乃是看中了它的偏僻幽静，宜于潜心读书。东北大学的面积，宁恩承的说法是足有九平方里——其时的沈阳城，也不过六平方里。比较准确的史料表明，创建之初的东大，至少有一千五百亩。——以校园面积论，东大是当时全国最大的大学。

1928年，皇姑屯事件中，张作霖被日本人炸死，奉系元老拥戴张学良为首领，出任东三省保安司令，兼东北大学校长。对东北大学的早期发展，张学良起到了至关重要的作用：他把张作霖的大多数遗产用于办学，先后修建了文学院教学楼、法学院教学楼、图书馆、罗马式体育场、实验室，以及教授住宅楼。东北大学每年的办学经费为一百六十万块大洋，远超国内其他大学——北大九十万，清华一百二十万。东北大学的办学宗旨，张学良概括为：培养实用人才，建设新东北，以促成国家现代化。几十年后，当年风流倜傥的少帅和他的东大师生都已垂垂老矣，师生们见到他，仍然恭敬地称他：老校长。

梅贻琦有一句名言："大学非大楼之谓，乃大师之谓也。"尽管东北大学有当时国内一流的校园、建筑等硬件，但缺少在全国有影响力的教授。为此，张学良下令高薪招贤——这一做法，和几年前陈嘉庚办厦门大学时如出一辙：凡东北大学教授，月薪最低三百八十块大洋；特别著名者，可达八百块。以购买力粗略计算，当时的一块大洋，约相当于今天四五百元人民币。比如，北大图书馆助理员，一个月的工资为八块大洋。与此相比，南开大学教授月薪为二百四十块，北大、清华则为三百块。如此高薪，东北大学很快吸引了一大批知名教授：数学大师、北大数学系主任冯祖荀；曾任北洋政府财政总长的法学家罗文干；曾任北洋政府司法总长、教育总长的国学大师章士钊；国学大师、语言文字学家黄侃；机械学鼻祖、后来的中科院院士刘仙洲；建筑大师梁思成、林徽因夫妇——他们在东大创建了中国第一个建筑系；化学家、中央研究院院士庄长恭；心理学家陈雪屏；现代体育理论奠基者、后来的上海体育学院创办者吴蕴瑞；体育教育家郝更生……这些天花板级的大学者纷纷出关，来到沈阳。胡适忍不住向蔡元培抱怨："现在学校的好教员都要走了……北大最好的是物理系……温毓庆君已受东北大学之聘……数学系最受学生爱戴者为冯汉叔（祖荀）兄，汉叔现已被东北大学用三百现洋请去了……"

据统计，"九一八"前夕，东北大学有理、工、文、法、农和教育六个学院以及八个专修科，学生三千余人，教授三百多名。这三百多名教授，百分之九十以上毕业于哈佛大学、麻省理工学院、哥伦比亚大学、牛津大学、早稻田大学等世界名校。可以说，无论硬件还是软件，东北大学都以令人难以置信的速度在崛起。

然而，当"九一八"那个原本宁静而平常的夜晚被一阵紧似一紧的爆炸声撕裂，正在冉冉上升的东北大学走到了一个意想不到的拐点。

以后，宁恩承才知道，巨变发生的秋夜，校长张学良远在北平。那晚，他从省主席臧士毅那里得到了确信。电话中，臧告诉他：日本人正在攻打北大营。

宁恩承说，乍听臧士毅那句"日本人正在攻打北大营"时，他的反应是，"比大炮弹由头上飞过更可怕"。因为，东大与北大营同在沈阳城北，只隔几公里。日军既然炮击北大营，那么，及后肯定会向东大发起进攻。东大的两三千学生中，约有两百多名女生——这正是宁恩承最担心的，"日本军人如果攻入我校，后果不堪设想"。

东大的体育场是当时少有的钢筋水泥建筑，远比其他校舍牢固，宁恩承下令把女生送进体育场更衣室暂避，又令值班人员把实习工厂的易燃物品移到安全地带，理工楼化学室的爆炸药品也加封隔离。在他安排员工做这些事时，"新月西沉，星光闪闪，夜色渐渐阴沉了"。日军的炮弹每隔十分钟一次从学校上空飞过，"第一次经过头上觉得惊恐，三五炮之后，习以为常不在意了"。等到他再次致电大帅府、省政府和教育厅请示如何应变时，"均没有人接应电话了"。东北大学就像一个被遗弃的孩子，唯有自救。

次日早晨六点，只睡了四五个小时的宁恩承在理工楼前召开全校大会。会上，他向师生们通报了日军进攻北大营的情况，并将学生的伙食费发还，宣布男生自行解散，女生凡是在沈阳有亲友的，任其投靠亲友，无亲友的，暂时安置在苏格兰人开办的小河沿医院。会上，宁恩承讲了一段话，他说："我在英国上过学……英国人有一传统，一艘船将沉没的时候，船上的妇女小孩先下船，先上救生艇，其次是男的乘客，再次是船工水手，最后是船长……今天我是东北大学的船长，我们这条船处在风浪之中，不知要有什么危险。我向诸位保证，我一定遵守英国传统，筹划安全出险办法。如果遇上危险，逃生的次序一定按我所说次序实行：女孺先离船，其次是教授、学生，再次是职工，我是永守舵位，尽力让大家先逃生。"

一个星期后的 9 月 25 日，东大几千师生及家属都已四散而去。空荡荡的校园里还有五六个人：两个职员，两三个工友，以及代理校长宁恩承。当天下午，宁恩承吩咐职员把各处房屋上锁，然后，他们一同离开了校园。

当宁恩承回过头去张望熟悉的东大校门时，他不知道，跨出这道大门后，他再也无法回来——哪怕以后还有东北大学，哪怕他高寿九十九，并且还将与东大发生若干关系。只是，既然人无法第二次踏进同一条河流，那么，他也无法第二次踏进同一所东北大学。

流浪的课桌

九一八事变时，徐景明还不到二十二岁，是东北大学俄文系学生。一夜之间，沈阳成了日本人的天下，尽管有宁恩承努力维持，东大还是乱套了。师生各自逃命，家住沈阳市的学生要好些，悄悄绕道溜回家去。恼火的是外地学生，尤其是哈大铁路沿线的，他们不敢乘坐日本人的火车，只好三五成群地随着逃难人流挤出城。然而，城外的青纱帐里，劫道的强盗趁火打劫，将路过的学生洗劫一空。

辽阔的东北，已经没有一片净土，绝大多数东大师生逃往北平。徐景明即其中之一。沈阳站已被日军占据，皇姑屯站人满为患，"车上早已超员。只见车上的人手推脚踢，不让下边的人上去，一倒一片。我们也不敢靠近，没法上车"。

好不容易听说有个火车站，花钱买票后可以上车，徐景明赶到时，从一个铁路员工打扮的人手里，花高价买了一张票。上车后，他马上明白被骗了：他上的火车，竟然没有火车头，是一列开不走的废车——任何时候，都不缺发国难财的人渣。

几经周折，徐景明总算挤上了一辆运煤车。运煤车开了一段，突然停了下来。车厢里的一个妇女，抱着一岁左右的孩子，费了好大劲儿挤到车窗前，把孩子伸到窗外大便。没想到，火车猛然启动，妇女措手不及，孩子一下子掉了下去。多年后，徐景明还记得当时的惨状："孩子的妈妈哭叫着要往外逃，被旁边人拽住。于是孩子妈揪头发，捶胸大哭……"一会儿，车厢里的人惊讶地发现，有血从车顶流下来——原来，车顶也挤满难民，过隧道时，他们的头碰到了隧道墙上……

学生入关如此艰难，教授，甚至知名教授同样狼狈。著名古典文学学者、词人刘永济，经吴宓介绍，到东大任教。九一八事变后，他带着妻女仓皇入关，"火车走走停停，沿途只见逃难的群众和一簇簇士兵。火车摇晃了三天三夜，我们只能吞咽一点点干粮，口渴难忍，在一次火车停车时，正好有一批士兵烧了一大锅洗澡水，车上的人便一拥而下，将这锅未开的水，抢得干干净净"。像刘永济这样因九一八事变而不得不离开东北大学的教授，有一二百人之多。离开东大后，刘永济去了武汉大学，大多数教授也就此与东大分道扬镳。这对东大的影响，甚至比校园被占，设备、仪器、图书被毁更严重。

九一八事变不到十天，大多数东大师生通过各种途径抵达北平。1931年9月26日，教授们组建了教授代表会，学生们组建了东大临时学生会，共同推进复校。

北京西直门大街与东新开胡同交叉的西北角，有一条宁静的小巷。小巷中部是西城区教育研修学院。学院门前，两株粗大的槐树浓荫匝地，看上去，足有几百年树龄。教育研修学院之前，这里曾是华北小学以及民国时期的陆军大学旧址，而它们，都是借用一所道观的房舍。

道观叫崇元观。1909年，法国人阿尔费德·杜帖特游历中国时，拍下过一张崇元观的照片：高大而孤独的庙宇前，是一片泥泞的空地——我猜，1931年11月，当东北大学师生把他们动荡的书桌安放到这座据说是明朝太监曹吉祥修建的道观时，他们看到的情景，应该和阿尔费德看到的相差无几。

宁恩承是1931年10月抵达北平的，其时，学校分作三处，崇元观为总校。同期从东北流亡到北平的冯庸大学和东北交通大学，都合并入东北大学。校舍、师资完全不够，宁恩承发明了借读法——他与北大、清华和南开的三个校长，即蒋梦麟、梅贻琦和张伯苓协商后，三校同意收留一部分东大学生，不经入学考试，学籍仍在东大，毕业后由东大发文凭。

东北大学在北平办学四年。四年间，如果只记录一件最有影响、最有意义的事，我以为和东大的一个学生有关——几十年后的今天，在东北大学校园里，有一座现代化体育馆，名为刘长春体育馆。体育馆前，立着一尊铜像。铜像是一个精壮男子，身着有中国字样的运动服。这个人叫刘长春。

刘长春，大连人，中学肄业后，在玻璃厂当学徒。一个偶然的机会，张学良的弟弟张学铭发现了他的体育天赋，将他带到沈阳，破格录取进东北大学体育系。

1929年10月，在中、日、德三国田径对抗赛上，刘长春获一百米和两百米短跑亚军。其中两百米短跑，创下了亚洲纪录。"九一八"后，日本人扶持成立伪满洲国，企图让刘长春代表伪满洲国参加奥运会。刘长春间道潜行，从关外逃到天津，并在

《大公报》发表声明："苟余良心尚在，热血尚流，又岂能忘掉祖国，而为傀儡伪国做马牛。"

1932年7月1日，在北平举办的东北大学体育系毕业典礼上，张学良亲自宣布，派刘长春代表中国参加在洛杉矶举办的第十届奥运会。与刘长春同行的东大体育系教授宋君复任教练兼翻译。一周后，刘长春自上海登船，经过二十一天航行后抵达洛杉矶，并于次日参加奥运会。尽管由于"考试一个月"，加上"航行劳顿，缺少练习"，刘长春并未取得名次，但他却是中国奥运第一人。

次年，在南京第五届全国运动会上，刘长春创造了百米短跑全国最新纪录，相当于奥运会第五名，并且，这个纪录在中国保持了二十五年。

九一八事变后，在读的东大学生和任职教师纷纷逃往关内，并在北平复校。另有大批更年轻的学子，事变时，他们还在上中学。为了不做亡国奴，他们也想尽办法逃出伪满，后来辗转考进东大，其经历更加曲折惊险。王成福即其中之一。

1934年6月，十八岁的王成福带着两件衣服和一床旧被子，在父亲忧伤目光的注视下，踏上了从沈阳开往北平的火车。他的裤腰带里，缝着他的全部盘缠——十七块大洋。车到锦州，上来一帮人，有日本人，也有中国人，"对我们旅客一个个详查、盘问，对青年男子搜查得更是仔细，看脑门上有没有戴过军帽的痕迹，手上有没有拿过枪磨出来的老茧。对读书人就特别检查随身带的行李和衣服口袋，查有无携带秘密文件资料"。锦州到山海关的一百多公里，每隔十几分钟就查一次，"也数不清多少人被他们拉下车去盘问、毒打、扣留，被拉下去的人都生死不明"。

到了北平，这个来自黑土地的少年举目无亲，找了一家每天三角钱的小店住下来，白天满城乱窜，听到东北口音，就上前自我介绍，打听哪里有东北人的组织、团体、同乡会，或者流亡学校。每天吃饭和住宿，最低也要一块钱，而他缝在裤腰带里的钱，只够维持半个月。

就在十七块大洋即将用完之际，焦急的王成福在街上遇到了同学杜勃然，杜将他安排到舅舅家暂住。及后，王成福考上了流亡在北平的东北中山中学。三年后，当王成福打算报考东北大学时，已在北平复校四年的东北大学，却迁往了千里外的西安。——原来，自从占领东北后，日军开始蚕食华北。到1936年初，局势日益紧张，张学良决定：东大迁西安。

今天，西安以拥有六十四所高校而在全国各城市中排名第七，很难想象的是，20世纪30年代，这座文化积淀极为深厚的古都，竟然连一所高校都没有。东北大学的到来，打破了零的纪录。

西北大学校园里，有一座看上去十分古朴的礼堂，半圆形的房顶、长而窄的窗户、圆柱支撑的门头。门前，立着一块碑，上书"西北大学礼堂"。如今，它的主人的确是西北大学。不过，当年它的主人，却是漂泊到西安的东北大学。礼堂奠基时，张学良题词曰："沈阳设校，经始维艰。自'九一八'，惨遭摧残。流离燕市，转徙长安。勖尔多士，复我河山。"

东北大学在西安的校址，系陕西农业学堂地盘。当年，位于二环内，紧邻古城的东北大学一带已是郊区，小小的校园外是大片的农田和林地，站在礼堂前，能遥望到大、小雁塔和更远处的终南山。

东大决定从北平迁往西安，是在1936年初。因为学校放寒假，大多数学生已经离校，学校决定分批动身。第一批于1936年2月12日出发，五天后到达；第二批3月6日出发，也是五天后到达。

为了安顿东大师生，农校腾出一部分校舍，计有教室八间、办公室三间、学生宿舍五十余间、教授宿舍数间、饭堂一间，大礼堂则为两校共用。初到西安的东大师生约三百人。学生宿舍五人一间，教授宿舍二到三人一间。实验室和图书馆极为简陋，大量从北平运来的机械、仪器和图书只能堆放在墙角。与北平相比，西安物价腾贵。自建校以来，东大学生伙食费一直由校方提供，虽然此时将伙食津贴由四块五涨到七块五，生活水准仍不如北平。

关于东大学生在西安的生活，1936年5月出版的校刊上有一篇题为《本校西安分校近况》的报道，其中云：

> 学生住的是中古式的瓦房，和农校同学隔屋而居，吟唔相应，谈笑相投，融融一院，俨若兄弟。他们共占用宿舍三列，每列十四间，每间住同学五人或四人。室中除去床位，几乎一张书桌都放不下，土壁砖地，虽陋而洁。电灯还未安妥，现仍以煤油灯和蜡烛照读，吟唔一室之内，颇有古儒之风，亦可乐也。

> 行路只有步量，因门无车马之喧。同学欲进城者，或绕

西门或绕南门，均需步行二里许，始得雇车，而车资之贵，更不堪言。故同学多步行。

沐浴更是困难，城外压根没有浴所。城里虽有不少，但都设备欠佳。入其门臭气冲天，令人欲呕，而浴资之贵，侍候之疏，更不可形容。若是到临潼华清池，路途又远，时间路费，都不经济。

王成福赶到西安时，东北大学在西安办学已经一年多了——或者也可以换一种说法：东大在西安的办学已经进入倒计时，即将再次内迁。之前，东大从北平迁西安时，王成福高中尚未毕业。1937年，毕业在即，七七事变，他随几个同学流亡到南京。

到南京不久，淞沪会战，南京危在旦夕，王成福和同学靳士光商量一番，决定前往西安报考东北大学。他们搭乘的是一辆闷罐车，车上挤满难民。挤不进车厢的人，就爬到火车顶，"有人就由火车顶上滚下来，死伤不明"。王成福看到，一个女子，一手抱着孩子，一手提着包袱，挤车时，实在挤不上去，便把包袱丢下车。没想到，挤上车才发现，丢掉的不是包袱而是孩子，"她号啕大哭，立刻昏了过去。可是车已开动，她是否跳车就不知了"。

到了西安，王成福找到东北大学。对这些来自东北的流亡学生，东大为他们提供食宿，让他们等着考试。考试完毕，两人成绩合格，被工学院录取。

入学后，王成福暗暗松了口气——学校为所有学生解决吃饭和住宿问题，他不必再为食宿发愁，可以全身心投入学习了。

所以，他的感受是，"老师教学认真，同学努力向上"。但是，仅仅半年后，王成福和他栖身的东北大学，不得不再次上路。

到四川去

1937年卢沟桥事变后，日本发动全面侵华战争，中国进入全面抗日阶段。四个月后，随着太原会战国军失利，不仅意味着国军在华北的正面战争结束，还意味着西安岌岌可危——一个标志是，日军飞机不断空袭西安。东北大学也像在西安的其他高校一样，难以正常上课。西安行营主任蒋鼎文提醒东大校长臧启芳——宁恩承已于四年多前辞职——南迁。臧启芳也深知西安绝非久留之地，遂向教育部请示迁移地点。令他万万没想到的是，教育部的指示是迁往青海。其时的青海，不仅交通不便，且人口稀少，物质匮乏，根本不可能支撑得起一所大学。臧启芳说他"甚感奇怪"，"那样可以说等于不准迁移，因为往青海是绝对做不到的事情"。

臧启芳决定抛开教育部自行选择迁校地点。抗战期间，最理想的大后方是素有天府之国美称的四川。臧启芳也想把东大迁往四川，但到底迁往四川哪里，他派法学院院长李光忠赴川考察。

李光忠的考察很不顺利。一是已有太多学校、机关迁川，四川接纳能力有限，颇感吃力；二是张学良在西安事变后被蒋介石软禁，而东大系张学良及其父亲创办，张学良还是校长，收留东北大学，是否会引发政治上的麻烦？

就在李光忠垂头丧气地打算回西安复命时，他突然想到了离川陕公路不远的一个地方：三台。抱着有枣没枣打一竿子的念头，李光忠去了三台。在三台，他会见了县长郑献征。没想到，郑献征爽快地答应了。

1935年，国军入川前，四川有过长达十余年的防区时代，也就是大小军阀各自独立为政，三台属二十九军军长田颂尧的地盘。为了扩充实力，军阀们无不横征暴敛，以三台来说，1935年，田赋已经荒唐地预征到了1963年。

三台地形以丘陵为主，虽是宜于农耕的沃土之地，但在军阀多年敲骨吸髓的盘剥以及动不动就天旱歉收的折腾下，三台不仅民间贫穷困苦，城市设施也极为落后——除了一条西通成都东达重庆的沙石公路有点现代化的样子外，入目皆是狭窄的街道、低矮的房舍、面带菜色的人民。李光忠到三台时，县长郑献征履新还不到一年。郑献征系四川荣昌（今属重庆）人，毕业于北京大学法政学院，曾应卢作孚之邀，参与创办并主持兼善中学。以后，还出任过重庆大学校长。1937年，他以四川省建设厅主任秘书身份调往三台任县长。

抵达三台次日，郑献征在日记里写道："要劝人民多种粮食，万众一心，自救救国。"要多种粮食，就得解决灌溉问题。三台有涪江及多条支流流淌，可惜，白花花的水没法上山。郑献征上任不到一周，就向上峰提出修建水利工程，这工程，就是如今仍在发挥功用的郑泽堰。它的设计者，是刚从美国留学归来的黄万里。为了修堰，郑献征变卖家财，凑得四万余大洋，约占工程总费用的百分之十。

对于郑献征拍板接纳东北大学，几十年后，郑献征的女儿郑

立在郑泽堰附近的石碑

碧贤写道："三台刚遭受旱灾，本身财力不足，困难重重。但他认为知识是民族的希望，战后国家建设需要大量的人才，必须尽全力保护这股力量。三台人可以暂时勒紧裤带，也要与东大共荣辱、同生存。他根本没想过什么政治风险。"如果说女儿对父亲的评论，或有拔高之嫌的话，那么，公正地说，郑献征的识见、胸襟以及公忠体国之心，远高于同时代那些官场油子。更何况，他还做过中学和大学校长，对漂泊的东大学子，有一种天然的同情和亲近。此外，当时的三台教育极为落后，全县没有一所完小和完中。在他看来："东北大学能到三台，是三台之幸，绝不是负担，不仅会提升三台的文化素质，带来勃勃生机，周边县市的青年也必将大受裨益。"

当喜出望外的李光忠把郑献征的答复电告臧启芳后，东北大学的又一次迁徙就此提上日程。

1938年3月19日午夜，冷雨如注，一列火车从古城楼下的西安北站缓缓驶出，向西边的宝鸡而去。这是一列逃难的文化列车。绝大多数乘客是几所学校的师生，他们千里迢迢奔赴异乡，就是为了寻找一个相对安静的地方，安放他们宁静的书桌。这些学校包括：准备到天水的焦作工学院，准备到汉中的山西铭贤女中，准备到皋兰的甘肃某学院。当然，人数最多、规模最大的，是准备前往四川三台的东北大学。

迁川前，东大已做了充分准备。臧启芳在给教育部长陈立夫的呈文中说："全校学生，除四年级少数学生自动请求留陕参加后方抗敌工作或在机关实习外，余均编入。由工学院王院长文华及全体军训教官及职员领导，于本月19日，由西安乘行营所拨火车到宝鸡。由宝鸡起，携带帐篷及行军锅炉，徒步入川，预计4月10可到三台。"

火车行驶一夜后，3月20日上午，抵达当时的陇海线终点宝鸡。当夜，师生们在车站外的空地上，支起十几座帐篷过夜。东大学生阳骥回忆说："柝声灯火，席地酣眠，倒也别有一番风味。"按计划，当天就得赶路，但淅淅沥沥的春雨下了一天，他们只得22日午后出发。

如同西北联大从西安前往汉中时，学生按军队方式编成队伍行军一样，东北大学亦如此。队伍最前面，是五十名身强体壮的学生组成的警备队，他们全都荷枪实弹，负责安全警卫。之后是五百名同学组成的三个中队，再后面是一百多匹骡子和几十名挑夫——每个学生，准许带不超过二十五公斤的行李，由学校统一运输。这支数百人的队伍，在古道上绵延近一公里，他们身着青棉大衣和青色制服——大衣、制服和枪支，均由蒋鼎文提供，常有路人把他们当成军队，一再上前打听："你们是哪一部分的？"

从宝鸡入川，要翻越秦岭和大巴山。从三千年前起，秦巴山地间就有多条沟通川陕的古道，称为蜀道。宝鸡城西南七公里，平原结束了，蜀道转入秦岭北麓山谷。这一线，属于蜀道中的陈仓道。川陕公路虽已修通，师生们仍然只能步行——两天前，另一支学生队伍也像他们一样，从宝鸡出发，徒步翻越秦岭。那是前往汉中的西北联大。

23日晚，东大师生在大湾铺过夜，由于行李没有及时运到，他们只好在料峭的春寒中坐了一夜。次日行走一小时，途经大散关——大散关因陆游诗句"楼船夜雪瓜洲渡，铁马秋风大散关"而闻名。今天，大散关对面的岩壁上，刻写着巨大的红字：铁马秋风。下午1点，师生开始翻越秦岭中的第一座山峰。阳骥回忆说："爬秦岭攀藤附葛，匍匐前行，愈登愈高，竟行云上。唯时云雾弥漫，山巅远瞩，但见数峰矗立云海而已。西汉公路盘山而上，工程浩大。每行里许，必见筑路民工埋头苦作，不禁发生愧怍与敬佩之感。"

当晚，宿东河桥。东河桥是秦岭南坡的一个小村庄。如今，宝成铁路就从村子北面不远处穿过，村子距秦岭站只有两三里。整个村子，大多是白墙黛瓦的民居，在青山绿树映衬下，十分秀美。

东河桥以后，东大师生行经黄牛铺、红花铺抵凤县。在凤县，他们告别了陈仓道，通过明清时修建的连云栈道到达留坝，从而转入蜀道的另一条：褒斜道。在一山接一山、一岭连一岭的秦岭中行走十天后，重重叠叠的大山终于被抛到了身后。他们再一次看到了平坝。阳骥回忆说："在此十日中，每日或行五十，或行一百，朝发暮宿，备极劳顿。宿营地点如下：草凉驿、凤县、留凤关、南星、枣木栏、留坝、马道之褒城。除秦岭外，更渡凤岭与柴关岭，均属峭拔险峻、凹凸难行之山路，而留凤关宿营之夜，匪警讹传，彻夜惊恐，大有草木皆兵之慨……总之，在此二百余公里之旅程中，无日不在山沟中遄行，山民大都朴实可亲，唯多害沙眼与肿脖之症（约占全数30%以上，妇女患者更多），大抵系所饮山水过硬之故。"

4月4日，全体师生在汉中休整一天。汉中距目的地三台，尚有四百公里之遥，其间横亘着陡峭的大巴山。如果继续徒步，至少还需近二十天。学校临时决定，在汉中雇用汽车，分作两批前进：第一批两个中队于4月10日出发，三天后抵三台；第二批一个中队及警备队于20日出发，也于三天后抵三台。途中，第一晚宿宁羌（今宁强），第二晚宿剑阁。三台给阳骥的第一印象非常好："三台虽仅为县治，但街道整洁，市肆繁密，殊不让开封洛阳之二等都市也。"

从沈阳到北平，从北平到西安——其间，还有一部分师生曾辗转开封，再由西安到三台，东北大学的漂泊极为曲折漫长。这就意味着，东大学生中，有相当一部分并不是随着学校一起迁移的，而是像王成福那样一路流亡过来的。王成福的流亡经历已经相当艰难，但他还算幸运儿。据东大1944级地理系学生于学谦说，那些流亡的东大学生，"这当中很多人半路受不了的，被抓的，被害的，被抢劫的，女同志被强奸的也很多，我们到了三台以后听了好多这样的例子"。于学谦的一个同学讲述过他惊心动魄的经历：他和另一同学一道去报考东大，途经河南。"水旱蝗汤"折磨下的河南，是当时中国最贫穷的地区之一。两人借宿在一个老乡家里。他出去买东西，那个同学在老乡家歇着。一会儿回来，那个同学不见了，老乡的锅里热气腾腾地煮着什么，"据猜测是被杀了以后煮在锅里面，吓得他赶快逃跑了"。

古城潼川

丘陵起伏的三台地处川中。对这个历史悠久的古县来说，它的锦瑟年华在唐朝。如今的县城潼川镇在唐朝时既是剑南东川节度使治所，也是梓州府治所和郪（Qī）县治所。用今天的话说，相当于集省会、州府和县城于一身。

潼川镇至今还保留着一段城墙和东门城楼。只不过，有些地段的城墙被扒去了一大截，矮矮的，像地主家的围墙。至于东门城楼，变成了生意清淡的茶园。城门前是一块全国重点文物保护碑，上书：潼川古城墙。碑前，有两个农妇在卖菜。看到我走近，她们一齐期盼地问：买青菜吗？新鲜的。

潼川古城墙一直完整地保存到了四十年前的20世纪80年代。从老地图上看，城墙圈起的城市近似长方形，南以凯江为天然护城河，东至涪江河滩，北界田野，西至牛头山下。牛头山，又称牛首山，如今，它辟成了公园，叫梓州公园。山顶的小广场上，高大的杜甫塑像屹立在温暖的阳光下。在塑像脚边，摆放整齐的菊花开出了明亮的花朵，轻风吹过，像是一朵朵跳动的火焰。塑像旁边的一座仿古建筑，是后人为纪念杜甫的梓州岁月而建的梓州草堂。

安史之乱后，杜甫流寓四川，其间在梓州居住了一年又八个月。杜甫在梓州的草堂，其实并不在牛头山上。毕竟，牛头山远在郊外，居住此地，颇不方便。不过，杜甫不止一次登山览胜。

东北大学在牛头山上
开凿的防空洞

那时候，山上有一座寺庙，叫牛头寺，杜甫曾在一个春天前去游玩，并有诗为证：

> 青山意不尽，衮衮上牛头。
> 无复能拘碍，真成浪出游。
> 花浓春寺静，竹细野池幽。
> 何处莺啼切，移时独未休。

那个春日，青山拥翠，曲径通幽，好花怒放，修长的竹子倒映在水中，莺啼婉转，空山幽寂……如此生机勃勃而又清静怡人的美景，一千多年后，东北大学的师生将再次感同身受。

1938年4月25日，三台召开了一次史无前例的大会：三台各界欢迎东北大学迁潼大会。参加者除地方政府工作人员和东大师生外，还包括驻三台的中央及省府机关和各行业代表、各区区长及联保主任，人数超过三千。此前两天，全城各商家便在店前悬挂彩旗，张贴标语：欢迎东北大学到三台。当时的媒体报道说："郑献征县长与臧启芳校长并肩而行，他们的手紧紧相握，同仇敌忾。"欢迎大会上，郑献征和臧启芳分别讲话，郑献征说："欢迎勇敢的东北大学师生，历尽千辛万苦，长途跋涉，翻山越岭来到我们三台，增强抗日力量，播撒文化种子，将为这座古城带来勃勃生机，这是三台之幸！三台虽然贫穷，但三台人民将把你们当成自己的亲人，请你们把这里当成自己的家！"

对以郑献征为代表的三台各界人士的慷慨接纳，东大学子心怀感激。秀才人情纸半张，臧启芳赠了一首七律给郑献征，诗云：

> 寄迹潼川巧遇君，亦狂亦涓亦温文。
>
> 照人胆似秦时月，对我情如岭上云。
>
> 万念悲天寰海困，片心忧国一身勤。
>
> 寇公奉召林胡灭，应共高歌尽日醺。

今天的三台中学位于县城东部，紧邻一条叫环城路的街道——我极疑心，这条环城路，就是几十年前拆了城墙后修建的。三台中学校园里，原有一座草堂寺。父老相传，杜甫流寓梓州时，他的草堂就搭建在这里。清代，草堂旧址建了文峰书院。及后，潼川知府沈清任将文峰书院改名草堂书院，并为书院附建祠堂纪念杜甫和李白，称为李杜祠，民间习称草堂寺。民国时，草堂寺是田颂尧二十九军军部。东大迁三台前，草堂寺仍为军队营地。与草堂寺一墙之隔的草堂书院，已归潼属联中。经过郑献征协调，军方将草堂寺让给东北大学。再加上潼属中学让出的一部分校舍以及文庙和试院，东北大学总算在巴山蜀水找到了一个落脚之地。校舍"因陋就简，勉强复课，缅怀昔日在沈阳昭陵前之巍巍气象不可同年而语矣"。在沈阳，东大占地上千亩；在西安，东大有校舍六百七十六间；而在三台，仅有校舍近两百间。至于图书，在沈阳有二十多万册，而三台仅两万余册，完全不可同日而语。

如同抗战内迁的所有大学一样，东北大学也面临师生众多而校舍不足的窘境。既然是在国难当头的战争年代，一切只能因陋就简。以住宿来说，学生十人一间，小屋里挤了五张上下铺的白木板床，再安放一张有空格的红色大木桌，每人一个位子，空格处存放书籍，至于行李衣物等个人物品，只能放在各人床头。亲历者回忆说："寝室里有些像避难所，挤满了人。一走进教室，便见到高黑的屋顶，漏光的墙壁，古旧的小方格窗上，飘着丝丝片片的白纸，地上是像原野初经削刈过的土地，有低洼也有凸起。"

这种如今看起来差得不可想象的住宿条件，放在抗战内迁大学中，竟然要算中等——比上不足，如与华西坝上的几所大学相比；比下有余，如与城固的西北联大相比。

三台县城，有一条小街叫陈家巷，如今变成了陈家巷社区，房屋密密麻麻，据说是三台最大的城中村。东大三台时期，陈家巷被称为大学巷——东大的不少教授，就租住在这条穷巷中。其时的陈家巷，几乎都是夯土墙，墙上挖一个小洞，竖起几根木条做窗户，四川人称为牛肋巴窗。冬天寒风凛冽，便糊上几张劣质的草纸。夏天，蚊蝇通过窗户长驱直入，鸣声如雷。然而，就像李尧东说的那样，"名教授通住土屋安之若素，他们坐在窗前研读撰写；或则有二三学生在侧聆听教义；或则室内一派谈笑风生，那正是某些教授的相聚为学论政。他们从未计较过这十分清苦的生活，品德感染了学生，也潜移默化了他们的亲属子女"。

四川多茶馆。茶馆不仅是民众休闲娱乐的场所，还扮演着公共空间的角色。作为历史悠久的水陆大码头，三台城里，茶馆星星点点，各色人等出没于不同的茶馆。大十字口的五云阁茶馆，是商人爱去的地方，相当于三台的经济中心。南街的谈天茶园文化人居多，相当于三台的文化中心。陈家巷口的一家茶馆，人称大学茶馆，其真名反倒被遗忘了，其原因，便是东大师生喜欢聚集于此。大学里的自修室和图书馆人满为患，一些学生便把茶馆当作自修室。他们"抱着几本书刊，泡上一碗清茶，坐上半天，饿了在门前买个锅盔充饥。或则相约二三同学常年在此茶叙一番，谈点知心话，以消乡愁"。甚至，有时候，一些大型文化活动，也假座于茶馆。比如，1945年的端午节，全国文协三台分会组织了一场纪念晚会，由于学校缺少举办地点，便将校门口的一家茶馆包下来。参加晚会的人，每人自买一碗茶后就座。茶馆的汽灯拨得雪亮，陆侃如讲述屈原生平及其作品，姚雪垠分享创作经验。及后，不少文艺界人士和教授或发言，或朗诵，"茶馆内外聚集着黑压压一片人群，附近的老百姓和爱好文艺的青年朋友成了围观者，直到深夜不散"。

三台不通电，到了夜晚，全城笼罩在一片墨一般的黑暗中，低低蛰伏的房屋，牛肋巴窗口，扑闪闪的油灯透出一丝细弱的光，如同萤火。所以，那时候，城里的绝大多数居民，几乎都是日出而作，日落而息。但学生不同，他们还得利用晚上的时间读书做功课。学校给每个学生发了一个用洋铁皮敲成的小油灯。黄昏时，东大校园里有一道周而复始的"风景"，学生排成长队，站在庶务组门前，每个人都手持油灯，等着工人将煤油灌到灯里。一度，由于煤油供应紧张，曾用桐油代替。一盏灌满油的灯，可以照明三四个小时。宿舍里，"入夜，坐满了一屋人，四壁悄然雅静，复习这一天的课程，或则看书、写作、写信，直到油干灯芯尽，全室自然入睡了"。

图书馆的照明比宿舍要好，有两盏大汽灯，把那间圆拱门的原二十九军军部会议室照得十分明亮。可惜，僧多粥少，有限的位置，注定只有少数学生能抢到，"每到黄昏时，'占位子'的书本笔记争先恐后摆放桌前，占着的也令后来者羡慕不已"。

1945 年，后来以《丑陋的中国人》和《中国人史纲》而风靡华人世界的著名作家、学者柏杨来到三台，以郭衣洞的名字转学就读于东大政治系三年级——两年后，当柏杨随东大回迁沈阳后，他不仅被东大开除，还被教育部通告全国各高校不得收留。因为，柏杨乃是伪造文书，冒名顶替。多年后，柏杨在他的回忆录里说："就在三台，我幸福而满足地过着大学生生活。"

事实上，这"幸福而满足"的大学生生活相当艰难："天渐渐入冬，四川的冬天绝不是没有棉衣就可以度过的，而流亡学生却没有棉衣。"幸好，基督教会在三台成立了一个学生公社，准备了不少灰色粗布棉大衣，免费借给穷学生。柏杨说："我在穷的程度上是有目共睹的，所以我也借到了一件。"柏杨学会了吸烟："吸烟成了难以负荷的最大开支。那时候买烟，不是一包一包地买，而是一支一支地买。"

对柏杨这种穷学生来说，进大学有一个最大的保障，那就是解决了吃住问题。抗战期间，国家逐月给每个学生发放贷金，注明是国家借给学生的学费，毕业后分期偿还。——由于物价飞涨，这些贷金后来几乎都没有偿还。

贷金只能维持最基本的生活，或者说，只能吃饱，不能吃好。柏杨记忆中，东大学生食堂里，"八人一桌，四菜一汤，汤只是一碗咸水，四个菜没有一个可以下咽。偶尔有一盘花生米，立刻被抢一空，以致大家不得不立出一个互相遵守的公约，就是："只可骑马，不可坐轿。"骑马是用筷子夹一粒花生米，坐轿是把筷子横下来，可以一次铲起两粒、三粒。……每月十五日和三十日，中午和晚上都可以吃到一顿肉（最丰富的是晚饭，大概每人可以吃到一大块）……然而，沦陷区学生饥肠辘辘，平常没有一点脂肪，突然一次吃下大量的肥肉和猪油，肠胃不能适应，往往泻肚。我上铺就有一位同学，每一次都逃不过此劫，而且一晚上拉两三次之多，我劝他以后加菜少吃点吧。'不，'他正色说，'拉死也得吃！'"

于学谦说："在三台流亡的东北青年都是很穷的，而我也可以算得上是一贫如洗的了。"1944年春，身无分文，就连换洗衣服也没有的于学谦在同乡的接济下，从西安赶到三台考入东大。于学谦的记忆中，四川的冬天虽然不像老家东北那样严寒，但"夜里也是冷飕飕的"，关键是"室内和室外的温度差不多"。大多数学生都睡在用竹条编成的床板上，只有一张床单、一床薄被子，"冻得睡不着觉"。有时，只好几个同学起床，穿上所有衣服再披上被子，围坐一起打扑克消磨漫漫长夜。

东门外的涪江之滨，到处是芦苇。冬天，芦花雪白，随风飘动。一个星期天，于学谦灵机一动，邀约了几个东北同学，扯下大把大把的芦花铺在竹编床板上，再盖上床单，"那一天夜晚，一上床就感到格外地温暖，很快进入了梦乡……一觉醒来，被窝里还是热乎乎的。躺在床上许久许久不愿起床……几天后，芦花压得又硬又薄，寒气又从床下慢慢袭上来"。

自从1931年由沈阳迁北平，再到1938年由西安迁三台，东北大学在路上的时间已经过去了整整七年。不论是当年在沈阳还是北平录取的学生，都已毕业。就是说，三台时期的东北大学，东北学生已不占主体，而是以四川学生为主。相对东北流亡学子而言，四川本地学生的经济状况可能要稍好一些，但也好不了多少。巴金的堂弟李尧东就是从成都考到三台就读东大的。在他看来，说东大学生衣不蔽体显然过于夸张，但"筚路蓝缕，以启山林"可以当之无愧。他们节衣缩食，多年不添置衣服。几十年后，李尧东说他"现在还留下很深印象的穿着"，是"北方的同学都穿一件黑布棉衣，年复一年，几经风霜，黑布开花绽出白絮，白絮再变成灰黄的棉团；春夏季节又多是一件洗得灰白的长衫，布鞋破靴，穿着实在不能再简朴了"。三台出产土布，"实在无法穿着了，就买点这些布做添补衣裤"。艰难年月里，"人们已习惯于穿着上的不讲求，不贪图，没有也不感到羞涩，更不会去向别人借贷购置，好像都忘了生活中的给养"。

学生生活艰难，教授们的生活也好不了多少。哲学系教授赵纪彬是著名哲学家、思想史家，1943年，他受顾颉刚之荐到东北大学任教，讲授"哲学概论""中国哲学史"和《论语》。他在东大期间的讲义，后来由中华书局出版。虽是知名学者，赵纪彬有一家人要养，加之物价腾贵，经济仍十分拮据。他的烟瘾向来很大，只好抽最劣等的烟。有时，就连最劣等的烟也要断供。中文系的几个同学实在看不下去了，暗中发起募捐，筹到一笔钱后送给赵纪彬，并附了一封信，信中说"惊闻先生有在陈之厄"——对抗战内迁学子来说，他们大抵在内心认定，烽火中的衣冠南渡，相当于孔子在陈蔡期间遭遇兵火，虽有一时之困，终将云开雾散。钱、信一并送去后，赵纪彬坚决不收。他的夫人李慎仪流着泪说："我们很感谢同学们的好意，但赵先生就是饿死，也决不会接受这些钱的。"后来，这笔捐款，转而用于中文系所办刊物《文学月刊》的印刷。

东大师生

东北大学历任校长中，臧启芳任职长达十年。他领导东北大学先后经历了北平、开封、西安、三台、沈阳五地办学，可谓名副其实的"流亡校长"。也是在他手中，东北大学由省立改国立，并在三台八年间，慢慢恢复了元气。出任东大校长前，臧启芳担任过商务印书馆经理、东大法学院院长、东北特别区行政公署机要秘书和天津市市长等职。令人惊讶的是，以他如此显赫的履历和东大校长之尊，在三台，臧家的生活仍然十分清苦。甚至，为了一大家人的生活，臧启芳只好将他当市长时置办的燕尾服和夫人的皮大衣，以及留声机、大挂钟等稍值钱的东西，一一变卖补贴家用。后来，臧启芳的次子臧英年说："他的原则是在各岗位上革新创造，不墨守成规，同时以绝对清廉的方式，以身作则，而且待人公正。他的清廉甚至到了牺牲家庭幸福的地步了。"

《东北大学往事》记载了臧启芳的一桩逸事：东大校园附近有一个旅的驻军，军纪不严，常有女生被骚扰，以致晚上不敢出门。这天，臧启芳设宴，遍邀该旅连以上军官。席上，臧启芳动情地历数了东大辗转流亡的艰辛，学生们漂泊异乡的困难，以及非常时期为国家保存文化火种的必要。他恳请军官们管束士卒，给学生们一个安宁的学习环境。末了，他举杯说，今天就是要请各位在国难当头之际，更加体恤流亡学生。我要用四川老白干敬每位一杯，以示我对此事的郑重。说罢，他一路敬下去，一连干了四五十杯。宴后，臧启芳大醉三天。感动不已的军官们纷纷约束部下，从此，再也没有女生被骚扰。

研究抗战时期的大学内迁，我有一个不算发现的发现：每一所内迁大学，都有一个清正廉洁、作风正派的校长。从浙大的竺可桢到武大的王世杰，从华大的韦卓民到厦大的萨本栋，以及东大的臧启芳，莫不如此。西谚说，由一头狮子率领的一群绵羊，将打败由一头绵羊率领的一群狮子。正是因为拥有一个个优秀的校长，这些几乎山穷水尽的大学在国破家亡的乱世才不仅能够生存，还能够发展、壮大，创造中国乃至世界教育史上的奇迹。

十几年前，我创办过一本杂志，名叫《逆境》，是一本面向青少年的挫折教育刊物。编辑该刊时，常常四处寻找逆境中奋进的案例。可惜，那时候我还没接触到抗战大学内迁这段历史。不然，我想，单是这一主题，就有无数生动的故事。今天，回头看当年那些内迁大学，无论哪一所，西南联大也好，西北联大或是东北大学也罢，都面临同样的窘境。一方面，山河破碎，战火纷飞，家乡远隔千山万水，亲人音问难通；另一方面，寄身异乡，辗转漂泊，物质维艰，生存不易。但是，就像海明威笔下的老人说的那样，人生来不是为了给打败的。在逆境中，在捉襟见肘的物质条件下，东大师生如同其他内迁大学学子一样，有一种生机勃勃的向上的力量："学生们，尤其是东北籍贯的，大都身体健壮，朝气蓬勃，平素不愿说话，只有力行，八载的流离颠沛，已刺痛了他们的心，他们在这黄金般的读书时代，脑海里时时刻刻重演着陷落了的故乡父老们的受苦受难图，又怎不以'枕戈待旦''闻鸡起舞'的心来努力学习呢？看起来学生都很辛苦，从早晨六时一直到晚上十时都很少休息。""全校可见到的是：热诚、紧张、沉毅的脸，到处充满着的是和谐、畅快的空气。"

初迁三台，东北大学只有文、理两个学院，设文学系、历史系、地理系、化学系、经济系和政治系六系，以后陆续扩充为文、理、法、商四个学院，增设了外文系、数学系、物理系和工商管理系，学生增至七百多人，教授、讲师和助教八十多人，成为一所较为完整的大学。

自张学良当校长起，东大就有高薪求贤的传统。到了三台，虽然经费捉襟见肘，校方仍然千方百计加强师资力量。东大校史专家王国钧说："当时的东北大学在聘请名师方面除了邀请学术界权威以外，也聘请了一些没有高学历，而是自学成才的教授，一旦这些教授有著作、学术成果问世，东北大学就敢于高薪聘请，这是东北大学尊重知识、尊重人才的重要特点。"

三台时期，东大的师资自然无法和沈阳时期相提并论，但还是聚集了一大批优秀学者，如萧一山、金毓黻、姚雪垠、姜亮夫、赵纪彬、杨荣国、陆侃如、冯沅君、蒙文通、丁易、陆懋德、蒋天枢、沈刚伯、贺昌群……

三台县城解放下街的潼川二幼，曾是一个宽大的院落。一百二十多年前，这里是三台县基督教堂。东大师生来到三台时，基督教堂有两名外籍牧师，东大聘请她们到校开课。一个是丹麦人麦迪森，教语音学；一个是英国人梯佩蒂，教文法及写作。多年后，听过她们授课的姜丁铭印象深刻："这种国际音标的学习，无疑会给东大外文系的学生带来益处，他们也能在 80年代学习英语的高潮中，赶上潮流，有所贡献……她的课使外文系的学生在用英文写作上打下一定基础。"

与其他内迁高校相比，东大最大的特色或者说最显著的优点是风靡一时的社团活动。据 1943 年统计，东大有社团五十多个。这些社团包括壁报团体、学术团体、文学团体和剧团。用亲历者的话说："各社团的活动形式多样，生动活泼，有如繁花竞放。"最活跃的首推壁报团体。1945 年，东大学生办的壁报有八十种，教室、实验室和校园的通道两旁，贴满了五光十色的壁报。——几十年后，尽管无法进一步获知这些壁报的内容，但从壁报的报名称可以感受其丰富多彩：《合唱群》《长江社》《晨风月刊》《火把》《山火》《荒原》《草原》《心声》《新生》《创作》《奔流》《松涛》《沉钟》《播种者》《阿 Q 壁报》《戏剧月报》《新生代》《诗战线》《艺苑》《草堂诗画社》《求实读书会》《地光社》《九月文艺社》《经济园地》《学译社》《东北问题研究社》《诗风社》《学习社》《文潮壁报社》《时事萃报》《西北建设学会》《东北》《革命军》《抗战文艺》《中文系三五》……

影响最大的社团当数中华全国文艺界抗敌协会三台分会。中华全国文艺界抗敌协会成立于 1938 年 3 月，总部设在重庆北碚，老舍任总务主任，郭沫若、茅盾、冯乃超、夏衍、胡风、田汉、丁玲、巴金、郁达夫等为理事。在文协的多个分会中，三台大概是所在城市最寂寂无闻的一个——其他是广州、成都、昆明、桂林、香港、襄樊、延安等大中城市。显然，如果没有东北大学，三台不可能成立分会。后来，在三台分会基础上，又扩大为川北分会。分会成员包括陆侃如、冯沅君夫妇以及姚雪垠、赵纪彬、徐放等人。与卞之琳、何其芳同为汉园三诗人的李广田，其时在毗邻三台的绵阳教书，也是分会主要成员。

文协分会下属有实验剧团，剧团的主要成员为东大学生。他们每学期演出三四部戏，诸如《北京人》《日出》《家》《雾重庆》。每次演出，三台万人空巷，争相观看。门票收入的一部分，作为文协分会经费，一部分则捐给抗日前线。

与实验剧社一样受人欢迎的是国剧社。所谓国剧，即京剧。国剧社演职员以学生为主，另有一些教授和家属，以及当地京剧爱好者。国剧社的演出地点，大多是在学校礼堂或是食堂搭台子，有时则是县城里的华光庙——这座破败的庙宇，有一个同样破败的舞台。《东大校友通讯》撰文报道说，1942年的迎新晚会，"国剧社在大礼堂公演《戏凤》《黄鹤楼》《扫松》《坐宫》《女起解》五幕京剧，所有行头均系国剧社自己购买或制作，服装鲜艳，作唱俱佳"。同年，为了宣传抗日和为前线募捐，国剧社"公演国剧四日，共售票六千余元，捐赠前方抗战将士"，"售票数目之多，剧目角色之精彩，均打破三台国剧纪录"。

在三台，诗圣流寓时居住的杜甫草堂妇孺皆知，但提起长平草堂，却无人知晓。当然，与杜甫草堂屡毁屡建不同，长平草堂不仅早就荡然无存，甚至就连准确旧址也难以厘清。

三台县城西北侧，街巷尽头，一座苍翠的小山山腰，掩映着一座古老的寺庙：琴泉寺——它既留下了杜甫的游踪和诗句，也是东大师生闲暇时的游观之地。琴泉寺所在的小山，名叫长平山。

长平山以西，山的另一侧，是三台通往绵阳的公路，公路旁，有一个地方叫马家桥。如今，这里是城乡接合部，点缀着加油站、加汽站和三三两两的商铺与民居。几十年前，这里已是远离城区的乡村。丘陵和水田中，有两排新建的夯土为墙、稻草为顶的平房。这些平房分别充当工作室、课堂、图书馆、宿舍、厨房和饭厅。其中一间屋子的墙壁上，挂着一张横幅，上书：长平草堂。横幅的书写者，乃是著名史学家金毓黻先生。

金毓黻，辽阳人，毕业于北京大学，曾任辽宁省政府秘书长、教育厅长。九一八事变后，日本人想利用他在东北的名望，便将其软禁。他在担任过一段时间伪满奉天图书馆副馆长后，借访日之机逃至上海，经蔡元培、傅斯年等人推荐，执教于中央大学。全面抗战爆发后，金毓黻随中央大学迁至重庆。1940 年秋，金毓黻来到三台，为东大筹建东北史地经济研究室并担任主任。

成立东北史地经济研究室的目的，"一则为集中本大学之教师、学生研究东北问题之各方面以其结果贡献于国家；一则为本大学毕业生及其他大学毕业有志研究东北问题之学生，设深造之研究机关，以造就畅晓东北问题之专门人才"。

研究室既是东北大学培养硕士研究生之起始，更体现了东大人的高瞻远瞩与责任担当。臧启芳说过："救国之术，原非一端。将士以勇于战阵为救国，官吏以忠于服务为救国，学校以瘁于研学为救国。"就是说，研究室乃学术救国的具体行动——抗战虽然正处于最为艰难的相持阶段，东北已沦陷多年，但是，包括臧启芳在内的东大师生都坚信：抗战必胜。东北一定会光复。他们这些远离故土的东北子民，有朝一日也终将回归故乡。那时候，就需要建设东北、振兴东北，那么，必须从现在起，就对东北各方面的问题进行深入研究。这就是时任教育部长陈立夫所说的"在东北未收复之前，研究筹划工作实为将来定复建设之指针"。鉴于研究室使命重大，不久就升格为东大文科研究所。后来，国民政府指示，在东大成立东北建设设计委员会，着手研究、制定收复、建设东北的计划与纲领，以备抗战胜利后为国之用。其具体工作的承担者，即东大文科研究所。

当无数将士在前线浴血奋战，以沙场冲锋的英勇和马革裹尸的坚毅报效国家时，在三台城外的田野间，伴随着蛙虫的长鸣，昏灯之下，东大学子以笔为旗，用另一种方式肩负起了历史赋予他们的重任——几年间，《东北通史》《东北要览》《志林》《东北集刊》等一大批关于东北史地、经济的专著、期刊、调查报告就在几间茅草房里诞生。甚至，国民政府关于战后重建东北的《东北四省建设设计方案概略》，也由这个小小的文科研究所担纲完成。

1944年，文科研究所在重庆举办了一场"东北文物展览会"。面对故乡故土的文物，置身巴山蜀水的东北同胞仿佛一下子回到了魂牵梦绕的白山黑水。《新民报》总经理、著名作家张恨水参观后感慨说："东北人民在水深火热中，过了十三年，在后方的东北人士，也在血泪中回忆着故乡十三年。含着血泪，看了这些图书，实在忍不住和他们喊出来：打回老家去！"

杜甫在梓州写下的作品，最知名、最让东大学子共情的是《闻官军收河南河北》。那时候，这些间关万里的学子，如同杜甫盼望官军打败叛军收复中原一样，他们也盼望国军打败日军光复东北——如是，他们也将白日放歌须纵酒，青春作伴好还乡……

后来那些事

1992 年 11 月，宁恩承从旧金山飞往台湾。在台湾，他见到了九十一岁的张学良，并请张学良题写了东北大学校名——此时，世上已无东北大学。

1945 年 8 月 15 日，日本无条件投降，艰苦卓绝的抗战终于取得了全面胜利。8 月 10 日晚上 9 时，喜讯传到三台，三台居民及东大师生欣喜若狂，鞭炮声响彻全城，火把照亮长夜。9 月 2 日，日本在东京签订降书，东大决定自 5 日至 7 日举行庆祝活动。校门口，柏树枝扎成的牌坊高高耸立，正中是中美英苏四强国旗和领袖像，两侧门柱上，张贴着陆侃如撰写的对联：

万里流亡尝胆卧薪缅怀黑山白水此时真个还乡去
八年抗战收京降敌珍重禹封舜壤来日无忘守土难

抗战既已胜利，返回沈阳自是顺理成章。一部分不愿去东北的学生，转到了川大等校。做了种种安排后，1946 年 5 月，东大告别暂住八年的三台，离开巴山蜀水，复员白山黑水。

已经从东大毕业一年的柏杨，也选择了同东大一起到沈阳，他想在东北谋发展。当这个冒牌的东北大学学生第一次见到真正的东北大学校园时，他惊呆了，几十年后，犹自感叹："和三台的东北大学相比，沈阳的东北大学雄伟壮丽得像一个独立王国，仅工学院，就拥有一个修理火车头的庞大工厂，如果要绕东北大学一圈，步行的话，恐怕要六七个小时。"

东北大学离开栖身八年的三台后，留在三台的校址和设施继续发挥功用：1946年，三台建起了一所地方性高校，初名川北农工学院，两年后改名川北大学。1952年全国院系调整中，川北大学改为四川师范学院并迁往川北行署治所南充。几经分合，演变成今天的西华师范大学和四川师范大学。

回到沈阳的东北大学，它后来的命运令人唏嘘。1948年，随着国军在东北溃败，东大再迁北平。北平解放后，东北大学却没能第二次回到东北，而是被解体：理学院、文学院与佳木斯东大合并，后来，佳木斯东大迁往长春，改名东北师范大学；工学院虽迁回沈阳，但改名沈阳工学院，后来再改名东北工学院。

东北大学不复存在后，东大人一直在为复名而努力。1993年3月8日，国家教委批准东北工学院复名东北大学。这所饱经沧桑的高校，终于在消失四十四年后再次归来。

1993年4月22日，东北大学诞辰七十周年前夕，复名典礼如期举行。九十四岁的宁恩承，亲手揭开了盖在校牌上的红色缎带——蓦然回首，此时，距他在那个月明星稀的秋夜被突如其来的爆炸声惊醒，已经过去了六十二年……

流亡的课桌：中山大学抗战往事

院落空旷，碑已消失，我还是忍不住东张西望。就像我知道那群人早就远去，却还是忍不住去想象他们——他们的欢乐、悲伤、希望、惆怅，以及他们时代的幸和不幸。

这是昆明以南几十公里的一座小城。旅游胜地抚仙湖就躺在旁边几公里处，深蓝的湖泊，像滴在高原上的一颗泪珠。老照片上规整方正的古城，如今，像大多数小城一样杂乱无章。

小城叫澄江。

我张望的地方叫文庙。

几十年前，那群从南方来到澄江，在这里生活了一年多的读书人，在他们即将离去之际，留下了那块我已经无从寻找的碑。

幸好，碑上的文字留了下来。

那文字，出自许崇清之手。

是年，许崇清五十二岁，中山大学代校长。

碑文题为《告别澄江民众书》。文中，许崇清回顾了中大迁滇经历，他对澄江官方和民众的"恳勤相爱"，使中大在烽火岁月里"弦歌不辍，游息有所"深表感谢。同时，又总结了中大在澄江的作为，并因"惜以时间及经济关系，未克次第举办"表示遗憾；最后，他用"共负时艰，以完成抗战建国之伟业"与澄江父老共勉。

几天后，一辆辆军用卡车呼啸而来，一路烟尘，又呼啸而去，带走了一车车图书、仪器、设备，也带走了一车车百感交集的中大师生。

那一天，无数澄江人伫立街头，望着卡车渐行渐远渐无踪。

喧哗热闹了一年多的小城，今夜，终于又恢复了从前的冷清和寂寞。

来了，走了。

事如春梦。

武有黄埔，文有中山

1924年11月，孙中山的生命只余最后半年了。他为一所大学题写了十个字的训词：博学，审问，慎思，明辨，笃行。

这所大学刚刚成立，或者说，这所大学是在他的直接倡议与关怀下成立的。它叫国立广东大学。

孙中山认为，"革命的基础在于高深的学问"，"教育为神圣事业，人才为立国大本"。一生中，孙中山创办了两所学校。两所学校，一武一文，武者即创办于1924年的陆军军官学校，俗称黄埔军校；文者即国立广东大学——与黄埔军校系全新创办不同，国立广东大学是以三所旧有高校整合而成：一所是国立高等师范学校，一所是广东法科大学，一所是广东农业专门学校。一年多后，广东公立医科大学也并入进来。

从 1924 年 2 月 4 日颁布大元帅令筹办广东大学，到 1924 年 11 月 11 日举行开学典礼，九个月里，大到学校定位、办学方针，小到学生宿舍及体育器材，孙中山无不亲自过问，先后下达数十道指令。尤其重要的是，为解决经费问题，孙中山带头捐款两万。孙中山对中大的特殊情感，源于他对这所新建大学寄予的厚望，正如戴季陶所言："中山大学，为中国革命的最高学府，今后中国之改造，须赖于中山大学者至大。"

由"3+1"打包而成的国立广东大学，其校园，天然地分成四部分。

文明路上的广东贡院，系清代乡试考场。清朝末年，废科举办新学后，两广速成师范馆创办于此，以后，演变为国立广东高等师范学校——俗称红楼的明远楼，便是当年的历史见证。

广东法科大学前身系广东法政学堂。1905 年，两广总督岑春煊奏请朝廷，将相当于公务员培训机构的广东课吏馆改为广东法政学堂；1923 年，广东法政学堂再改为广东省立法科大学。其校址，在广州法政路右巷——早就面目全非，基本找不到踪迹了。

1909 年，广东成立全省农事试验场并附设农业讲习所；1917 年，改建为广东公立农业专门学校，校址在广州农林下路。和广东法科大学一样，当年的校园也荡然无存了。

广东公立医科大学，前身为广东公医学校，创建于 1909 年，校址几经迁移，落址百子岗。

如此分散办学，管理自然不便。尤其重要的是，除广东公立医科大学外，其余三处校舍均在广州市中心。车水马龙，市声喧喧，并不是适合讲学读书的地方。

国立广东大学组建伊始，孙中山就意识到了这些问题。他下令另觅新址，建设新校园。

这一任务，交给了邹鲁。

邹鲁"多次查勘"，最后选定了广州东郊外的石牌——当时地处城郊，阡陌纵横、鱼塘点缀的石牌，现在早已是楼宇林立的中心城区。

邹鲁两度出任中大校长。第一次是自国立广东大学创办的1924年6月至1925年9月。其间，他虽查勘并计划在石牌建新校，但不久就离任了，建校计划只能搁置。1932年2月，邹鲁第二次出任校长。此时的国立广东大学，已在1926年更名为国立中山大学。到1929年底，有本科和预科学生两千余人，鲁迅、冯友兰、郭沫若、郁达夫、傅斯年、顾颉刚、俞平伯、赵元任、许寿裳、孙伏园、容肇祖等知名作家、学者都曾执掌教席。

重返中大，邹鲁的第一件事就是把建设新校园重新提上日程。他回忆说："这次重掌中大，看见学生数额与日俱增，非特原有校址不敷分配，而且多已陈旧不堪，时虞倾圮，于是就开始实行筹建石牌新校的计划，为中山大学奠定永久的基础。"

邹鲁把石牌校园的建设时间定为六年，两年一期，分三期完成。

第一期预算两百万，但政府拨款仅仅十万，可谓杯水车薪。不过，邹鲁擅交际，人脉广，广东又是中国富庶之地，有不少人在海外经商。在邹鲁的张罗下，"发起海内外募捐，承各界人士和侨胞的热烈赞助，结果非常圆满"。从1933年春暖花开动工，到次年秋天，比计划提前半年竣工，建成包括农学院的农学馆一座，蚕室及附属房舍教室若干以及稻作场一处；理学院的化学教室一座；工学院的电气工程、机械工程教室合一座，土木工程教室一座；男生宿舍六座，女生宿舍一座，食堂二座；公路七十余里；孙中山铜像一尊。1934年春，农、工、理三学院率先迁入新校区。

第二期预算三百万，但各种进项加在一起，也只有八十多万。"其余约二百万元完全没有着落，然而工程业已开始，无法停止。"邹鲁说，"当时焦头烂额的情形，真非笔墨所能形容。"他对学生感叹："为了筹款，除没有叫人爸爸和向人叩头之外，可说一切都已做到。"在邹鲁百折不挠的努力下，看似不可能完工的第二期工程，也于1935年秋结束，计有：大门石牌坊一座；文学院、法学院全部用房；农学院的农林化学馆一座，园艺温室一座，农场总务办公处一座，农场储藏室一座，蚕学馆一座，乳牛房一座；理学院的数学、天文、物理教室合一座，生物、地质、地理教室合一座；工学院的化学工程教室一座；工厂数座；宿舍数座；公路五十余里。文学院、法学院也于当年秋天迁入新址。

落成庆典上，邹鲁激动赋诗：蓝缕筚路启山林，寸寸山林尽化金。树木树人兼树谷，规模远托百年心。

中大发展至此，学生超五千，这在当年的高校中，几乎是首屈一指的。至于中大图书馆的三十万册藏书，更是毫无悬念地位

中山大学石牌校区大门

居全国高校榜首，其后才是燕京大学、北京大学和金陵大学。

走在今天的石牌，除了当年残留下来的老建筑外，已经很难想象几十年前的中大风采了——可以提供想象的，是一张张老照片。其中一张老照片是 20 世纪 30 年代初的中大全景：天际线尽头是逶迤而过的山峰，一片略微起伏的深色原野上，白色建筑三五成群。建筑周围，点缀着鱼塘、耕地和林子。

中大校舍用地达一万亩，如果加上林场和农学院用地，更是多达四万亩，即二十六平方公里多——如今的整个石牌城中村，大概不到两平方公里。庞大的校园与当时还较小的广州相比，校园大而城区小，时人遂有"中山大学校，半座广州城"之说。1933 级中大法学院学生朱盛荃回忆："中大石牌校舍占地之大，全国第一。是否如此，我没有求证。不过，如果拿我曾到过的其他学校来比较，能有我们校舍一半大者，从未见过。"一个周末，他和几个同学想看一看学校到底有多大，一大早，就穿上运动装和胶鞋，带了水壶、干粮和相机，"估计走了四五个小时，还只走了校园的一小部分，其幅员之大，可以想见"。

此时的中大，用邹鲁的话说，"规模已初具。当初荆棘遍地的荒野，突然变成堂皇瑰玮的大学区"。邹鲁游历过二十九个国家，每到一国，必然要去的地方就是该国的知名大学。见多识广的他认为，与国内的其他大学相比，中大不落后，即便与世界上的其他大学相比，"亦不落后"。

1941年，当中大已在烽火中颠沛流离时，一位没有留下姓名的中大学子在《中大向导》上撰文，诗意而深情地回忆起几年前的石牌校园：

> 那皇宫式的建筑，那沥青的大马路，太阳把屋顶鳞瓦反射得闪闪有光。巨大的圆柱，意大利式皮荡（壁柱），皮鞋在士敏土上敲得格格地响。那绿油油的草茵切得像地毯一样，普遍地平铺着。一丛丛的细竹、芭蕉树、仙人掌，散布在转弯拐角的小径上；一座座的洋房，星罗棋布。宿舍有电灯、电话和抽水小马桶，又有雨淋室、工场、水厂、电灯厂。院长主任也神气了，坐着大汽车。学生进城有巴士。教室宿舍大礼堂的地板永远照出人来。……总之，这儿是现代化了，科学化了。……石牌变成美丽的桃源，教职员宿舍附近有一条笔直的马路，二行巍长的油加利树，在晚昏日斜的时候，放出一阵阵或然的香气，会令你心旷神怡。弯月形的五座学生宿舍前面，是一个大广场，广场上有无数石条长板

凳，许多小组辩论和人约黄昏都在这儿产生出来。横在女生宿舍前面的洞庭湖，更是垂钓、泛舟、游泳的所在……排在校景最后一列的研究院，全白的培屋，浴在日光和月影底下，更显出真理的诚挚和洁白。……总之，这儿是任情的、自由的、灵圣的、洁白纯挚的世外桃源……

在广州，石牌是一个十分独特的存在。据说，它是全广州最大的城中村。站在石牌的许多地方，抬起头，都能看到大片高大而时尚的现代建筑，但石牌村却都是零乱而矮小的自建房。房屋与房屋之间，狭窄的陋巷，就连两人相对而行也须侧了身子。航拍影像上，石牌如同被高楼森林包围的一片低矮洼地。

石牌周边，分布着好几所大学：暨南大学、华南师大、华南农大和华南理工。事实上，几十年前，石牌所涵盖的地域范围，远比今天更大。这一带，都被笼统地称为石牌。五山的一条浓荫匝地的街道正中，矗立着一座石砌的穿斗式牌坊。牌坊立柱上挂着黄底红字的铭牌：华南农业大学。牌坊上方的横额上却是淡红色的大字：国立中山大学。牌坊下的石碑表明，这座和孔庙前的棂星门颇有些相似的石牌坊，乃是民国二十三年，也就是中大第二期工程时所建。

中大几年间修建的大大小小建筑，保存至今的，还有二十多座，大多分布在华南农大和华南理工校园内：体育馆、教室、实验室、天文台、日晷台、喷水池……这些以中式为主、西式为辅的老建筑，穿越百年时光之后，有一种古朴而沉静的气质，如同历尽沧桑的白头宫女，犹自诉说着玄宗往事。

正门牌坊背面，有一行遒劲的大字：格致诚正修齐治平。它的书写者，乃校长邹鲁。这化自儒家精神的八个字，既可看作邹鲁对中大师生的要求，也可看作他对自身的警醒。

一、二期工程在短时间内顺利竣工，中大拥有了宽阔而不失精致的校园。国内高校中，或许只有已经踏上内迁之路的东北大学在几年前差可比拟。邹鲁信心勃勃地启动了第三期工程。

然而，第三期工程还未竣工，就不得不永远停下来。

日本人来了。

从罗定到澄江

距广州四百多公里的茶阳镇，地处粤闽交界地带。茶阳镇的一座小村子里，有一片建于清代的土木结构老屋。这里，就是邹鲁故居。

邹鲁生于 1885 年，早年毕业于广东政法学堂，后留学日本。年轻时，他作诗自明心志："自有非常奇骨骼，愈经霜雪愈精神。"同盟会时期，他即追随孙中山。后来，他曾担任广东省财政厅长、大总统特派员及国府委员等职。不过，真正让他产生历史影响的，是他投身教育的经历——他既创办过乐群中学、潮嘉师范学堂，又是国立广东大学和及后的中山大学校长。

正当中大紧锣密鼓地按邹鲁的计划实施第三期工程时，因工作关系，邹鲁长期留在重庆。不过，他无时无刻不关心中大——既关心工程进展，更关心日益危急的华南局势。

1937 年七七事变后，日本全面侵华。国难当头，中大的建校经费停发了，第三期工程未完工者也一律终止。8月，日机开始轰炸广州。从此，直到广州沦陷，日机对广州的轰炸历时一年多。这一年多空袭，日军在广州市区投弹两千六百多枚，炸死一千四百五十六人，炸伤二千九百二十六人，炸毁房屋二千余间。中大石牌本部和文明路校区也多次遭到轰炸，死伤十余人，校舍炸毁多间，图书仪器损失惨重。尤为不堪其苦的是，由于石牌地处广州城东南郊，从海上飞来的日机进入广州前，必从石牌掠过。于是，跑警报便成为师生们的家常便饭。

远在重庆的邹鲁一面下令将贵重校产打包，一部分运到香港，一部分运到其他相对安全的地方；一面开始筹划内迁。

最初，内迁目的地定为广西；及后，由于种种原因，内迁计划未及实施就终止了。

就这样，中大继续留在了一日数惊的广州。耳畔是随时可能响起的尖利的警报，头顶是随时可能飞临的黑压压的日机，坊间是不时传来的真真假假的战争消息。隔三岔五的休课中，中大师生艰难地度过了1938年的前九个月。

到了1938年10月，终于非迁不可了——日军从惠州大亚湾登陆后，直扑广州。

1938年10月19日，中大师生已经能听到从东边传来的隐隐约约的炮声。离别石牌的时刻到了。这一天，中大动手将此前没有转移的校产——图书、仪器、设备、教具、试剂搬到临时雇来的一条条船上。20日凌晨2点，教职员工及家属们面色悲怆，带着大大小小的包袱，登上了停在珠江码头的客船。

21日，日军进入广州。当天早上，日机飞临石牌上空，用机枪低空扫射，搬运校产的工作只能就此结束，"孙中山先生苦心创办的国立中山大学，现在只剩下五船积蓄了"。

在岭南，东江、北江、西江及众多支流构成的珠江水系呈扇状流淌，两广地区河流纵横交错，水运十分发达。

中大师生内迁的目的地，就是珠江流域的一座小城——罗定。

罗定江是西江支流，又名泷江、泷水，它从罗定城区往东北流到郁南县南江口镇注入西江。就是说，中大的船只，从珠江进入西江，溯西江而上，经佛山、三水、肇庆等地后，抵南江口，再溯泷江而上，可达罗定县城。

如今，从石牌到罗定约二百五十公里，行车不过三小时，但中大的船只，却走了好几天——一者，逆水行舟，本来就慢；二者，屡遭日机扫射轰炸。

一周后，船上的中大人终于望见了泷江之滨一座高耸的塔。在那个大多数建筑不过数米的年代，几十米的塔鹤立鸡群。很多年后我走进罗定时，塔还是那座塔，只是，它已经很不起眼了。塔对岸，是泷江上的古码头大埗（chù）头。漫长而危险的航程终于结束了。

尽管曾是管辖附近地区的州城，但罗定其实就是典型的不发达的县城模样，尤其老城区，民房大多古旧破败。唐朝时，在被贬到罗定的诗人宋之问笔下，罗定完全就是烟瘴的化外之地：越岭千重合，蛮溪十里斜。唯一让我惊讶的是罗定学宫，也就是罗定文庙。这座清朝年间的建筑，修缮完整，面积广阔。只是，自始至终，除我之外，再无其他游人。学宫门前的墙上有一块铜牌：国立中山大学办学旧址。

中大来到罗定，房舍宽大且又属公共建筑的罗定学宫，是必然要被征用的。

经过罗定学宫西侧的停车场，顺着一条曲曲弯弯的小巷走上百十米，是一家家具厂。当初，中大来到罗定，如今的家具厂还是一座由庙宇改建的学校。家具厂破旧的砖瓦房，很可能仍然是当年那一座。空气中，油漆的味道东游西荡，刺人眼鼻。中大把学校总办事处设在了这所学校。在学宫与家具厂之间，一座座三四层的房舍杂乱无章地矗立着，其中一栋中西合璧的青瓦楼房，与周遭房舍有些格格不入。这是一家酒厂——在闻过油漆味儿后，我又闻到了酒糟味儿。几十年前，酒厂系云龙书院校舍。中大到来后，邹鲁等人就居住于此。农、医、法三学院安排在城内，借用了罗定学宫、民众书院以及罗定中学；理、工两学院安排在城西五十里的大湾；文、师两院及图书馆和研究院安排在城南七十里外的罗镜镇；附中安排在泷江对岸的文塔附近。庞大的中大只得如此委屈地化整为零。

中大迁罗定，主要出于几个方面的考虑：一是罗定地理位置优越，处于广东通往广西及云南的交通要道上；二是罗定物产丰饶，物价低廉；三是邹鲁与当地军政界关系密切。

然而，中大来到罗定后，才发现事情并非想象得那么简单：首先是校舍极其紧张。罗定本是一座小城，除中大要全校迁入外，还有另外多所学校——广东省立文理学院、省立艺术专科学校、省立仲恺农校、私立广州大学、华侨中学、金陵中学、国光中学、长城中学以及澳门雨芬中学迁入。其次是外来人口激增，物资立即紧缺，物价连续上涨。一度，罗定县政府要求每家居民每天至少要吃一顿杂粮，以减少大米消耗。再次，罗定距离广州只有二百多公里，万一日军继续西进，罗定也将失守。

无奈之下，中大只得放弃罗定，另选新址。

一度，中大考虑迁往西距罗定五百多公里，地处中越边境的广西龙州。不过，这一设想很快被否定。另一个更遥远、相对更安全的小城进入决策者视野。

那就是此前绝大多数中大师生根本没听说过的澄江。

抗战全面爆发后，随着北方和东南国土沦丧，大批高校内迁。内迁之地，主要集中在四川、云南、贵州。唯有山遥水远的西南地区，还能暂避敌军铁蹄。尚在斟酌是否迁往龙州时，犹豫不决的邹鲁给一个叫邓孝慈的人拍了一封电报，征求他的意见。

邓孝慈，云南盐津人，曾任云南政法学校校长以及李宗仁第四集团军秘书。1927 年，邓孝慈南下广州，受聘为中大法学教授。邹鲁重掌中大后，邓出任法学院院长。广州失陷前，他回到了昆明。接到老上级电报后，邓孝慈立即找到同样在中大法学院任职的吴信达商量。吴信达系云南澄江人，熟悉澄江诸种情况，遂向中大推荐了澄江。

有意思的是，尽管邓孝慈是中大校史上数得着的名师和知名学者，且对中大迁滇起过重要作用，但如果在网上搜索邓孝慈，结果却是一个年轻歌手。历史的沉重与娱乐的轻盈，很自然地决定了各自的命运。

广州失守前夕，中大师生——尤其是学生，分处多个地方。一部分在石牌校本部，一部分在外参加社会实践，一部分加入到各种抗日团体在外活动，如文、法学院部分学生就成立了中大抗日先锋队，还有相当一部分，则参加了广东省中等以上学生的集中军训。

从广州前往澄江，按当时交通条件，有两条线路可选：一是陆路，一是海路。

陆路，即从广州乘粤汉铁路火车到湖南衡阳，由衡阳转刚通车的湘桂铁路衡桂段到广西桂林；从桂林坐汽车至宜山，由宜山北上贵州，经都匀到贵阳；从贵阳到昆明后，先坐火车到呈贡，再骑马或驴到澄江。

海路，即从广州或汕头、澳门等地到香港，从香港坐船到越南海防，由海防转滇越铁路经河内和老街，在河口入境至昆明。

为了方便师生，中大编印了一本小册子，叫《赴滇指南》。同时，分别在香港、龙州、同登、海防、河内、昆明几个师生们陆路或海路的必经之地设立办事处。

从 1939 年 1 月 30 日到 2 月 28 日，一个月里，中大组织了在广州的十五批计七百五十余人内迁澄江。参加军训的几百名学生，在日军从惠州海岸登陆时，连夜撤到连县星子镇。11 月 11 日，是中大校庆（孙中山生前从不庆生，身边人误以为他的生日是 11 月 11 日，后来中大遂以此日为校庆；实则孙中山生日为 11 月 12 日，故 1951 年后，中大校庆也改为 11 月 12 日）。这一天，几百名中大学子在粤北深山里，度过了一个特别的纪念日。晚上，广场上燃起篝火，其中一个节目是小合唱《流亡三部曲》。电机系 1937 级学生余焕基几十年后回忆说："当唱到'我的家在东北松花江上'时，已闻暗泣之声；唱到'流浪，浪浪……什么时候，才能够回到我那可爱的家乡……'时，哭泣之声不断；至

'爹娘啊，什么时候，才能够欢聚在一堂'时，大家触景生情，既悲国难之深重，复念己身前途之茫然，不特女同学泣不成声，男同学亦泪流满面。因而演出中断，悄然散会。"

得悉学校决定迁往澄江后，在星子镇的中大学生，除留下几十人由当局分派到粤北工作外，其余结队徒步西行，经粤、湘、桂、黔、滇五省，赶到澄江复课。

最艰苦的当数负责押运校产的师生。到达澄江后，图书馆主任杜定友教授绘制了一幅他参与押运图书仪器设备时的搬迁路线图，并附有记述，题为《西行志痛》。他写道：

使命：押送图书，脱离险境，由广州运至云南澄江。

行期：自中华民国二十七年十月二十日零时三十分至二十八年二月二十三日下午五时三十分，凡一百一十五天。

行程：经过广东、广西、云南、香港、安南，停留十八站，凡一万一千九百七十余里。

行侣：离广州时，同行者中大图书馆同人及眷属四十三人，中途离队者十四人，受重伤者一人，病故者一人，到达目的地时仅二十七人。

交通：步行、滑竿、骑马、公共汽车、自用汽车、货车、火车、木船、太古船、邮船、飞机。

饮食：餐风、干粮、面摊、粉馆、茶楼、酒店、中菜、西餐，甜酸苦辣。

起居：宿雨、泥屋、古庙、民房、学校、街门、客栈、旅店、地铺、帆布床、木床、铁床、铜床、头二三四等舱、大舱，天堂地狱。

抚仙湖畔

从卫星地图上看，澄江市大体呈梯形，东、北、西三面是起伏的山脉将其环绕，南面的缺口则是黛色的抚仙湖。澄江的膏腴之地，就是抚仙湖北岸的那方小小的冲积平原——东西最大距不到十公里，南北最大距只有六七公里。至于澄江市区，也就是凤麓街道，它坐落于梯形东北边。明代才子杨升庵称赞澄江，说它"天气浑如二三月，花枝不断四时春"。

那时，澄江县城有四道城门，东拥晖，西揽秀，南澄波，北仪凤。除四道城门可供居民进出外，别无通道。四道城门都用木头制成，再用铁皮包裹，上面钉了一排排乳头状的门钉，每道城门下都有一条高约半米的青石门槛。此外，每道门都有专人看守，每天早晚定时开关。东南方的城墙上有一座三层小楼，最高

今天的澄江，因帽天山古生物化石而闻名

一层是魁星塑像。魁星乃民间传说中掌管文运的神——当年，为魁星塑像的人肯定意想不到，多年后，文运真的降临到了这座偏僻的古城，一下子拥来如此众多的年轻学子。魁星下面一层，吊着一口巨大的铜钟。每天黄昏，敲钟人准时敲钟，其节奏是紧十八、慢十八，悠悠慢慢一百零八。敲钟后，城门缓缓关闭，此后，无论出城还是进城，都不允许了。

今天的澄江市区，其建成面积也不过四平方公里，人口仅十万，是一座典型的六线小城。如果回到八十多年前，澄江县城更是一个仅有一平方公里的不起眼的弹丸之地：落后的交通，肮脏的环境，稀少的人口，寂寥的街巷……

作为落后与闭塞的佐证，直到中大迁澄江后好些年，距县城仅十来公里的阳宗一带，还不时发生狼灾：穷凶极恶的狼深入到农家院落，把小孩手里抱着的婴幼儿叼走吃掉。

由于距昆明只有几十公里，且中间并无大山，在崎岖的云南，澄江的区位不算特别偏僻，交通也不算特别落后。但是，其时的澄江，虽有铁路穿过，然从车站到县城却没有公路，步行得五个小时。昆明南下的公路，修到离县城还有十公里的中关坡，没钱了。中大的大量设备、仪器要搬到澄江县城，没有公路，不仅大型物件无法运输，即便小型物件，以及今后师生往来于昆明，都十分不便。中大通过云南省政府向省公路总局提出，希望在五个月内修通这条断头路，并表示可以补助部分工程款。——事实上，这十公里路没修通，一方面是没钱，另一方面是本地技术人员技术不过关，设计出来的路线要么太陡，要么太急。幸好，中大不缺技术人员。在中大的帮助下，只用了不到四个月，公路便全线贯通了。通车那天，运送中大物资的八辆卡车如一字长蛇，轰鸣着驶向澄江县城。澄江万人空巷，纷纷跑到公路旁观看这一亘古未有的奇观。

景宁街是澄江城区的一条小街，宽不过七八米，大多是居民自建的两三层的小楼房，间或也有更为古老的仅一层的平房，甚至还有几座夯土嵌砖的土房，凌乱的电线穿插在房屋之间，像是从天而降的一把乱麻。

就在这条混乱而破败的街上，有一座颇具历史的古寺：普福寺——以普福为名的寺庙有好多座，比如苏州山塘街就有。但苏州普福禅寺的庄严与堂皇，显非澄江普福寺足以相提并论的。如果不是门楣上的"普福寺"三个大字，匆匆一瞥，会误以为它就是一座普通民居。入内，是一座不大的庭院，大殿门前，挂着几株藤萝。庭院和大殿间，人声鼎沸，数十个老年人或喝茶，或打牌，或聊天。原来，古寺充当了社区老年活动中心。院子一角，捐款功德墙下有一块水泥碑：中山大学校本部旧址。

普福寺向北约两百米，一片红墙黄瓦的古建隐藏在街市间。那里，是澄江文庙。如同内迁中的几乎所有高校，都会不约而同——其实也是别无选择地——将文庙改为办学场所一样，中大在澄江，也毫无悬念地进驻了澄江文庙。作为祭祀孔子和开办县学的地方，文庙曾是一个县最能代表文化的场所。澄江历史上做过府，后来降格为县，一度有府、县两座文庙。不过，不论是我今天看到的，还是当年中大师生使用的，都是清朝后期重建的府县合一的文庙。如今，澄江文庙留存下来的建筑，尚有泮池、棂星门和大成殿。棂星门侧，木槿花开得煞是娇艳，大成殿前，石狮子表情呆萌，它们为这座粗犷有余而精致不足的文庙平添了几分生气。当年，文学院和研究院就设在文庙。在孔子脚下，年轻的中大学子开始了另一种生活。

除校本部及文学院、师范学院和研究院设在县城外，更多学院只能布局于周边村子。如农学院在离城两公里的鲁溪营、吉里村，法学院在离城四公里的右所镇上备乐、下备乐两村，工学院在离城三公里的旧城镇中所和梅玉村，理学院在离城三公里的东龙潭、东山村。

多年来，澄江一带有一个风俗：每个村子，一般来说，都有两座庙。一座建在村头，称为上寺；一座建于村尾，称为下寺。不论上寺还是下寺，其格局相似，除大殿外，两侧均有一楼一底三开间的厢房，若加上门房，每寺便有近十间房舍。这些房舍，乃是村民的公共空间，正好借给中大办学。

和石牌相比，澄江的办学条件自然相当艰苦。师范学院写给学校的报告中说："本院各教室所用桌椅，均以木作柱，其上横置一板即为台；以土砖作基，其上横置一板即为凳。每桌四尺，按教室的大小而定多寡。……宿舍内床铺均用木制辘架床，自修室兼膳堂，椅桌均以土砖为基，上置木板二块，用膳时用一面，自修时转用他面。"

中大到来时的澄江，县城人口仅七千，通用滇币，没有电灯，街上商店极少，甚至稍像样的饭店也没有，当地人普遍只吃两餐，社会风气保守，思想封建——不仅男女不能交往，甚至年轻女人不能进茶馆和饭店，即便夫妻或兄妹同行，也有人指指点点，唱戏时，女性角色须由男性演员反串。

古老而封闭的澄江，第一次出现如此众多的来自异乡的年轻面孔，让澄江人见识了祖祖辈辈千百年来迥然不同的另一种生活。——严格说来，那时候，澄江还叫澂江，要等到20世纪50年代，为了规范用字，才改为澄江。"荒偏古老，沉寂如木的澂江，突然被一群高歌抗战的声浪震撼了。这群人是从天上送下来的。奇装异服的人物，风尘仆仆的小伙子，从四面八方，一批批赶了来。他们喜欢说话，能跑路，好洗澡，不抽鸦片，女的不穿裤子，在老滇们的眼里，是些洋鬼子。"——女的不穿裤子，是说她们大多穿旗袍和裙子。"若干年前塞满着道士尼姑的古庙，现在住上了一批批的假洋鬼子。他们出来，口里哼着当地人听不懂的歌曲，头上罩着大草帽，个个人提着一条像乞丐样的木杖，男的女的走向怒浪滔天的抚仙湖畔，或东西龙潭。"

　　一开始，在当地人眼中，这群恍如从天而降的异乡人，说着他们极难听懂的"鸟语"，穿着他们从未见过的奇装异服——其实也就是西装、裙子和旗袍，不仅年轻女子公然出入茶馆饭店，甚至男女同行，还在大街上手拉手谈笑风生，以及男女成群，穿着泳衣跳进抚仙湖游来游去。这些看起来惊世骇俗的行为，令当地人惊诧不已，"但相处久了，对中大师生的'大胆举动'，澄江人也就习以为常了"。

　　很快，澄江人就发现了中大带来的商机。中大师生及家属有三四千之众，他们经济相对宽裕，出手大方——中大人使用的是国币，一元国币可兑十元滇币。中大师生不知道这一行情，请人挑一下行李，喊价三毛，原指三毛滇币，中大人却付了三毛国币，相当于喊价的十倍。"看到中大师生的钱那么好赚后，澄江人也开始了做生意。慢慢地，县城里出现了卖早点的小摊，澡堂也出现了，各种各样的饭店开始多了起来，连澄江以前没有的咖啡馆也出现了。"

中大的到来，慢慢改变了澄江。澄江原本只有当铺，没有银行。及后，中国农民银行在城里开办了支行。当地人见中大师生从银行里"随便"就能取出钱来，误以为钱是他们发行的，竟要求他们也顺便帮自己取一点。澄江原有一个三等邮局，也因业务繁忙升为二等。不仅本地人新开了不少饭店茶馆，就连广东商人也闻风而动，开办了各种时装店和百货店，以及珠江饭店、西南饭店这种专营粤菜的酒楼。"过去街道上行人稀少，买卖萧条，而今熙熙攘攘异常热闹，入夜以后灯火明亮宛如白昼。学校还雇用一部分本地人当职员、工友或保姆，个别女青年冲破封建婚姻枷锁和广东人恋爱结婚。多年寺庙改修为校舍，群众烧香拜佛的迷信活动也减少了。"

迁往澄江的中大学生大多来自广州、香港、澳门或是南洋，家境较为富裕，至少也是小康。他们带到澄江的港币一元可兑国币十元或滇币一百元。在主要以滇币流通的澄江，物价显得异常低廉。故此，和抗战中的绝大多数内迁高校相比，中大学生的生活水平最高——当困在山沟里的西北联大学生还在饥一顿饱一顿时，当距中大只有几十公里的西南联大，教授也不得不靠治印或是摆小摊补贴家用时，澄江城里新开的几家大酒楼却经常座无虚席，"成群结队的同学在此大摆筵席，大吃大喝"。在1939级农学院学生何传礼记忆中，"有不少的小型饭店专为学生包餐；有本地人开设的小茶馆专供同学们休憩、看书或聊天"。至于住宿，住在破庙里的学生固然也有，更多的却是租住民房。比如何传礼，他就和几个气味相投的同学，合租了城西"一间大宅楼下的房间，生活过得很愉快，很惬意"。这座大宅楼有一个宽大的后院，他们将其作为健身房，"每天课余在此举重大石"。课余生活也丰富多彩：有时去野外打猎，"水鸭是最好的猎物"；有时在城郊租马策骑，"很够刺激"；"开舞会是很时兴的，舞会上衣香鬓影，一派罗曼蒂克气氛。住在我楼上的同学，因居住地方宽大，就常常举行舞会，笙歌达旦"。

毗邻县城的抚仙湖，是一个风景绝美之处，也是中大学子经常游玩的地方。"在晴好日子，同学往往成群结队，或俪影双双，到此野游，当中也有我们这一小撮。啸傲抚仙湖畔，吃喝嬉笑，恣情玩乐，真是一件潇洒脱俗的赏心乐事。"

澄江太小，便去昆明。"去昆明要骑大半天的马到呈贡，然后坐小火车到昆明。马是租来的，有马夫随行。骑马者要抖威风，马夫却要慢走，争执真是又有趣又怕人。"其时，昆明物价还未上涨，中大学生"多住在泰和酒店或南屏饭店，吃则在冠生园等大馆子，都是一流的"——当年的电影明星白杨、王人美等人，也住在泰和饭店。"街道上，随处可见衣冠楚楚的中大人。"

同样是流亡学子，同样是在大后方的昆明，衣冠楚楚的中大人，恰好与破衣旧帽的联大人、同济人形成鲜明对比，宛如两个平行世界。

几十年后，何传礼回首澄江生活时，仍然感慨万千：

> 澄江年代的校园生活，是我大学生涯中最美好的一页，

是充满豪华和豪情的一段日子。六十年已经过去了，当年往事，有如云烟缭绕，迷蒙难辨。昔日同在一起的同窗，都已先后物故，只有我在香港孑然独存。回首前尘，无限感慨！人到老年，每每惯爱怀旧和留恋过去；然而，往事如坠甑，不可重拾，唯有在记忆中回味而已。

不过，这种令何传礼回味无穷的写意生活很快就结束了。

对大批来自粤港澳的中大师生而言，澄江虽好，终是异乡，他们无时无刻不希望回到故园。就在1939年春，中大突然发生了当地人称为"痧瘟疫症"的疫情。一周内，一些学生在短期发烧后，身上出现稀疏的小红点，小红点不断增多、扩大，连成一大红片，并由红转黑，至少有一名男生和两名女生死亡。一时间，人人自危，谈疫色变。无奈之下，师院事务主任吴某，甚至出面请来几名道士到学校做法事驱邪。

恰好，在澄江办学一年多后的1940年，广东当局认为，本省除敌占区外局势较为稳定，而本省及邻近的湘赣桂等地区学生想考读中大十分困难，中大如迁回粤省，就可以解决这一问题。国民党的广东籍元老们，则认为中山大学理应办在广东。此时，中大校长邹鲁因病去任，由许崇清代理。许崇清也希望将中大回迁。加之1940年7月，日军有从越南进攻云南的动向，国府遂下令所有迁到云南的大学"立刻准备万一，快速搬迁"。

于是，中大又一次踏上了迁徙的漫漫长途。

这一次的目的地是坪石。

以坪石为中心

武江依然清澈。或者说，我想象中的几十年前的武江，应该如此。

前一晚，在韶关市区，站在北江桥上向北眺望，几百米外，西边来的武江和东北来的浈江在此交汇，从此称为北江。如果说，流经城区的武江还不够清澈、略显灰白的话，那么，次日，当我沿着武江畔的公路溯流而上，当南岭之麓的冲积小平原渐渐变为崎岖的山地时，两侧山峰耸立，山顶云朵低垂，山腰烟岚流动，山谷，则是如同碧玉一般的武江水。

体量庞大的南岭，山间多溪涧瀑潭，它们成为珠江水系众多河流的源头，武江亦如是。在距韶关市中心一百公里的武江上游，有一个小地方叫管埠。管埠是南岭无数个小村落中普通的一个——如果不是几十年前，从澄江迁往粤北的中大把师范学院布局在这里的话。我看到的管埠，背靠巍巍青山，面对清清流水，一些两三层的民房，略显杂乱地分布在山谷中稍微平整的平坝或台地上，高高的输电线塔横在天空，朝阳初升，塔影修长。

几十年前，管埠只有几十户居民，清一色的低矮瓦房或草房，两条用卵石铺成的小路呈丁字形交叉。村道上，有三两家小店铺，卖香烟兼卖油饼。1940年暑假，中大从澄江迁到粤北，9月初正式开校。当年考入师院的李文华惊讶地发现，管埠村丁字路旁东面山冈上的几间用竹木板做墙，杉树皮做顶的房子，就是他的大学。不要说和石牌相比，就是和澄江乃至罗定相比，都差得太远。"我们宿舍的门向北，左右两大间，每间放木双人床廿多张，要住上三四十人，其卫生条件可想而知。住这样的木棚房，夏天闷热，冬天很冷，地面一年四季都很潮湿。"由于缺少大教室，有几次上大课，学校将学生们集合在一块收割后的田野里，田坎边挂起小黑板，学生们坐在土垄上，膝盖上放一块小木板当课桌。"我们师院各系的教室、宿舍、饭堂等等都在管埠的一个山头，利用当地出产的木材建造，门窗桌椅，都相当简陋。地面则全是泥土，房子四周只挖一条小沟排水，每当风雨天气，泥泞遍地，走起路来很困难，而我们每天一切活动都得上山下山来回奔跑，相当费劲。"不过，"在抗战期间，日机到处滥炸，烽火遍地，我们能在这个山区安定地上课、生活，确是难得的机会。生活虽然艰苦，大家读书的积极性却很高"。

校舍所在的山冈，东北边是断崖，崖下，是奔流不息的武江，学生们每天洗脸、洗衣，乃至洗澡，都用不舍昼夜的江水。几十年后，当年的场景，在张淮江心中，仍历历在目：

在猎取知识之余，浮游在武江河上，一切疲劳都会被江水荡涤净尽；或者驾一叶扁舟，从管埠到罗家渡，顺流而下，在波峰浪谷中前进，一切烦恼与焦虑，也会被江风吹得杳无影踪。傍晚，会听到田垄间，牧童在摇起嗓子高唱："咚咚嘛呀，咚咚嘛，日夜工夫做唔（方言，"不"的意思）成，灶头锅屋唔打理，今天明年唔到你家。"这时，天边只剩下若隐若现的一抹金晖，你漫步在鸳鸯滩头，环顾四野，江水粼粼，炊烟袅袅，构成一幅充满诗情画意、动静相间的自然画卷。你也会很自然地念出"渡头余落日，墟里上孤烟"的诗句来。如此,你的心头就舒适许多,那种知识分子的忧患意识也就暂时淡化下来。

那时的粤北山区,岭深树茂,乃是鸟兽的天堂。以管埠而言,学生宿舍附近的林子里,山猪、黄猄和毒蛇时有出没,有的学生买了当地人自制的猎枪,"打到了野味,便叫厨工煮熟,大家尝尝野味"。可怕的是老虎。有一年,南岭北麓那边的湖南放火烧山,老虎找不到食物,就窜到南岭南麓的山村觅食,叼走村民家的猪,甚至,还有学生看到过被老虎咬了半截的小孩。谈虎色变之下,村民们纷纷在山上挖地洞,设陷阱。山中,不时可见"此去若干步有虎阱,行人小心"的警示牌。有一回,一个学生从外面回管埠,走到山坳转弯处,看到一个当地人冲到路上拦住他,学生以为遇上了劫道的。不想,那人用手向山下涧边指了指,学生定睛一看,"一条高竖起来的虎尾在芦苇丛中移动着,原来山下有一只老虎"。

在这条景色清幽却不无危险的山路上,曾有不少后来我们熟知的人物在此漫步。著名音乐家马思聪就是其中之一。

1937 年,马思聪从南京中央大学辞职回到广州,在中山大学师范学院任职。中大内迁澄江和粤北,马思聪及夫人王慕理都是亲历者。马思聪的二女儿,就出生于风雨飘摇的管埠。白天,马思聪为学生上课,有时也举办一些音乐会。马思聪演奏小提琴时,王慕理则是钢琴伴奏。晚上,山深林静,马思聪大部分时间用于写作和读书。"马思聪家里的灯火常常亮得最早,又熄得最迟。"偶尔,王慕理会为马思聪做一点夜宵,马思聪便含笑从夫人手里接过去。"当夜已深，四周灯火阑珊，马家还常常亮着灯光。据说，马思聪的小提琴协奏曲，有好几首就是在这里创作出来的。"

几十年过去了，坪石的一个朱姓老人还记得当年的一个细节。那天，马思聪举办义演，照例由王慕理钢琴伴奏，女儿交给后台工作人员照料。不料，演出时，女儿大哭不止，工作人员怎么也哄不住，王慕理只得到后台给女儿喂奶。马思聪静静伫立在简易的舞台上，而台下的观众，也都默默等待。直到女儿停止哭泣，王慕理再次坐下来，优美的钢琴声与小提琴声，再次回响在大山深处……

白天即将结束而夜晚尚未到来时，马思聪总是在管埠村外的山路上散步。其时，导演、画家兼作家许幸之也执教于中大师院，且与马思聪交好，两人便常常结伴而行。如1943年1月24日，许幸之写道："黄昏时，又和马思聪兄向罗家渡附近的松林散步了。果然，那地方真是优美。我们在森林中静静地散步，在草径上低声地谈话，静听着松涛的声浪，有如天籁之音。我们便尽兴地谈着，从诗歌、小说、图画、音乐，一直谈到戏剧和电影……一直到夕阳落下西岭，我们才踏着被松针铺满了的山坡归来，回到宿舍，已经是天黑了。"

当马思聪在这段艰难岁月里，于南岭围困的小山村漫步时，他不会想象到，仅仅一年多后，这种苦中作乐相对平静的日子也将结束，随着日军孤注一掷，他不得不再次踏上流亡路；而二十多年后，他还将有一次更加痛彻心扉的流亡。

从管埠溯武江北上，七公里许的武江东岸，是坪石镇。

坪石是一座因铁路而兴的小镇。从镇子北面那座拔地而起的叫作金鸡岭的丹霞山上鸟瞰，整个坪石镇布局在武江冲积的小平原上，坪石站就坐落在小平原的西部边缘。长蛇似的铁轨，呼啸而过的火车，以及错落的楼房和隐隐可闻的市声，都让坪石看上去至少有一座县城的规模。1963 年，沈从文参加政协的一次视察活动，从北京到广州，坐了三天火车。他在给夫人的信中认为，三天行程中，"路上最好风景是湘粤间粤中第一站坪石，金鸡岭近在车站边，几列大冬笋样子的山峰，高及百丈，上面树木疏朗秀挺，十分壮美。许多房子即在山石脚下，布置得也极好看。转过去还有一条街也好，到处有一种清气逼人"。

　　不过，一开始，这只是一个叫水牛湾的小地方。这个小地方，因为粤汉铁路设了一座车站，从而脱胎换骨。当中大师生来到粤北乐昌时，他们所说的坪石，其实不是我们现在说的坪石，而是我们现在说的老坪石——老坪石在坪石上游四五公里的地方。那时，今天的老坪石叫坪石，今天的坪石叫水牛湾。因为火车，水牛湾正在崛起，而坪石正在衰落。

　　查阅资料时，我找到了一张几十年前坪石的黑白照片。武江之滨，白墙青瓦的两栋小楼顺着河谷呈一字排开，毗邻的山冈，也挤满了同样格局的房舍，河流上，雾气迷茫，与房舍上升起的炊烟交织在一起，看上去，显得颇为宁静，而又充满生机。坪石于道光年间设墟，后来日趋繁盛。同治版《乐昌县志》称："坪石……三街店铺多至数百间，百货云集，此亦一市埠也。"其时，武江是沟通湘粤的大通道，从 1927 年起，每天都有数百条商船停泊于坪石码头。到此经商的各省商人，修建了楚南会馆、江西会馆和广同会馆——当中大迁来，这些会馆便是理想的办学场所。

中大总部及研究院、先修班设在坪石，师范学院设在管埠，文学院初设乳源清洞乡，后迁铁岭，法学院先设乳源武阳司，后迁车田坝，理学院设塘口，与坪石隔河相望，工学院设坪石西南的三星坪、新村，农学院设宜章县栗源堡，医学院设乐昌县城。就是说，中大的大多数机构，都分布在坪石及坪石周边十余公里范围内。中大迁往坪石前后，私立岭南大学农学院、培正中学、培联中学等学校也相继迁入，坪石人口暴增一万以上，坪石被称为粤北文化城。邻近的水牛湾，这个原本只有一座孤零零的火车站，站前有两排杉皮屋客栈、理发店的小地方，是师生们与外界沟通的必经之地，一下子升级为粤汉路上的大站。

1943 年 6 月 30 日，水牛湾车站涌进上百位中大师生，他们要迎接一位远道而来的客人。这位客人，身体衰弱，右眼失明，满面沧桑。

他就是国学大师陈寅恪。陈寅恪生命的最后十多年是在中大度过的。不过，他与中大的结缘，却早在抗战年代。

1942 年 6 月，陈寅恪由香港抵桂林，中大闻讯，即与之联系，打算聘他为研究院教授——1935 年，教育部批准了三所大学为第一批成立研究院的高校，分别是清华、北大和中大。

由于教授未聘成，中大遂改聘特约教授。双方商定，聘期一年，陈寅恪每学期前往坪石讲学一次，中大每月付给陈寅恪四百八十元。

陈寅恪的到来，令研究院学子，尤其是历史研究所的学子欣喜万分，"全所同学郊迎十里，亲赴车站迎接"。研究所主任杨成志在次日的欢迎会上，称陈是"友机照明弹"，感谢他不畏风险，千里迢迢前来讲学。

其时的陈寅恪，受聘于设在桂林的广西大学，桂林虽然风光优美，生活也算安定，但陈寅恪最大的苦恼是广西大学缺少他研究中古史的必要图书，他曾在信中说，"弟在此无书可看，但翻阅四库珍本中宋集部耳，所以思入蜀"。——蜀中岳池陈树棠建有朴园，藏书甚丰，并向大学师生及学者开放，陈寅恪有诗云："沧海横流无处安，藏书世守事尤难。朴园万卷闻名久，应作神州国宝看。"

中大的藏书，虽无法与陈寅恪以前服务过的史语所相比，但毕竟比广西大学的无书可读要强得多。基于这一考虑，他想利用此次讲学之行，顺带看看有无可能到中大执教。

考察结果，让陈寅恪很失望，不仅坪石生活极为艰苦——以容肇祖这样的大师来说，一个月工资也仅三四百元，他自称在坪石"敝衣鹑结，风雨敝庐"。尤其严重的是，坪石地处交通要道，襟湘粤要冲，日军一旦南北夹击，坪石必然失陷。于是，陈寅恪打消了加盟中大的念头，转而再度入川。

1944 年 4 月 27 日，杜鹃花把南岭映衬得一片鲜艳时，一列喷着白烟的蒸汽火车行驶三个小时后，从广东临时省会韶关，行进到了大山中的水牛湾。李约瑟开始了他为期一周多的中大之行。抗战期间，李约瑟先后在中国访问过几十所大学，中山大学则是他"访问过的规模最大的独立大学"。

李约瑟最感兴趣的是中国科技史，当他获悉中大农学院图书馆的梁家勉正在收集中国古代农书并进行系统研究时，他大为欣喜，谢绝了校方为他安排的其他活动，径直到图书馆和梁家勉一边翻阅藏书，一边交流。回到坪石后，李约瑟慎重地向中大代校长金曾澄提议，鉴于梁家勉所做工作的重要意义，应当为他配备助手，增加研究经费。

三十四年过去，李约瑟和梁家勉，以及当年充当翻译的赵善欢又见面了。这一次，是在从中大分离出去的华南农大。上次见面，大家都还是年富力强的中青年，这次见面，却个个满头白发，年逾古稀。回首往事，他们慨叹不已。

坪石塘口村的武江西岸，有一座十分普通的小山岗，当地人称为天文台山。

这个奇怪的名字，缘于山顶上曾有一座天文台。前几年，早已荡然无存的天文台的地基从荒草杂树中被清理出来，至于建筑本身，它被当年造访中大的李约瑟定格在了镜头里。

站在地基旁，我想起了两张老照片。一张，一条石砌的小路从远处通向有两个拱形窗户的天文台，一个女子，沿着小路走向旁边的空地，那里，木头支架上，撑起一部天文望远镜；一张，还是那个女子，趴在墙上做记录。女子叫邹仪新，中大天文台台长。

中大先后建过三座天文台。第一座建于 1929 年，在文明路校区，乃是"南中国国人自办之唯一天文台"。第二座建于 1937 年，在石牌校区。第三座建于 1941 年，在坪石。三座天文台中，若论硬件，坪石的简陋至极，完全无法与前两座相提并论，然而，若说对科学精神的坚守，则三座天文台并无二致。

李约瑟到访时，他看到乡间校园里许多系空无一人，而邹仪新带着几个年轻人，正在孜孜不倦地工作。李约瑟在他的著作里说："在理科方面值得注意的是，在所有的中国大学里，只有中山大学拥有天文台。在著名的女台长邹仪新博士的领导下，约有十二个学生。教学工作仅依靠一具六英寸的赤道仪进行。为了通过星的方位来测定纬度和时间，一具经纬仪被改装成天顶仪，并已投入使用。"

内迁时，中大天文台的大量仪器设备都打包运往了云南，及至中大再迁坪石，那些仪器设备却因交通限制，一直寄存于昆明。得知此事后，对如此艰难环境下仍然坚持天文教育研究的中大人感动不已的李约瑟，立即动用他的关系，请当局派遣飞机，把这批仪器设备运到了坪石。三年后，中大首任天文台台长张云赴美国哈佛大学访问时，又是通过李约瑟的关系，哈佛大学把一台使用过的大赤道仪送给了中大。

遭逢山河破碎，寄身穷乡僻壤而坚持仰望星空，这更像一个隐喻：它隐喻文脉的传承与固守，以及对未来和光明的坚信。那个秋风凛冽的初冬，站在山冈上，我想起了康德说过的那句话：世界上有两种东西让我心生敬畏，一个是我们头上灿烂的星空，一个是我们内心崇高的道德法则。

武阳司村在坪石上游，距老坪石只有几公里。村中岔路口，立着一尊塑像，是一个一手半举，一手扶在桌上侃侃而谈的知识分子。

此人，便是著名经济学家、教育家王亚南——王亚南一生中有两件事让人津津乐道，一是翻译了《资本论》，二是几十年后任厦大校长时，发现并帮助了陈景润。人们不知道的是，他曾在大山深处的中大法学院执教数年，并担任经济学系主任。

法学院先设于武阳司村，后来与一年级对调，迁至距坪石更近的车田坝。王亚南先后居住过的地方不止一处。其中一处，在武阳司村——如今，武阳司村的一座老建筑，门前挂上了亚南书舍的吊牌。

李约瑟访问中大期间，大多时候都住在坪石的一家旅馆里。有两个晚上，王亚南下山渡江，赶往旅馆，与李约瑟促膝长谈。正是这两次长谈，戏剧性地造就了两个成果。

第二次长谈即将结束时，李约瑟突然问王亚南："关于中古时期中国封建官僚社会的实质，你能否从历史和社会的方面，给我一个扼要的解释呢？"这就是后来李约瑟在著作中说的："一个炎热的晚上，在坪石河旁的阳台上，我和王亚南在烛光下谈到了中古时期中国封建官僚社会的实质。"

为了回答李约瑟的问题，王亚南用了五年时间，写成了《中国官僚政治研究》。他的结论是，中国的封建官僚政治从一开始就动员和利用了家族制度、伦理观念、教育思想、宗法习惯等各种社会文化的因素来扩大影响。久而久之，官僚政治的支配作用就"逐渐把它自己造成了一种思想上、生活上的天罗地网"。

此前一年，在一次演讲中，李约瑟提出过另一个问题，这一问题于1954年在《中国科学史》第一卷中形成正式文字，二十年后，美国学者肯尼思·博尔丁将其称为"李约瑟难题"。那就是："尽管中国古代对人类科技发展做出了很多重要贡献，但为什么科学和工业革命没有在近代的中国发生？"

从某种意义上讲，王亚南的《中国官僚政治研究》，大体可以看作是对李约瑟难题的回答之一。

王亚南把他从农民手里租来的房子命名为野马轩。在我看来，这一命名，既有传统文人神游八极、心驰万仞的放旷豁达，也有经由独立思考进入自由王国的纵横从容。即便困守在粤北山区的一炬烛火下，但是，那时候，包括王亚南在内的大批学者，都最大可能地接近了莎士比亚所说的那种至高境界：上帝啊，即使你把我关在一个胡桃核里，我仍然能够把自己当作拥有无限江山的君王……

鬼子又来了

1942 年，江西宜春青年易宜曲走了两百多里山路，继而乘船、坐火车，终于赶到了大山里的中山大学，成为理学院地理系学生。

转眼间，将近三年过去了。1945 年 1 月，南岭山中还是呵气成冰的严冬时，一个惊人的消息从湖南那边传来：日军进抵栗源堡。

栗源堡属湖南宜章，在坪石上游，距坪石只有几十公里，中间隔着一片黑压压的山峰。

众所周知，1945 年 8 月日本即投降，但就在投降前一年，日军犹在作困兽之斗，这就是史书所说的豫湘桂战役。1944 年 4 月，日军发动了以打通大陆交通线为目的的"一号作战"，在北起河南、中至湖南、南到两广的战线上，发起了全面进攻。6 月，长沙失守，8 月，衡阳沦陷。与此同时，另一路日军从广州北上，驻韶关的广东省政府紧急撤退，坪石有被包围的危险。

中大师生又一次踏上了流亡之路，第一步是先到乐昌县城。

乐昌县城既有中大的医学院，且坪石和乐昌之间也有火车相通。易宜曲和五个同乡一起，"在仓皇中挤上火车赶到乐昌，形势混乱不堪，我们于是决定直接步行回家乡去"。

从乐昌到易宜曲的老家奉新，路途达一千六百里，"尽在严寒、大雪、大雾、高山、遂川前线的'无人区'和枪林弹雨中艰难熬过。我们绕道武索渡赣江，最紧急时，一日急行一百三十里，到达吉安已连续行走了二十多天，因疲乏不堪，休息了一天。终于在春节前两日的冰雪之夜逃回了家"。回到家后的易宜曲，休学一年半，直到1946年秋天，粤汉铁路全线恢复通车后，他才回到中大——此时，中大已迁回广州。

易宜曲的回乡之路曲折艰难，和他相比，更多中大师生的路还要更曲折、更艰难。

日军打通粤汉线后，广东被一分为二，中大则一分为三。

坪石几个学院的大多数师生都像易宜曲那样，乘火车赶到乐昌县城。立足未稳，日军已经追来，只得再向东经石塘撤往仁化县城及仁化扶溪。略事停留，终于选定了新校址——梅县。

少部分未及撤离坪石的师生，沿着坪石至连县的连坪公路西行，抵达连县三江镇。原在栗源堡的农学院师生，也赶至三江。于是，学校在连县组建了分教处。

还有少量师生留在了仁化，校方遂在仁化成立了办事处。

中大的数次迁徙中，这一次因事发突然，不仅行动狼狈，更兼损失惨重。师生员工"徒步匝月，辗转千里，攀九连，越三南，跨雪岭，登蓝关，烈风淫雨，荷囊负笈，流离颠沛，亦云苦矣"，并且，"两次遇敌，公私财物损失甚重，员生伤毙五人"，

"本校元气，为之一伤"。

坪石老街的一个老人回忆说，他记得，中大师生大多只带了极小的包袱就匆匆上路。街道上，山路间，到处可见中大师生丢弃的行李、书籍和衣物。亲历者杨宗浩回忆说："有教授以箩筐挑儿带女者，有背负老人者。逃亡线上，男的女的老的幼的，褴褛凄凉，抢呼哀号，足为逃亡图之实景写照。"尤为惨痛的是，师范学院附中学生前往仁化时与日军遭遇，两名学生和一名教师遭日军枪击死亡，其余师生被日军抓去做苦力。坪石失陷后，没来得及逃走的师生亦无比悲惨，"或有女生被强暴追杀，或有男生遭酷刑迫害，或被集体拉伕"。

历史系教授容肇祖是大师级别的学者，于民俗、文献、文史、思想史及哲学史无不涉猎。日军占领坪石后，他带着家人躲到附近的莲塘村，不意两次被日军抓去当挑夫，受尽折磨，幸而冒死逃脱。与他一同被抓的李乾亨教授却没他这样的运气，最终惨死。副教授郑海柱的夫人罗秀贞，被日军追赶，绝望之际抱着才几岁的女儿跳崖自尽。黄学勤教授一家被日军多次洗劫，值钱的东西被抢走，不值钱的东西被一把火烧掉，为了有口饭吃，夫妻俩只好叫卖小吃。卫梓松教授因病留在坪石，日本人要他出来做维持会长，并为日军主持粤汉铁路，威逼利诱之下，他悲愤服毒自杀。

月影塘这个名字，听上去颇有诗意，其实只是梅州城里一条十分普通的小街。月影塘附近，有一条更小的小巷，叫大觉寺，得名于一座消失了的古寺。如今，古寺旧址，仅存一座两层的大殿，当年梵音环绕的寺庙，化身小学。几十年前，当中大从坪石迁来时，落脚于大觉寺的是理学院。

其时，理学院地理系主任吴尚时教授有一个七岁的女儿和一个三个月大的儿子。逃离坪石时，夫妻俩一个挑着行李，一个抱着孩子，身后跟着女儿，混在逃难人流中向东走。为了躲避日军，有时候，他们白天藏身于茅草丛中，晚上睡在农家的猪圈牛栏里。

吴尚时系广东开平人，生于1904年，中大英文系毕业后赴法国留学，专攻地理学，1934年，获法国国家硕士学位后归国，受聘为中大地理系教授。以后十几年间，他一直服务于中大。中大迁澄江、坪石以及梅县，他都是见证者和参与者。也就是在此时期，他担任地理系主任直到抗战胜利，为时六年多。这是动荡不安的六年，一张宁静的书桌、一盏洁白的台灯、一间明亮的书房都是奢望。然而，那却是吴尚时一生中著述最丰、学术最有创见的黄金时期。可叹的是，长期操劳奔波以及捉襟见肘的生活，严重损害了吴尚时的健康。1947年9月，四十三岁的吴尚时病逝于广州。临终，他对亲友长叹："余所写作，未及所愿之万一。"

强敌在侧，烽火连绵，流亡的中大进入了它百年校史上最困难的时期。著名学者、中大文学院院长朱谦之回忆此时的窘境说："最可怜的是校本部竟无处栖身，只在学艺中学里暂借几间课室，而时时有被迫迁出的危险。文学院初在张七凹曾龙岃，这时租期已满，条件不合，亦无法继续下去。"不幸中的万幸是，"正在我们四处觅屋预备下学期开课的时候，时局变了，抗战胜利是决定的了"。他总结说："回溯梅县的几个月生活，给我印象极深，尤其这个地方，是我一生思想大转变的所在地。人不是到了山穷水尽他是不会变的，不肯变的，但一旦思想发生变化，则他一往直前，力量之大却也无可伦比。"

日本投降的消息传来，举国狂欢，亦歌亦哭，且歌且哭。这场用忍耐、坚持和牺牲换来的胜利，是一场不折不扣的惨胜。

离别羊城数年的中大，开始了复员之旅。经过半个月准备，分散在粤东各地的中大师生，次第集结于河川县老隆镇，那里，是东江的一个码头。1945年10月下旬，十几条满载中大师生的船只顺流而下，直趋惠州。在惠州，他们舍舟登岸，转汽车抵东莞樟木头，再乘火车回到久违的广州。

并不是所有的归途都一帆风顺。中大师生散布粤东及粤北各地，从老隆上船的只是一部分，还有一部分，则通过其他方式返程。于是，悲剧发生了——

数学天文系主任黄任初教授途经北江时落水，遇难。

师院十一名师生搭乘的轮船失火燃烧，遇难七人。

一批坐轮船的学生，因轮船超载而沉没，遇难四十七人。

1945年的最后半个月，回到广州的中山大学接连开了三场追悼会：

12月15日，追悼抗战死难者；

12月16日，追悼黄任初教授；

12月23日，追悼复员途中遇难的五十四名师生……

低垂的花圈，哀婉的音乐，啜泣的面孔，冷冷掠过会场的寒风……

这是悼念，也是自挽；这是追忆，也是憧憬；这是苦难，也是幸运；这是结束，也是开始……

山坳上的中央大学

朱俊岐一直还记得那株黄桷树。

从溯流而上的小汽轮上下来，他顺着窄窄的踏板走到岸边，那里，有一片长约百把米、宽约十几米的平坝。平坝上，一排干打垒的简易房子一字排开，开了些商店、饭馆和茶铺。店铺后面，一座山峰高高耸起，山上，树木深绿幽暗，不时传出一阵悠闲的鸟啼。平坝和山峰之间，一条小路斗折蛇行。路旁，就是那株足足生长了几百年的黄桷树。高大的黄桷树枝繁叶茂，垂下无数条胡须一样的气根。

八十一年过去了，坐在我对面的朱俊岐已是一位须发皆白的百岁老人，而初见黄桷树的那个遥远的下午，他只有十九岁。那年夏秋之际，他徒步五天，从老家荣县走到了重庆。穿过黄桷树阴郁的浓荫，爬到半山，转过山嘴，他看到了藏在山坳里的一座座竹筋做墙、青瓦为顶的房子。

那就是他心仪已久的大学。如今，这所大学已经不复存在。不过，从它拆分出的十几所高校，如南京大学、东南大学、河海大学、南京工业大学、南京师范大学、南京农业大学、南京林业大学、南京信息工程大学等，依旧在薪火相传，滋兰树蕙。

民国第一高校

风光旖旎的玄武湖，堪称南京地标。如果说南京是一首诗的话，玄武湖就是诗眼。以玄武湖为中心，周边点缀着不少岁月悠久的老建筑。距玄武湖约一公里的西南面，有一个叫四牌楼的地方，是为东南大学四牌楼校区。

穿过牌坊式的校门，中轴线两侧粗大的梧桐树，以及民国风格的楼房，都有一种时光流逝的无尽沧桑，却又像一个迟暮而优雅的美人，让人依然感受得到她绰约的风姿。

人说虎踞龙盘的南京有帝王之脉，其实，作为江南地区历史最悠久、文化最发达的古城之一，南京也有文明之脉。这文明之脉，我以为，四牌楼即其一。——早在朱元璋的明朝初年，当南京还是大明帝都时，全国最高学府和教育管理机构国子监就设在这里。

晚清时期，船坚炮利的洋人踏浪而来，一方面，古老中国被迫签订了若干平等或不平等条约；另一方面，西风东渐，中国开始主动或被动融入近代化的浪潮。一大征兆，就是教育方式由旧式书院的四书五经和子曰诗云，转向新式学堂的格物致知与经世致用。

封疆大吏中，曾在多地任总督的张之洞素以开明、开放著称。作为洋务运动后期的领军人物，张之洞中学为体、西学为用的思想影响深远。1901 年，时任湖广总督的他联合两江总督刘坤一向朝廷提出："非育才不能图存，非兴学不能育才。"四年后，他又和直隶总督袁世凯联名上奏，对实行了一千多年的科举制提出强烈批评，希望废科举，办学堂，声称"科举夙为外人诟病，学堂最为新政大端"。

张之洞之前，另外两位两江总督——魏光焘和刘坤一，都有过在南京创办新式学堂的计划，可惜均未成功。1902 年，张之洞短暂署理两江总督期间，在他的一手操持下，一所开设有理化、农学、博物、历史、舆地、手工和图画诸科，与旧时书院完全不同的新式学校——三江师范学堂，终于在南京挂牌成立。所谓三江，指长江中下游的江苏、安徽和江西三省，其主要招生对象，也为三省青年。三年后，三江师范学堂更名为两江师范学堂，盖与两江总督之谓相统一。1915 年，两江师范学堂改组为南京师范高等学校。六年后，江南知名人士张謇、蔡元培、蒋梦麟和黄炎培等人上书北洋政府教育部，要求在南京创办一所综合性大学。及后，以南京高等师范学校为基础，组建成东南大学。其时，中国的大学仍以专门学校，如师范、农业、法政为主。至于综合性大学，放眼全国，仅有两所：一所是北京大学，一所就是东南大学。

中国的大学教育，究其实质，乃是一种舶来品，自欧美移植而来。第一所大学，是为 1895 年成立的北洋大学；第二所大学，是为 1898 年成立的北京大学；第三所大学，是为 1902 年成立的山西大学。清朝末年，全中国仅这三所现代意义上的大学。并且，除北大外，另两所都不能算综合性大学。入民国，国民政府计划于北京大学之外，再在南京、汉口、成都、广州四地，各办一所综合性大学。拙于经费，计划落空。于是，1921 年，当东南大学横空出世，它便"与北京大学遥相对立，成为中国国立大学的基础"。

东南大学的组建，有一个现在已鲜为人知的背景，即北洋当局一度打算关闭北京大学。五四运动期间，作为策源地的北京大学处于风口浪尖之中，北洋政府颇为忌恨，部分高官"主将北京大学解散"，北大校长蔡元培不得不辞职离京。消息传到南方，黄炎培、蒋梦麟等人即与胡适联络，建议将北大迁往南京或上海，或是在南方另建一所北大量级的综合性国立大学。后来，由于教育总长傅增湘等人坚决反对，北大并未解散，但在南方再建一所大学的计划却紧锣密鼓地实施起来。

东南大学甫一问世，立即以在当时而言的庞大规模及超豪华的师资阵容，跃升为全国最重要高校。以规模而言，1923 年，东南大学即设有文理、教育、农学、商业和工科等五科，而此时的北大，也仅有文、理、法三科；以师资来说，一百多名教师中，有超过六成毕业于普林斯顿大学、哥伦比亚大学、哈佛大学、柏林大学、里昂大学、伊利诺伊大学等世界名校。后来，他们中的相当一部分人，成为他们所在专业的星斗般的大师，如吴宓、竺可桢、陶行知、熊庆来、胡刚复、梅光迪、柳诒徵、汤用彤、钱崇澍、茅以升、胡先骕……

不过，虽然初衷是办综合性的全国性大学，但从东南大学最初的招生看，其生源主要还是来自东南地区。

真正让东南大学化蛹为蝶，由综合性地方大学升级为民国时期全国第一高校的，乃是北伐胜利后定都南京的国民政府。

为了建设一个与首都匹配的学术中心，国民政府决定以东南大学为班底，将苏沪地区的河海工程大学、南京工业专门学校、南京农业学校、江苏医科大学、上海商科大学、江苏法政大学、上海商业专门学校、苏州工业专门学校等八校一起合并进东南大学，组建一所新学校——国立第四中山大学。

孙中山去世后，全国先后建了五所大学，分别以国立第一至第五中山大学为名。第一中山大学在广州，第二中山大学在武汉，第三中山大学在杭州，第四中山大学在南京，第五中山大学在开封。这种命名方式，既不便普通民众区别，也不利于国际交流。是以第四中山大学组建几个月后就两度改名，先改名江苏大学，再改名中央大学。

关于中央大学的定位，首任校长张乃燕称："国立中央大学位于首都，首都机关林立，大抵皆行政机关，唯中央大学为最高学府，是知的机关，根据总理知难行易之说，则本校对于中国精神上与物质上之建设，与夫世界文化之贡献，皆负有极大之责任焉。"

时隔几十年再读这样的文字，仍然能感受到中大那种舍我其谁而顾盼自雄的飞扬神采。作为彼时首屈一指的高等学府，中央大学的确有如此骄傲、如此自期的条件———项数据表明，立校仅一年多后的1929年，中央大学已下辖八大学院，三十八个系科，开设了五百五十九种课程，有教职员工六百七十人、在校生一千八百三十八人。中央大学以令人惊讶的速度，迅速发展为中国学科设置最齐全、规模最宏大的国立大学。

中央大学的风气

地处城乡接合部的浙江绍兴钱清街道江墅村，有一座整修过的老房子，浅黄色的墙上，有清华园图案的浮雕。旁边是一段文字：我们要共同努力，为国家民族，树立一个学术独立的基础，在这优美的"水木清华"环境里面，我们要造成一个新学风以建设新清华！

这段话，是1928年清华学校改名清华大学时，首任校长罗家伦在就职典礼上说的。江墅村那几间老房子，就是罗家伦的祖居。

罗家伦，字志希，1897年生于南昌。一生中，他大概仅在十六岁时回过一次江墅。从北京大学毕业后，他先后留学于普林斯顿大学、哥伦比亚大学、柏林大学、巴黎大学和牛津大学。在北大期间，他是五四运动的学生领袖之一，《北京学界全体宣言》即出自他的手笔。"外争主权，内除国贼"的响亮口号，成为风靡一时的金句。

曾任武大校长和教育部长的王世杰对罗家伦有一个十分公允的评价，他认为，罗家伦有两件事最值得肯定：一是当清华校长时，把中美庚款的清华基金从外交部争取过来，清华也由外交部改隶教育部，成为名副其实的国立大学；二是当中央大学校长时，"对日抗战发生，他在极艰苦中把中央大学从南京迁到重庆沙坪坝"。

罗家伦刚接手时的中央大学，是一枚不折不扣的烫手山芋。

那时的大学里，思想激进而又热情单纯的青年学子不仅要指点江山激扬文字，甚至，对新就职的校长，如果他们觉得不合适，就会闹出驱赶乃至殴打的学潮。中央大学自张乃燕之后，1928 年到 1932 年间，朱家骅、桂崇基、任鸿隽先后被任命为校长（任坚辞，未到任）。校长走马灯似的换，并且，还发生了一起蒋介石称他听说后"不胜骇异"的事件——1932 年 6 月 29 日，新任校长段锡朋到校时，遭学生围殴，段的衣服被扯成碎片，人被打得鼻青脸肿，汽车被砸毁。

罗家伦就是在这种情况下接任中央大学校长的。

如果说真正的知识分子就是爬上桅杆眺望远方的水手，那么，罗家伦显然比他所处时代的绝大多数人都更具前瞻性眼光。罗家伦认为，中国的各种危机，"不仅是政治社会之窳败"，更重要的是缺乏一种"有机体的民族文化"。换言之，就是缺少足以振作整个国家的民族精神。这种民族精神，需要由国立大学，尤其是中央大学这样的国家最高学府去担当，"国立大学，必须担负造成民族文化之使命，为民族求生存，使国家学术得以永久发展，使民族精神得充分振发。此种使命，中央大学当然须负担起来"。

走马上任后，罗家伦开始整顿中央大学。整顿的原则，是他提出的四字校训：诚朴雄伟。

诚即尚真，即实事求是，"是则是之，非则非之"，做学问要有诚意，不要把它视作升官发财的途径；朴即质朴、朴实，力避纤巧浮华，反对拿学问装点门面；雄即大雄无畏，改变固有的柔弱萎靡之风；伟即伟大崇高，避免门户之见。

那时候，由罗家伦作词的中央大学校歌，时时回荡在校园里，而"诚朴雄伟"的四字校训，也渐渐成为中央大学的风气：

国学堂党，

多士跄跄。

励学敦行，

斯副举世所属望。

诚朴雄伟见学风，

雍容肃穆在修养。

器识为先，

真理是尚。

完成民族复兴大业，

增加人类知识总量，

进取，发扬，担负这责任在双肩上。

雄心勃勃的罗家伦，不仅要将中央大学办成当之无愧的中国第一高校，并且，还要使其进入世界名校之列，要与日本的东京帝国大学一较高下。

自从亲历了济南事变后，罗家伦即预感到中日大战不可避免："九一八事变以后，我愈加强了这感觉，并且心中常悬一幅太平洋大战的图影。"在罗家伦看来，中国要抵抗日本入侵，机关枪、飞机、坦克固不可少，学术亦同样是救国利器。这其实也是那一代遭逢巨变的知识分子的共识，就像郑天挺说的那样："在抗战期间，一个爱国知识分子，不能亲赴前线或参加战斗，只有积极从事科学研究，坚持谨严创造的精神，自学不倦，以期有所贡献于祖国。"

1934年，罗家伦和黄侃有过一次闲谈。闲谈中，黄侃问：

要抵抗日本，我们中央大学学生能与日本东京帝国大学的学生在学术上竞争吗？中央大学的教授能与日本东京帝国大学的教授相比吗？整个中央大学能与东京帝国大学相抗吗？

罗家伦说，听了黄侃的话，"使我惊恐心悸，使我汗流浃背，更令我兴奋，努力"。

从1932年到1941年，罗家伦执掌中央大学的十年，被称为中央大学的黄金十年。这黄金十年，中央大学的发展，尤以前期，也就是全面抗战前六年为最。1932年，中央大学整顿时，商学和医学二院独立，中央大学还有六个学院。1935年，中央大学重建医学院，增设全国唯一的牙医专科，从此形成了七院五十六科的格局。

其时，中国航空工业极为落后，而迫在眉睫的对日战事，需要大量航空人才。于是，中央大学于1934年开办了中国第一个航空工业专业——这个航空工业专业，命名为机械特别研究班。之所以如此命名，用罗家伦在该班的讲话来说，是为了避免打草惊蛇，引起日本人的警觉乃至扰乱。它是一种"悲痛的隐蔽"，罗家伦说："隐蔽的名称不能隐蔽我们火一般的爱国和救国的情绪。"

1937年的中央大学，其图书馆的图书已达四十余万册，是罗家伦接手时的十倍；阅览室面积增至初期四倍；先后建成或扩建了图书馆、生物馆、体育馆、牙医院、音乐室、游泳池和学生宿舍。执教于中央大学的教授，大多为其所在专业的执牛耳人物——校园里，学生们不时可能和这些大师擦身而过，他们是：经济学家马寅初，美学家宗白华，艺术家徐悲鸿，林学家梁希，天文学家张钰哲，生理学家蔡翘，地理学家胡焕庸，物理学家、居里夫人唯一的中国学生施士元，地质学家朱庭祜，植物生理学家罗宗洛，生理学和药理学家孙宗彭，数学家孙光远……

今天的南京雨花台区铁心桥街道一带，曾因旷野上多石子而得名石子岗。这里既有汉代墓葬群，也有古涫泥国王墓。罗家伦看中了这块地，他计划以石子岗为中心，另建一座能容纳五千到一万学生的新校园。然而，新校园开工才两个月，工地上才打下几根基桩，千里之外的北平城外，卢沟桥的枪声敲碎了宁静的夜晚——以后，长达八年时间里，每一个夜晚都不再宁静……

两所"鸡犬不留"的大学

抗战时期的内迁高校，大多数都曾一迁再迁，比如浙大、同济、中山等，莫不如此。多次迁徙的坏处，除了人力物力的浪费外，遭逢其间的师生，也不得不在烽火中中止学业，颠沛流离于异地他乡。众多高校中，内迁一步到位的非常少，中央大学算是最成功也最具代表性的一个。

中央大学能一步到位地从南京迁到重庆，很大程度上，源自校长罗家伦的远见卓识。

1937年七七事变后，蒋介石召集各界人士到庐山座谈，史称"庐山谈话"。罗家伦是与会者之一。7月14日，他因要为中央大学、武大和浙大三校联考出题，临时飞回南京。次日，从何应钦那里，他得知前一天夜里，平汉路上有一千三百节火车车皮开始大量运兵。他意识到，大规模的战事一触即发，"当天，我就开始做迁校的布置"。

　　早在一年多前，当日本人策动华北五省自治的冀东事变发生后，罗家伦就下令制作了九百只大木箱。当时，除了他，没人知道这些大木箱有什么用。结束庐山谈话回到南京后，罗家伦立即吩咐取出大木箱，将学校的重要仪器、文件装箱。罗家伦回忆说，"我即看定中日之间，是迟早不免一战的……若是没有这批箱子，当时军事倥偬，是无法可以临时做就的。"

　　一面令人打包装箱，另一面，罗家伦派出三批人马溯江而上，一批去重庆，一批去成都，一批去两湖——他们的任务，是为即将搬迁的中央大学寻找一个合适的安身之处。负责探路的教授们"吃了许多辛苦"。负责两湖一线的王书林，在湖南醴陵时，被县长当作汉奸抓了起来。那位县长，竟然根本不知道世界上还有中央大学的存在。

　　汇总各路调查报告后，罗家伦决定：中央大学迁往重庆。这一决定，立即在中央大学激起强烈反响。相当一部分人表示反对，"以为何必迁得这么远"，"学校里许多教职员受了'蜀道难'的影响，都不主张远迁，有的主张至多迁至武汉，暂借武汉大学上课，说得顶远的，也只是到宜昌为止"。

　　不仅校内人士这样认为，校外不少朋友也向罗家伦提意见，有的建议迁至上海，有的建议迁至安徽九华山，或是江西庐山，甚至还有主张就在南京城外挖出防空壕继续上课。

　　这些反对的声音，都没能说服罗家伦。罗家伦的坚持，基于他的一个事后证明十分正确的认识：抗战不可能短期结束；文化机关与军事机关不同，不便一迁再迁。新校址应当具备两大条件：其一，水运可以抵达；其二，不必再迁。

两年前，罗家伦在从汉口飞重庆时，"观察过了宜昌以后山地的形势，便感觉若是中日战事发生，重庆是一个可守的地点"。及后，他在重庆停留了两天半，"我就利用这段时间在重庆观察地点……我便存了一个心，为中央大学留意一块可以建设校址的地方，我亦了解在中日战争的过程中，空袭是一个重要的战略。重庆山势起伏，层峦叠嶂，易于防空，觉得这是一个战时设校的理想地点，像沙坪坝、老鹰岩也是我游踪所到地方，可以说我这两天半在重庆的游览，赋给我对于重庆的形势一种亲切的认识"。就是从重庆返回南京后，他下令学校工厂制作九百个大木箱。

罗家伦与国民政府军政高层关系密切，得以对时局发展做出准确判断。他知道中日大战必然爆发，一旦爆发，南京必然陷落。然而，普通教职员工不知内情，根本不相信南京也将陷入烽火。不少不明真相的人纷纷指责罗家伦，说他胆小怕死，动摇人心。

顶着舆论压力，罗家伦一声令下，中央大学开始了溯流而上的内迁之路。淞沪会战次日，即 1937 年 8 月 14 日，与上海近在咫尺的南京就遭到日军轰炸，中央大学的大礼堂、图书馆和实验室都在炸弹下化为废墟。罗家伦一边鼓舞士气，指着弹坑对师生说"敌人能炸毁的是物质，敌人不能炸毁的是我们的意志"，一边加紧了内迁工作。

虽然提前做了充分准备，但大量图书、仪器、设备，以及四千余人的师生及家属，在交通条件极为落后且又冒着日机轰炸危险的困境下，要在短时间内完成大转移，是一件难以完成的任务。

看起来难以完成的任务，最终顺利完成了。除了罗家伦的远见卓识和中央大学师生的强大执行力外，轮船大王卢作孚的慷慨相助也关系甚大。

卢作孚领导的民生公司，有几十条客船往来于重庆与南京之间。罗家伦登门拜访卢作孚，希望他协助学校迁渝。卢作孚答应了，表示免费提供一批客船运送图书仪器。中央大学的诸多设备中，有不少大型部件，比如航空工程上用来实验飞机模型的风洞，价格高达二十多万美金，即便在今天也是一笔巨款，而在当年的购买能力下，更是天文数字。风洞重达七吨半，且无法分拆。为了运送这个值钱的大家伙，民生公司只好把轮船舱位锯开，不惜破坏船只，以便顺利装载。

至于四千多人员，则由学校发放经费，自行从南京赶往汉口，并约定于10月10日集中，再由汉口乘坐民生公司轮船溯江而上。——在重庆沙坪坝松林坡，中央大学向地方借得了重庆大学后面一片约一百二十亩的土地，加上后来自购的八十亩，这相当于城里一个中等小区的两百亩地，便是中央大学的全部地盘。一千七百名工人昼夜奋战，用了四十二天时间，修建了可以容纳一千余学生的校舍。这些赶出来的校舍非常简陋，一排排竹筋泥墙的平房，上覆青瓦乃至茅草，错落地分布在松林坡上，"因非永久之计，故房舍甚为简陋，既无天花板，又无地板，且墙壁大都仅用篾片结成篱笆，然后涂以石灰而已"。"与京校相比，不啻天壤"。

1938年11月，落叶飘飞的深秋时节，罗家伦从学校到城里办事。天已黄昏，车速突然慢了下来，司机转过头对罗家伦说：

前面来了一群牛，像是中央大学的。

司机认出这些牛像中央大学的，是因为他认识赶牛的人。罗家伦一听，急忙叫司机停车，他探头一看，果然——那些牛都是中央大学的。

赶牛的人有四个，每一个都须发蓬松，面容憔悴，形同乞丐，"好像苏武塞外归来一般"。罗家伦见状，激动万分，"仿佛如乱后骨肉重逢一样，真是有悲喜交集的情绪"。四个赶牛的人，为首那个叫王酉亭，时任中央大学农学院畜牧兽医系技士。

农学院为中央大学七院之一，下属的畜牧兽医系养有众多用于实验的动物，包括牛、猪、羊、鸡。这些动物，大多都是名贵品种，价值不菲。中央大学迁渝时，罗家伦和民生公司商量后，把轮船的一层进行了改装，作为运送动物的专舱。船舱不大，只能每个品种选一对——这让罗家伦联想到了《圣经》上关于诺亚方舟的故事。

罗家伦回忆说，他在离开南京前，"告诉一位留下管理牧场的同人说，万一敌人逼近首都，这些余下的牲畜，你可迁则迁，不可迁则放弃了，我们也不能怪你"。这位同人，便是王酉亭。

南京沦陷前四天，即 1937 年 12 月 9 日，王酉亭带着几名员工，用木船将动物运到长江北岸，打算以游牧的方式向西迁至安徽六安一带山区。抵达合肥后，校方让他们赶往长江边的武穴，以便从武穴坐船到重庆。然而，当这支每天只能走十几里，而且走一天就要停歇三五天的动物大军，还在向武穴进发时，九江已经失守，动物大军只能辗转由河南进入湖北，尔后抵汉口。到汉口后，终于结束了游牧时光，坐上民生公司的轮船前往重庆。

1941 年，罗家伦回顾中大历史时，关于动物西迁，写道："这一段游牧的生活，经过了大约一年的时候。这些美国牛、荷兰牛、澳洲牛、英国猪、美国猪和用笼子骑在它们背上的美国鸡、北京鸭，可怜也受日寇压迫，和沙漠中的骆驼队一样，踏上了它们几千里长征的路线……居然于第二年的十一月中到了重庆。领导这个牲畜长征的，是一位管牧场的王酉亭先生，他平时的月薪不过八十元。"

当王酉亭一行赶着一百多只动物走进松林坡时，整个中央大学都轰动了，师生们站在道路两旁鼓掌欢呼，几至热泪盈眶。——在这些辗转千里的动物身上，他们看到的是人的力量，是信仰和意志的力量。

南开大学校长张伯苓评论说："抗战开始后，中央大学和南开大学都是鸡犬不留。"——南开大学被日军炸得鸡犬不留，中央大学则是全部搬迁，连鸡犬都没给敌人留下。

松林坡作证

时间足以改变一切，足以抹掉一代人生存过的痕迹。

现在的松林坡上，已经没有多少松树，更多的是南方常见的黄桷树。高温高湿的南方，黄桷树生长迅速。就是说，我看到的一棵棵黄桷树，它们大多数都不会太古老，都没有见证过那个逝去的旧时代。

唯一可能和几十年前相似的，是站在松林坡的垭口或山巅，还能像从前一样，望见山脚下的嘉陵江。早春三月，河床狭窄，河水枯瘦，缓得像不会流动的死水。我从重庆大学东门的一条小路向松林坡山顶走去。拾级而上，山坡一侧，辟有一方小小的园子，园子的青石墙上，挂着一块显眼的红字警示牌：蛇虫出没，注意安全。警示牌下面，青石墙上刻着几行字——大约是常年日晒雨淋，青石边缘已经风化，有些字须仔细辨识才能认出，道是：

> 抗日战争期间，中央大学曾借重大松林坡一带坚持办学。昔日的棚房瓦屋，见证了中大师生不屈不挠的奋斗精神。

走进大概只有二三十平方米的园子，正中，是一座圆形的亭子，悬有黑底黄字的匾：中央大学迁渝纪念亭。亭中，立着一块同样黑底黄字的碑，是中央大学校友会于1995年所立。正面碑文题曰《中央大学迁渝记略》；背面，记录的是为建亭和碑捐款的校友——凡捐五十元以上者，就得以把名字刻进石头。

看完亭和碑，我继续沿着可能有蛇虫出没的石径往山上走。石径右侧的林子里，掩映着几排两层的小别墅，看上去十分洋气。只是，都因年代久远而显得破败。

它们都不是中央大学的子留，而是几十年前重大所建，曾经充当过招待所和留学生公寓。依据亲历者回忆，曾经中央大学的图书馆就在松林坡山顶。石径左侧的树林深处，有两栋看上去比小别墅年代更为久远的老建筑，不知道它们是否就是曾经座无虚席的图书馆——由于有铁丝网阻拦，我无法进入，只能在几十米外的地方，向它们行一个注目礼。

　　真正属于中央大学时代的建筑，似乎有且仅有一座，即一路之隔的重大校园里，那栋米黄色的房子。那是中央大学时期修建的大礼堂，取名叫七七抗战大礼堂。那时候，曾有无数知名人士在礼堂里为学生们演讲，学校的各种活动也常在礼堂举行。而今，被修缮后，挤在众多楼宇间，它像一个历经沧桑的长者，孤独而又落寞地站在新世纪的阳光下。

　　所有大学中，作为国立第一号的最高学府，原本，中央大学从政府获得的经费是最多的。但是，抗战军兴，财政捉襟见肘，加之物价暴涨，中央大学也颇感吃力。中央大学下属各学院，除师范学院和医学院学生全部公费，其余各学院学生主要靠政府发放的贷学金和奖学金。依靠这些费用，即便学生家里不再给他们一分钱，学生也无吃穿之虞。当然，只能勉强糊口，维持最低生存要求。

　　松林坡上，曾有一间面积颇大的饭堂，可容纳一千人就餐。每餐，八人一桌，每桌四菜，绝大多数时候全为素菜。偶尔有一点肉，也只是点缀，即四川人所说的"俏荤"。当年的亲历者说："平常中饭与晚饭的菜差不多，如果桌上已经有一碗冬瓜、一碗芋头、一碗白菜，那么第四碗就准是豆腐，每碗偏偏都只有一半，八个人只须来回几次，碗就立即空空，只好你望着我，我望着你，嚼白饭。"即便如此，包括中央大学在内的内迁至重庆的多所大学的学生，每人每月都有一天不吃饭，以便省出饭钱，捐给前线将士。

　　至于穿，中央大学的学生用两个词来形容：顶天立地、空前绝后。顶天，指学生们下雨天没有伞，冬天没有帽子；立地，指学生们的鞋袜大多穿烂了也无钱置新，双脚与大地肌肤相亲；空前绝后，则指学生们的裤子前膝和屁股部位都磨破了。

物力维艰，生活清苦，但和其他内迁高校一样，中央大学上下，也始终弥漫着一种自强不息的精神。1939年，中央大学一个叫景儒的人在文章里说："沙坪坝，这带有乡村风味的市集，现在成了新文化的重镇了。战时的中央大学，不但是全国最高的学府，也是全国最平民化的学府，没有高楼，没有大厦，没有上漆的课桌，没有现代的设备，校舍好比营房，饭厅就是礼堂，全校居住在一座大山上，因此没有平地，整天要爬坡。但物质的设备虽差，师生的精神却很振奋，过着一种活泼紧张和严肃的生活。"

1941年，警报声中，罗家伦写下一篇长文——《炸弹下长大的中央大学》。文中，他说："我们在重庆四年了，这四年的日子，不是好过的。我们的学校穷，同人也穷，但是国家在抗战的时候，谁说穷是不应该的？我们只能以大义相劝勉，以感情相维系。"

重庆的许多山上，岩壁间，至今还能看到一个个人工开凿的洞穴，这便是当年跑警报的防空洞。中央大学所在的松林坡，也有密如蚁穴的防空洞。

作为陪都的重庆，是诸多城市里遭到日军轰炸次数最多也最频繁的。以中央大学来说，曾经一个月就遭受了二十八次空袭，创下了一天五钻防空洞的纪录。朱希祖在日记里记载："洞上虽有大石二丈余，泥土一丈余，且有树木，洞内又有木架支持，然余仍有戒心……旋闻炸弹声，则重庆市中又投烧夷弹矣。真武山前烟焰充天，又不知烧去多少房屋，死伤多少人命，心甚不怡。"常任侠日记中则说："昨今两日，所见战机，专炸文化区，肆其凶毒，令人发指。"据一位亲历者回忆："校区到处中弹，一次正中防空洞顶，地理系教室被毁，我们在洞内被震得弹了起来。一次，炸弹正从防空洞口落下江边，一股空气巨流冲入洞中，洞内灯火全熄，每人胸前有如被巨锤捶了一下。"空袭后，罗家伦的校长室被炸得只余一堵墙。在新房子还没修起来前，罗校长就站在废墟里办公，他笑称这是"室徒一壁"。

中国人骨子里有一种其他民族罕见的韧性。这韧性，既表现为罗家伦这样的知识分子面对苦难的乐观——他曾指着弹坑对属下说：寇能毁之，我能兴之；也表现为更多无名的普罗大众顽强如野草般的生命力。曾在重庆亲历抗战的犹太人沃尔夫岗·卡夫岗回忆说："重庆虽然被炸成了一堆堆瓦砾，但是只要日本飞机一离开，大火一经扑灭，老百姓就开始在断壁残垣的废墟灰烬上建小商店，搭简易棚子。只要有个吃饭睡觉的地方，就不能阻止他们重建家园，开始新生活。"卡夫岗把日本人的狂轰滥炸却不能令中国屈服总结为："他们完全低估了中国人民的骄傲与自尊。"

罗家伦说："四年以内，我们不知道历尽了几多困难。我们只有一点可以勉强告慰于国人的，就是在这四年之中，中央大学没有停顿，而且照常进行，还有一点小小的发展。"

其实，岂止一点小小的发展。单是从1939年中央大学的教授阵容来看，就足以证明，连绵的烽火没有成为中央大学停滞的绊脚石，反而是前进的发动机。

这份教授名单包括这些如雷贯耳的名字。文学院：汪东、胡小石、沈兼士、汪辟疆、卢前、乔大壮、朱东润、朱希祖、吴组缃、唐圭璋、吕叔湘、商承祖、金毓黻、沈刚伯、柳诒徵、郭廷以、宗白华、牟宗三、唐君毅、常任侠，理学院：孙光远、曾远荣、张钰哲、施士元、吴有训、张江树、高济宇、胡先骕、罗宗洛、胡焕庸、任美锷、黄汲清、翁文波、萧孝嵘、艾伟，法学院：马洗繁、王铁崖、芮沐、童冠贤、吴干、程绍德、孙本文，农学院：邹树文、金善宝、刘伊农、梁希，师范学院：张士一、常导直、朱经农、徐悲鸿、傅抱石、黄君碧，工学院：卢恩绪、陈章、刘敦桢、沙玉清、顾毓琇、时钧、罗荣安、严恺、杨廷宝，医学院：戚寿南、郑集、卢锡荣……

1941年和1943年，教育部在全国大学选拔部聘教授。最初两批，全国共入选四十五人，中央大学就有十二位之多。另据统计，中央大学师生中，后来有七十二人成为两院院士。

抗战期间，能源紧张，发电量远低于用电量，重庆不得不经常停电，包括一大批国家机关，也经常一下子变得漆黑。不过，有一种说法是，有两个地方的电是不会停的，一个是蒋介石官邸，另一个就是沙坪坝的大学——最主要的，就是中央大学。无数个墨意沉沉的夜晚，当陪都重庆在一团团潮湿的云雾庇护下沉沉睡去，唯有沙坪坝上的那些教室、实验室和图书馆，还散发出明亮而温暖的灯光。人们把这称为沙坪学灯。这灯光，似乎在暗示那些远远近近看到它的人：只要精神不死，意志不倒，再黑暗的长夜，也将被一点一滴的光芒照亮……

著名历史学家、教育家，曾任华中师大校长的章开沅说他曾两次亲历中国大学遭遇的大劫难。其中一次就是日本侵华战争。

"中国大片国土沦陷，绝大部分校舍被霸占甚至焚毁、炸毁，许多学校、师生被迫流亡千里，辗转西迁。"但是，章开沅说使他感受更深的，还不是大学遭遇的这种灾难，而是在面临灾难时，"大学生命力的旺盛与顽强"，"只要是稍具规模并略有特色的大学，一般都有相当坚韧的灾难承受能力，大多能够像凤凰涅槃一样浴火而重生，并且孕育着新的发展"。

以中央大学来说，诚哉斯言。

柏溪分校

从松林坡东南顺着山路走下去，几百米外是嘉陵江。春来江水绿如蓝，夏日里波涛滚滚的大江，此时格外温柔。江上，石门嘉陵江大桥飞空横架。桥的左侧，如果回溯到八十多年前，那里是人来人往的中渡口码头。码头边，十几家茶馆和小饭店生意兴隆。中央大学的学子们，偶尔也会到这里改善生活，尤其是恋爱中的男女，常常从松林坡的林子里肩并肩地走下来，坐在小饭店深处打牙祭——不过是一碗排骨面或牛肉面。

很多年后，朱俊岐对中渡口码头记忆犹新。他在回忆录里说："新生报到在沙坪坝中大本校，报到手续完成后，由学生自治会新同学接待组分批送到中渡口。"如今我行走的这条依然窄窄的山路，几十年前，包括朱俊岐在内的一批前辈曾经无数次走过。走着走着，便走进了历史，走进了回忆。

1944年，抗战即将胜利的前夜，朱俊岐年十九岁。为了进入心仪的大学攻读心仪的专业，已在东北大学中文系读了一年的朱俊岐选择了退学并重新报考中央大学。

其时，东北大学内迁于四川三台。朱俊岐和同学邹国模一起，花了三天时间，经中江、金堂等地，走到成都，参加了中央大学招生考试。考试完毕，又花了几天时间，步行回到老家荣县——荣县与我老家富顺一样，都属自贡。所以，我能听得出，尽管几十年走南闯北，但朱俊岐的言谈间，有一些词，仍然是独特的荣县口音。

得知被中央大学录取后，开学前几天，川南暑热难当的日子，朱俊岐带着干粮和被子，告别了父母。在尘土飞扬的毛坯公路上步行六天后，他终于远远地望见了耸立在嘉陵江畔的松林坡。

朱俊岐心仪的大学是中央大学，心仪的专业则是中央大学首先开办的边政学系。今天的大学已经没有这个专业了，但在八十多年前，边政学却是一门显学。所谓边政学，要言之，是一门研究边疆地区治理、发展，以及边疆与内地关系等相关问题的学科，涉及边疆地区的政治、经济、文化、社会诸多方面。清末以来，中国面临豆剖瓜分的严峻现实，边疆地区屡遭侵占，为此，边政学兴起。全面抗战后，政府迁都重庆，以往很少受人瞩目的西南和西北边疆，被视作抗战建国的大后方和民族复兴基地，边疆开发与建设便成为国家迫切需要。于是，不少学者投身边疆研究，还组建了中国边政学会和新亚细亚学会这样的学术团体，而中央大学和西北联大，先后开办了边政学系。

朱俊岐和众多报到的新生一起，在学长们的引导下，沿着山路走下松林坡，来到中渡口。在那里，他们搭乘了一条小汽轮。小汽轮溯江而上，行驶一个多小时后，到达了嘉陵江畔的另一座码头——几十年后，实地调查时，我已完全看不出丝毫码头的迹象，甚至也没有找到朱俊岐记忆中那株巨大的黄桷树。我看到的是嘉陵江边的一座小山，半山腰有一片斜斜的草坪，不少年轻人在草坪上玩耍：放风筝，遛狗，聊天，打扑克。山的另一边，隔着一条清澈的溪流，一座雄伟的大桥正在紧张施工，打桩机和搅拌机发出轰隆隆的巨响。

朱俊岐向我提到了那条小溪。那条宽不过十米的小溪，从山的那一边流过来，拐个弯，注入嘉陵江。就在小溪拐弯处，立着一座十分典型的穿斗结构的四川民居。我想走近一些，但是，民居四面都是一人多高的杂草和灌木——我想起了松林坡上"蛇虫出没"的红色警示牌。犹豫再三，我只得在二三十米开外的地方停下来，掏出手机，拍下几张照片和一段视频。

这座近年修建的民居，据说是根据老人们的回忆复建的中央

复建的中央大学柏溪分校校舍

大学校舍。那时，这座校舍充当了学校的传达室、石印室，以及邮局和银行分理处。

由于学生众多而松林坡房舍有限，中央大学在这个叫柏溪的地方建了分校，所有一年级学生，都集中在柏溪。关于柏溪的校园环境，在朱俊岐到校前三年，一个中央大学柏溪分校学生有过这样的描述：

> 没有巍峨的高楼大厦，没有宽广的柏油马路。假如是在深夜里来参观柏溪的话，简陋而质朴的几列瓦房，后面还有着几排草屋，在星光下留着模糊的轮廓，暗淡的几点灯火，从少数窗孔中透露出来，看起来与一个小小的村落又有什么两样呢？

柏溪分校距松林坡本部有数十里之遥，不通公路，嘉陵江航运最为便捷。中央大学除了自备几条木船来往外，还请民生公司开通了两地间的班轮。柏溪周边，原本只有几个小小的自然村。因为中央大学入驻，很快就以码头为原点，依山就势，在山谷里形成了一条百十米长的小街。街上，开了十几家店铺，分别是百货店、服装店、面店、小饭馆和茶馆。这些店铺都用楠竹绑成屋架，竹条编成墙再抹上泥巴和石灰，门、窗及屋顶，也都是竹制的。为了防雨，屋顶铺上油毡。这种简易房屋，冬冷夏热，蔽雨不遮风，人称抗战房。

小街背后的山谷里，溯柏溪而上，正面小山上是礼堂、图书馆、实验室和办公楼，谷地里是体育场，左边小山上是教室和女生宿舍，右边小山上是男生宿舍和餐厅。除了办公楼为一楼一底外，其余均为平房。在朱俊岐印象中，整个柏溪校区，"善于利用地形地势，布局合理，错落有致。墙面微黄，屋面一色青瓦，石砌台阶、挡墙，户外路旁花木扶疏，庄严宁静，不失为一个读书的好地方"。几十年后，柏溪分校原址上，除了那座复建的四川民居外，还有一个污水处理厂。其余地方，全都建成了湿地公园，即便朱俊岐先生亲自来，恐怕也难以寻出昔时的履痕了。

朱俊岐记得，他所在的边政学系，首届招了二十六人，只有一名女生，叫王慧君，内江人。"班上同学唯恐她孤独寂寞，事事关心照顾，而她却不以为然；除上课可以见面外，经常独来独往。"

与朱俊岐一同在柏溪读一年级的，几十年后，朱俊岐还记得其中几位特殊人物：后来成为著名作家的聂华苓，是公认的校花；张治中的女儿张淑央——毕业后，通过张淑央，朱俊岐和几个同学拜访了张治中，并在他的安排下到新疆任职；蒙藏委员会委员长吴忠信的女儿吴驯叔；棉纱大王潘仰三的女儿潘其德。这些名副其实的"官二代"和"富二代"都非常低调，和普通学生一样，住八人间的宿舍，吃八人桌的校餐。

松林坡所在的沙坪坝已是偏僻小乡场，与之相比，柏溪更是闭塞的小山村。中央大学学生的到来，打破了嘉陵江畔山峦间的宁静。尽管生活清苦甚至枯燥，但朱俊岐们"回想到跨进中央大学之门以前的艰难，就会预想到走出中央大学之门以后的重大的责任"，"所以，在这短短的几年中，需要把握着每一分钟，以不间断的努力，来磨亮自己的铠甲，准备将来走上社会，才能做一个有力的斗士，为着祖国的生存，贡献出整个的力量"。为此，朱俊岐和同学们闻鸡起舞，"朝阳还没有露出她整个的面庞，正是四点半钟，号声震动了静止的空气，于是整个的柏溪从睡梦中清醒过来。生命的力，从狭笼似的小屋中散布开来，这里不再是一个寂寞的古老的村落了"。除了上好每一堂课外，"无论什么时候，只要图书馆开放，阅览室总是满满的，很少发现空余的座位"。专业科之外，学生们关心时局，以天下安危为己任。柏溪分校的学生不到一千，却组建了一百多个社会团体，办了几十份壁报和油印报刊。

曾在西南联大和中央大学都读过书的杨苡认为，两校最明显的差别，"在不同的氛围"。具体来说，"联大宽松自由，教师各说各的，没什么禁忌，学生自由散漫，基本上是想怎样就怎样"；而中央大学因为曾地处首都，是当局认定的最高学府，甚至一度由蒋介石兼任校长，当局管理相对较严。尽管如此，在中央大学，仍然弥漫着自由的气息。比如，当朱俊岐还在柏溪上一年级时，他和几个同学一起，倡议竞选学生自治会。海报一出，全校响应，很快成立了六个竞选团。虽然朱俊岐竞选团最终未能胜出，却打破了长期以来学生自治会由学校安排、系科推荐甚至党团包办的惯例。

山河破碎，战火纷飞，如同杜诗所云，"支离东北风尘际，漂泊西南天地间"，而在西南，在重庆，在嘉陵江畔的山坳上，中央大学自成一方小小天地，"春到嘉陵岸，江边树树花。微风香十里，曲水绿千家"。在这方小小天地里，探索求是、读书育人被视作与上前线同样重要的时代使命。清贫而又生机勃勃的日子里，山坳下的嘉陵江是朱俊岐和同学们经常前去的地方——不论是在柏溪还是在松林坡——他们有时沿着江边散步，有时下河游泳。直到一百岁的今天，朱俊岐还能一次游上四五百米，他保持对游泳的终身热爱，就来自早年的中央大学生活。当在嘉陵江上中流击水，他常有一种天将降大任于斯人的使命感。那时候，他不知道，未来的人生将如此曲折。——以后，无论是在劳改队的工地还是在矿区的工场，他都能乐观而坦然地面对命运的一次次重击，追根溯源，和他在中央大学时养成的乐观豁达不无关系。

采访朱俊岐先生，是在距他家不远的一家茶楼。我们坐在茶楼门前的小院里，春风和暖，空气中混杂着淡淡的草木香。百岁

今天的柏溪一角

高龄的老人，如今被四所大学尊为老学长，这四所大学是：东北大学、中央大学、南京大学和东南大学。说起八十年前的往事，他如数家珍。当我告诉他我刚寻访了松林坡和柏溪时，他说，他时常梦见松林坡，梦见柏溪，梦见嘉陵江，梦见他们班已经辞世的二十多位同学……

公正的时间必将收割一切。所有的过去、现在、未来都将成为历史。对于只存在了二十多年的中央大学来说，它早已被大多数人遗忘。当朱俊岐这样的亲历者也越来越少，那些烽火中的往事也终将成为绝响。面对沉浸在回忆中的朱俊岐先生，我不由想起在资料中读过的一段话。那段话，是朱俊岐没见过的中央大学校长罗家伦说的——朱俊岐进入中央大学前三年，罗家伦因派系之争和身体原因，被迫辞职。在告别中央大学师生的演讲中，他说：

沙坪坝，这个三千国士的培育之地，这个度过我们黄金年华之地。是在这里，我们接受了完整的现代教育，培养了我们完整的人格，奠定了我们为国家社会服务的基础。是在这里，我们缘结终身，共同消磨了多少个可爱的日子，共看了多少晨曦晚霞。是在这里，我们结识了多少才俊之士，一同读书，一同欢笑，分享彼此的忧伤。是在这里，我们得到了多少教师们的教诲与爱心，得以平安地度过那段艰苦的岁月，羽翼丰满地迈向人生大道。

虽然那美好的日子一去不复回，虽然那星散了的师友永不能同时再聚，有些已永远离我们而去，虽然岁月的流逝，已使我们白发如新，失去了当年的英俊气象，但我们将永远忘不了你。忘不了你的一草一木，片瓦寸椽；也忘不了你的沉沉晚雾，寒夜松涛。但愿青山常在，碧水长流，等待我们的归来，我们只希望亲一下你的泥土，重拾一下往日的遗迹与欢笑。

沙坪坝，这个我们永远不会忘记的地方！

长相思，在沙坪。

1941年春天，离开中央大学前，罗家伦在松林坡种下了一株松树并作诗一首。他种的松树已然无从寻觅。或许，它被风雨摧折了，或许，它被人砍伐了，或许，它仍在生长，与众多树木一起，构成了我看到的那一片茂密的林子。他的诗留了下来，像要为那个业已不存的时代作证：

龙孙手植感凄然，
待尔参云我白颠。
终不羡人种桃李，
花开花落是明年。

主要参考文献

一、著作类

竺可桢著 《竺可桢全集》 上海科技教育出版社

王宽福执行主编 《重走西迁路：浙江大学西迁后代纪念文集》 浙江大学出版社

李杭春著 《重走西迁路：我的求是精神之旅》 浙江大学出版社

李杭春著 《竺可桢国立浙江大学年谱》 浙江大学出版社

中国人民政治协商会议湄潭县委员会编 《永远的大学精神：浙大西迁办学纪实》 贵州人民出版社

金德水 吴朝晖主编 《浙江大学图史》 浙江大学出版社

毛正棠 徐有智编著 《浙江大学》 湖南教育出版社

丰子恺著 钟桂松编 《沙坪的酒》 大象出版社

钱永红主编 《求是忆念录：浙江大学百廿校庆老校友文选》 浙江大学出版社

中国人民政治协商会议湄潭县委员会文史资料征集办公室编 《湄潭文史资料第八辑："浙江大学西迁历史陈列馆"史料专辑》

陈平原 谢泳等著 张竞无编 《民国大学：遥想大学当年》 东方出版社

许高渝等编著 《遗珍逸文：老浙大期刊集萃》 浙江大学出版社

贵州省湄潭县地方志编纂委员会编 《湄潭县志》 方志出版社

泰和县地方志编纂委员会编 《泰和县志》 方志出版社

江西省吉安市教育志编纂委员会编 《吉安市教育志》

中国人民政治协商会议遵义市红花岗区委员会编 《遵义，浙大西迁大本营》 浙江大学出版社

中国人民政治协商会议西南地区文史资料协作会议编 《抗战时期内迁西南的高等院校》 贵州民族出版社

涂上飙主编 《武汉大学图史》 湖北美术出版社

骆郁廷主编 《流风甚美——武汉大学文化研究》 武汉大学出版社

张在军著 《当乐山遇上珞珈山：老武大西迁往事》 江苏凤凰文艺出版社

吴贻谷主编 《武汉大学校史》 武汉大学出版社

谢红星主编 《武汉大学校史新编》 武汉大学出版社

吴骁 程斯辉著 《功盖珞嘉"一代完人"——武汉大学校长王星拱》 山东教育出版社

徐正榜主编 《武大逸事：武大英华》 辽海出版社

朱东润著 《朱东润自传》 人民文学出版社

叶圣陶著 《我与四川》 四川人民出版社

齐邦媛著 《巨流河》 生活·读书·新知三联书店

陈小滢讲述 高艳华记录编选 《乐山纪念册》 商务印书馆

《复旦大学百年纪事》编纂委员会编 《复旦大学百年纪事（1905—2005）》 复旦大学出版社

钱京娅 史卫华主编 《复旦大学图书馆百年纪事（1918—2018）》 复旦大

学出版社

校史编写组 《复旦大学志》 复旦大学出版社

《复旦大学百年志》编纂委员会编 《复旦大学百年志（1905—2005）》 复旦大学出版社

复旦大学档案馆选编 杨家润执行主编 《抗战时期复旦大学校史史料选编》 复旦大学出版社

周继超 潘洵主编 《北碚抗战史》 重庆出版社

张建平主编 《华大往事——口述实录》 武汉出版社

［美］柯约翰著 黄政辉译 《华中大学》 华中师范大学出版社

张安明 刘祖芬著 《江汉昙华林：华中大学》 河北教育出版社

李良明等编著 《韦卓民年谱》 华中师范大学出版社

章开沅 马敏主编 《韦卓民纪念文集》 华中师范大学出版社

中国人民政治协商会议大理市第七届委员会编 《华中大学在喜洲》

李公主编 《大理抗战》 九州出版社

中国人民政治协商会议云南省委员会文史资料委员会编 《内迁院校在云南》 云南人民出版社

大理市志编纂委员会编 《大理市志》 中华书局

桂林市地方志编纂委员会编纂 《桂林市志》 中华书局

喜洲镇志编纂委员会编 《喜洲镇志》 云南大学出版社

杨希孟著 《苍洱忆旧》 云南民族出版社

罗常培著 《苍洱之间》 黄山书社

西北大学校史编写组编 《西北大学校史稿》 西北大学出版社

西北大学西北联大研究所编 《西北联大史料汇编》 西北大学出版社

姚远著 《西序弦歌：西北联大简史》 陕西人民出版社

梁严冰著 《以学报国：西北联大名师》 陕西人民出版社

姚远著 《衔命东来：话说西北联大》 西北大学出版社

邵丽英 刘铨主编 《现代医学之源：西北联大与现代医学事业》 西北大学出版社

张在军著 《南渡西迁未北归：抗战时期的西北联大》 西北大学出版社

张在军著 《西北联大：抗战烽火中的一段传奇》 金城出版社

陈海儒 高远主编 《热血书生上战场：西北联大与抗日战争》 西北大学出版社

王战 高远主编 《现代地质学重镇：西北联大与现代地质事业》 西北大学出版社

李溪桥主编 《李蒸纪念文集》 中国社会科学出版社

中国人民政治协商会议城固县委员会文史资料委员会编 《城固县文史资料》 第1辑

中国人民政治协商会议城固县委员会文史资料委员会编 《城固县文史资料》 第9辑

郭鹏主编 《汉中地区志》 三秦出版社

厦门大学校史编委会编 《厦门大学校史》 厦门大学出版社

石慧霞著 《萨本栋传：民族危机中的大学校长》 厦门大学出版社

石慧霞著 《抗战烽火中的厦门大学》 河南大学出版社

本书编委会编 《不忘初心砥砺前行——图说厦门大学内迁长汀办学历程》 厦门大学出版社

厦门大学编 《厦门大学》 厦门大学出版社

刘正英 黄顺通著 《陈嘉庚与厦门大学》 福建人民出版社

[澳]杨进发著 《陈嘉庚研究文集》 中国友谊出版公司

陈碧笙 杨国桢著 《陈嘉庚传》 福建人民出版社

中国人民政治协商会议长汀县委员会文史资料编辑室编印 《长汀文史资料》 第十、十二、三十五辑

刘晓 [美]约翰·莫弗特著 《李约瑟镜头下的战时中国科学》 湖南教育出版社

翁智远 屠听泉主编 《同济大学史》 同济大学出版社

《民间影像》编 《同济人忆抗战》 同济大学出版社

江鸿波 祁明编著 《烽火同济：在李庄的日子里》 同济大学出版社

俞载道口述 黄艾娇撰写 《结构人生：俞载道访谈录》 同济大学出版社

赵振寰主编 《同舟共济：同济大学建校八十周年纪念集》 同济大学出版社

岱峻编著 《一本战时风雅笺：发现李庄》 四川人民出版社

中国人民政治协商会议宜宾县委员会文史资料委员会主编 《宜宾县文史资料选辑》

王振乾等编著 《东北大学史稿》 东北师范大学出版社

魏向前等主编 《东大逸事》 东北大学出版社

张在军著 九《东北大学往事》 州出版社

齐红深编著 《流亡：抗战时期东北流亡学生口述》 大象出版社

[法]郑碧贤著 《郑泽堰：民国县长郑献征传奇》 生活·读书·新知三联书店

王春林著 《地域与使命》 社会科学文献出版社

中国人民政治协商会议绵阳市委员会文史资料研究委员会编 《绵阳市文史资料选刊》 第十三辑

苏智良等编著 《中国抗战内迁实录》 上海人民出版社

相树春等主编 《我们走过的路》 今日中国出版社

唐宏毅主编 《东北大学在三台》 四川大学出版社

李仕根主编 《四川抗战档案研究》 西南交通大学出版社

三台县国家档案馆编著 《三台抗战史话》 四川大学出版社

刘世礼主编 《小城大学——东北大学在三台》 巴蜀书社

金景芳著 《金景芳自传》 巴蜀书社

宁恩承著 《百年回首》 东北大学出版社

丁晓春 魏向前主编 《张学良与东北大学》 东北大学出版社

柏杨口述 周碧瑟执笔 《柏杨回忆录》 远流出版社

中国人民政治协商会议三台县委员会文史资料征集委员会编 《三台文史资料选辑》 第一辑至第九辑

梁山等编著 《中山大学校史（1924—1949）》 上海教育出版社

吴定宇主编 《中山大学校史（1924—2004）》 中山大学出版社

吴承学主编 《中山大学与现代中国学术》 商务印书馆

黄仕忠编 《老中大的故事》 江苏文艺出版社

杨应康著 《中山大学澄江忆旧》 云南民族出版社

司徒尚纪著 《吴尚时》 广东人民出版社

黄悦主编 《崇正树德 清风亮节——纪念教育家许崇清》 广东人民出版社

吕雅璐主编 《抗战烽火中的中山大学》 中山大学出版社

罗永明主编 《我们的中大》 中山大学出版社

《粤北华南教育史研学基地论文集》编委会著 《中山大学法学院坪石办学论集》 中国政法大学出版社

政协澄江县委员会编 《澄江文史资料》（合订本）

乐昌市政协文史资料研究委员会编 《乐昌文史》 第1辑至第10辑

何鑫著 《中央大学的内迁与办学发展》 南京大学出版社

许小青著 《诚朴雄伟 浃浃大风——中央大学校长罗家伦》 山东教育出版社

［以］沃尔夫岗·卡佛岗著［美］董经绚译 《重庆往事》 陕西人民出版社

倪蛟著 《抗战时期国立中央大学的学生生活》 南京大学出版社

罗玲著 《重庆时期的国立中央大学》 中国社会科学出版社

牛力著 《罗家伦与国立中央大学》 南京大学出版社

许小青著 《政局与学府》 中国社会科学出版社

南京大学校史研究室编 《南京大学校史资料选编》 南京大学出版社

杨苡口述 余斌撰写 《一百年，许多人，许多事》 译林出版社

朱俊岐著 《颜色 声音 力量》

二、期刊文章

曹心宝：《浅析抗战时期浙江大学内迁对遵义的影响》，《遵义师范学院学报》2008 年第 3 期

胡友平：《论抗战时期促进浙江大学内迁遵义湄潭的动因》，《凯里学院学报》2020 年第 2 期

韦升鸿：《抗战时期影响国立浙江大学内迁广西宜山的因素》，《河池师专学报》2015 年第 1 期

张睦楚：《内迁贵州时期国立浙江大学的地方教育服务与社会服务》，《教育史研究》2021 年第 2 期

谢少萍：《竺可桢：烽火连天育桃李——浙江大学抗战时在宜山办学事略》，《文史春秋》2003 年第 1 期

王兴全 陈艳莉：《抗战时期武汉大学内迁首选四川乐山缘由探析》，《乐山

师范学院学报》2002 年第 1 期

蓝贻茜、张大庆:《食盐与疾病:抗战期间内迁院所对川南痹病的防治实践》,《自然科学史研究》2024 年第 3 期

王园:《论抗战时期的武汉大学西迁》,《现代经济信息》2018 年第 30 期

杨乐生:《王星拱与乐山"武大"》,《武汉文史资料》2005 年第 5 期

钟仕伦:《朱光潜抗战时期在四川的美学研究》,《中国文学批评》2018 年第 2 期

李永　陈卓映:《铸造自由学术之魂——王星拱与抗战时期国立武汉大学的发展(1933—1945 年)》,《江汉大学学报(社科版)》2020 年第 5 期

陈尚君:《朱东润师〈后西征赋〉述要》,《中国文学研究(辑刊)》2016 年第 2 期

王凯:《初入武大的齐邦媛》,《社区》2016 年第 35 期

李景骞:《抗战时期的复旦大学校园生活》,《世纪》2002 年第 4 期

柳浪:《〈文摘〉创办人——孙寒冰教授》,《复旦学报(社科版)》2005 年第 2 期

邬大光　胡小平:《大学西迁:中国高等教育的精神坐标》,《江苏高教》2023 年第 12 期

徐培汀　丁淦林:《重庆时期的复旦大学新闻系》,《重庆与世界》2000 年第 4 期

洪顺兴:《抗日空战英雄梁添成》,《炎黄纵横》2008 年第 9 期

金涛:《抗日烽火中的吕德润》,《中国科技财富》2022 年第 3 期

唐学锋:《6·11 成渝上空的悲壮一幕》,《红岩春秋》2018 年第 2 期

冀晓萍:《梅汝璈:忘记过去的苦难可能招致未来的灾祸》,《人民教育》2015 第 18 期

吕德润：《一则战地新闻的幕后事》，《纵横》2001 年第 6 期

曹越华：《中印缅战场亲历记》，《文史精华》2004 年第 8 期

郑兰荪：《忆念孙寒冰教授》，《出版史料》2002 年第 4 期

曹越华：《见证"五二七"日军轰炸重庆复旦大学》，《纵横》2008 年第 5 期

任祥：《抗战时期私立武昌华中大学在大理的办学实践》，《大理学院学报》2004 年第 2 期

马敏　吴和林：《抗战期间华中大学的西南边疆问题研究》，《华中师范大学学报（人文社科版）》2019 年第 2 期

马敏：《抗战期间教会大学的西迁——以华中大学和湘雅医学院为例》，《华中师范大学学报（人文社科版）》1996 年第 2 期

李玉文：《抗战时期华中大学的校园文化及当代启示》，《高校后勤研究》2019 年第 6 期

吴棠：《面对荒凉的华中大学遗址》，《大理文化》2001 年第 3 期

杨国栋：《忆华中大学迁喜后二三事》，《大理》2003 年第 1 期

李巧宁　陈海儒：《抗战期间内迁高校学生的日常生活——以西南联大和西北联大为例》，《甘肃社会科学》2011 年第 6 期

赵万峰　王晓峰：《西北联大的战时教育思想及实践》，《西北大学学报（哲社版）》2012 年第 6 期

梁严冰：《西北联大与抗战时期的西北战略》，《西北大学学报（哲社版）》2012 年第 5 期

姚聪莉：《西北联大的学术自由及其历史价值》《西北大学学报（哲社版）》2016 年第 2 期

方原　高云：《抗战时期西北联大学生住宿管理研究》，《教育教学论坛》2017 年第 40 期

陈海儒：《西北联大办学困境之研究》，《山东高等教育》2017 年第 2 期

陈海儒　李巧宁：《西北联大时期汉中的社会生态》，《西部学刊》2014 年第 12 期

陈显远：《西北联大发掘张骞墓始末》，《文博》1998 年第 4 期

杨立川　姚远：《柳青与国立西安临时大学》，《西北大学学报（哲社版）》 2019 年第 2 期

李小慧：《抗战时期汉中的公路建设及其国防服务》，《陕西理工大学学报 （社科版）》2022 年第 3 期

王淑红　邓明立：《河北省立女子师范学院西迁并入国立西安临时大学史 略》，《西北大学学报（哲社版）》2012 年第 3 期

梁中效：《川陕公路开通前的蜀道交通述论》，《成都大学学报（社科版）》 2019 年第 3 期

许怀中：《从三坊七巷走出来的萨本栋》，《闽都文化》2014 年第 3 期

杨宁：《抗战时期的南方之强——厦门大学在长汀》，《福建党史月刊》2008 年第 8 期

郑启五：《施蛰存与长汀时期厦大学子》，《炎黄纵横》2004 年第 8 期

王其森：《抗战时期厦门大学内迁长汀后》，《福建党史月刊》2001 年第 7 期

孙敦恒：《萨本栋与抗战时期的厦门大学》，《抗日战争研究》1993 年第 2 期

朱邦芬：《"中国的脊梁"和"万人敌"——纪念萨本栋先生》，《物理》 2013 年第 11 期

林海琴：《萨本栋 把自己累死的厦大校长》，《福建人》2015 年第 9 期

哈雷：《江山风雨铸诗篇——记萨本栋在厦大内迁长汀的日子》，《厦门文 学》2018 年第 2 期

张劲：《千帆竞渡 百舸争流——抗战中的水运事业》，《同济大学学报（社

科版）》1996 年第 1 期

章华明　王先保：《抗战时期同济大学之西迁贺州——庆祝贺州学院建校 80 周年》，《贺州学院学报》2023 年第 4 期

周军：《寻访李庄的小城旧事》，《文史精华》2012 年第 7 期

常智敏：《李庄抗战文化研究纵论》，《西南民族大学学报（人文社科版）》2011 年第 10 期

周承良：《李庄人对同济大学的接纳与不舍》，《四川档案》2014 年第 1 期

闫峰　王兆辉：《国立东北大学在抗战大后方创办的两种史学期刊——〈志林〉与〈东北集刊〉》，《文史杂谈》2018 年第 4 期

黄晓通：《张学良与东北大学之“国立化”进程》，《东北大学学报（社科版）》2010 年第 5 期

李洋　蔺雯：《风雨如晦勤不辍，薪胆矢成功——东北大学在三台期间的学生生活》，《教育史研究》2018 年第 1 期

邹开岐：《东北大学在三台》，《四川党史》1997 年第 4 期

王春林：《中央与地方的角力：西安事变后东北大学的国立改组》，《史林》2012 年第 4 期

郭晓亮　姚远：《抗战期间东北大学辗转迁校始末及其原因探析》，《关东学刊》2018 年第 3 期

任暖昕：《浅析金毓黻任职东北大学始末》，《时代人物》2023 年第 1 期

张在军：《“流亡校长”臧启芳》，《名人传记》2025 年第 2 期

温梁华：《中山大学迁滇办学考》，《玉溪师范学院学报》1986 年第 21 期

李明山：《王亚南在坪石中山大学的学术思想》，《韶关学院学报》2021 年第 11 期

吴伯奎：《抗日战争时期的粤北是怎样成为华南教育中心的》，《文教资料》

2021 年第 19 期

李志刚　方小聪：《弦歌不辍——马思聪在坪石》,《岭南音乐》2020 年第
5 期

王天浩：《国立中山大学抗战西迁云南澄江存档拾萃》,《云南档案》2024 年
第 3 期

居然：《飘泊西南间——中山大学迁移云南澄江的一组旧影》,《广东史志》
2015 年第 5 期

蒋南平　李博　邹宁：《李约瑟难题的王亚南解——一个马克思主义经济学
的贡献》,《当代经济研究》2012 年第 2 期

朱树谦：《邹鲁与中山大学的创建及治理》,《管理学家》2010 年第 4 期

赵映林："中大之父"罗家伦（上）》,《文史杂志》2013 年第 3 期

王雷：《抗战期间"国立中央大学""动物西迁"路线考辨》,《黑龙江史志》
2023 年第 4 期

罗玲：《抗战时期国立中央大学与国立西南联大之比较刍议》,《重庆师范大
学学报》（哲社版）2013 年第 2 期

刘永春：《抗战时期中央大学的内迁》,《民国研究》2018 年秋季号

祁健：《名噪一时的"五四健将"罗家伦》,《文史春秋》2019 年第 5 期

陆艺：《抗战初期中央大学内迁"鸡犬不留"》,《档案与建设》2010 年第
10 期

邓朝伦：《"沙坪学灯"里的中央大学》,《重庆与世界》2000 年第 4 期

三、学位论文

张杨旭：《"国立浙江大学"在黔时期社会服务研究》, 贵州师范大学硕士学
位论文

郑丽:《山中走出的"东方剑桥"——竺可桢与抗战时期浙江大学的发展》,厦门大学硕士学位论文

高天明:《近代中国大学精神研究》,浙江大学博士后学位论文

李能芳:《抗战时期复旦大学办学研究》,西南大学硕士学位论文

戚同欣:《中国近代教会大学的嬗变路径——以文华大学及后续华中大学(1903—1951)为例》,华中师范大学硕士学位论文

张杨梅子:《西安历史校园保护传承策略研究》,西安建筑科技大学硕士论文

邓星:《西北联大与抗战时期西北高等教育》,北方民族大学硕士学位论文

李晓霞:《近代西北科学教育史研究——以西北联大为例》,西北大学博士学位论文

李海容:《萨本栋与抗战时期的厦门大学》,厦门大学硕士学位论文

王鹏娟:《抗战期间高校在福建省内的迁徙研究》,厦门大学硕士学位论文

汤晓琳:《厦门大学校园抗战文艺研究》,厦门大学硕士学位论文

王佳:《李庄抗战文化研究》,西华大学硕士学位论文

刘峻:《同济大学内迁对李庄体育发展的影响研究》,成都体育学院硕士学位论文

程丕来:《抗战时期东北大学内迁三台研究》,四川大学硕士学位论文

蒋宝麟:《抗战初期中央大学的内迁与重建》,《2009年两岸三地历史学研究生研讨会论文选集》

罗玲:《"国难"中的大学与学术:抗战时期内迁重庆的国立中央大学文学院研究》,四川大学博士学位论文

顾宇:《中央大学内迁时期的校园形态与建筑设计研究》,东南大学硕士学位论文